四库总目唐集提要会证平议

张 佳◎著

中国社会科学出版社

图书在版编目（CIP）数据

四库总目唐集提要会证平议 / 张佳著 . —北京：中国社会科学出版社，2016.10

ISBN 978 - 7 - 5161 - 9357 - 0

Ⅰ.①四… Ⅱ.①张… Ⅲ.①《四库全书》- 内容提要 Ⅳ.①Z833

中国版本图书馆 CIP 数据核字（2016）第 280710 号

出 版 人	赵剑英
责任编辑	任 明
特约编辑	李晓丽
责任校对	冯英爽
责任印制	何 艳

出 版	中国社会科学出版社
社 址	北京鼓楼西大街甲 158 号
邮 编	100720
网 址	http：//www.csspw.cn
发 行 部	010 - 84083685
门 市 部	010 - 84029450
经 销	新华书店及其他书店

印刷装订	北京市兴怀印刷厂
版 次	2016 年 10 月第 1 版
印 次	2016 年 10 月第 1 次印刷

开 本	710×1000 1/16
印 张	16
插 页	2
字 数	266 千字
定 价	78.00 元

序

　　2008年9月，张佳入我门下开始中国古典文献学专业的硕士学位课程学习。与其他研究生不同的是，张佳似乎显得有些与众不同，他只专注于自己的专业课程学习，对其他一些如英语之类的课程则兴趣不大，以至于临近研三毕业时，还差一点因学位外语之事而拿不到学位。因按照当时学校规定，学位外语不能通过的研究生只能拿到毕业证，但拿不到硕士学位证，这样的规定差一点让他与学位失之交臂。好在吉人天相，终于在毕业前一个学期他通过了学位外语考试，遂在2011年5月以总分第一名的成绩（247分）考入武汉大学文学院读博。

　　读研期间，张佳阅读了大量文献典籍，其志向在编撰《程千帆先生年谱》和《四库总目唐集提要会证平议》，并对此倾注了极大的心血。对于前一书的编撰，以张佳当时在广西大学文学院的情况还存在诸多困难。适程千帆先生开门弟子、南京大学文学院莫砺锋教授来广西大学文学院讲学，我带张佳前去宾馆拜访莫砺锋教授。莫老师告诉张佳，程先生在"文革"期间曾多年在湖北咸宁五七干校下放劳动，这一段的事迹多有不详之处，编撰程先生的年谱是不能忽略这一段经过的。以张佳的阅历和能力，编撰程先生这一段的年谱，存在一定的难度。但对于晚辈张佳的这种执着精神，莫老师以大家的风范还是给予了肯定。于是张佳暂缓了程先生年谱的编写工作，把精力放在了《四库总目唐集提要会证平议》的编撰上面。

　　清代学者在编撰《四库全书》时，涉及考据学、辨伪学、辑佚学、金石学、校雠学、版本目录学、传播学等诸多门类的学问，其涉及学科门类之广非常人所能及，只有切身感受到那种建立在传统学术基础上的学问，才会有所体悟，由此而言，张佳算是登堂入室了。记得余嘉锡老先生在编撰《四库提要辨证》后说过类似的话，他能够编撰《四库提要辨证》，但却不能编撰《四库提要》。老先生此言是一种谦逊之语，其实如果给《四库提要》做一些平议，必须是在对《四库提要》进行认真阅读，并且有所感悟的基础上才能完成。就此而言，张佳对《四库全书总目提要》的这种特殊的体会、特殊的感情，似乎应该比别人感受得更深刻一些，其中的甘苦也只有他自己才能体会得到。他对四库学、杜诗学的研习的一些成果陆续发在了《杜甫研究学刊》《唐都学刊》《武汉大学研究生学报》《江南大学学报》《古典文献研究》（南大 C 刊集刊）上，这点滴的进步都是与他的勤学自持分不开的。

在完成《四库总目唐集提要会证平议》的初稿之后，张佳考入武汉大学文学院尚永亮教授门下读博。读博期间，又陆续对初稿进行了一些补充和修订，进而完成了他的这部处女作。

对《四库总目》做一些有学术含量的研究是一件非常困难的事，张佳确实是对此倾注了极大的心血，但由于年轻以及学力有限，其中也存在一些疏漏和错误之处，如个别的平议缺乏深度，一些见解稍显肤浅，原著中的个别错漏字未能纠正，然而毕竟瑕不掩瑜，作为一个刚刚博士毕业的年轻学者能够耐心坐冷板凳，在喧嚣浮躁的今天完成这样的著作，其执着的精神非常值得肯定。无论其学术水平如何，孜孜不倦、踏踏实实致力做好学术的态度还是令人欣慰的。在我二十多位已经考上博士的弟子中，张佳可以说是读书较多的一位了。而能够在读硕期间写出学术专著书稿的，则不过十之一二而已。对于他的读书态度，我确实深感欣慰！

博士毕业后，张佳来到青岛大学文学院工作，期间也遇到了种种不顺，因为年轻，不免书生意气，有时不免也发过一些牢骚。作为他的硕士生导师，我也经常对他提醒或批评，甚至有时也疾言厉色，好在张佳态度较好，无论我说得多么严厉，他始终执弟子之礼，率真的个性一如始终。我想年轻时遇到一些挫折和困难，都是在所难免。若学术目标坚定，耐得住寂寞和清贫，调整好个人的心态，相信张佳的学术潜力会得到进一步的发挥。

现张佳这部《四库总目唐集提要会证平议》书稿即将在中国社会科学出版社出版，因是在我指导他读硕期间完成的，他恳请我为他这部学术著作写序。客观地说，正如韩愈所言："弟子不必不如师，师不必贤于弟子，闻道有先后，术业有专攻。"张佳刚过而立之年，后面的路还很长，如果能以这部著作的出版为起点，相信他今后的学术前景会越来越好！

广西大学文学院院长　李寅生

2016 年 7 月 2 日

前　言
论四库总目唐集提要的
写法、创获、问题及其他

　　《四库全书》是中国传统学术的百科全书，《四库全书总目》是在它纂修过程中孕育的副产品，从一开始就成就了卓越的学术史地位，使《四库全书总目》成为我国古代地位最重要、影响最深远、成就最巨大的目录学专著，徐有富先生在《目录学与学术史》一书中也说："《总目》乃中国古典目录学集大成之作。""《总目》的分类可谓集四部分类法之大成"（徐有富《目录学与学术史》，中华书局 2009 年版，第 327、330 页）。在它产生的那个时代，是中国传统学术大判断、大总结的时代，是学术思潮大转弯、大分野的时代，也是我国历代典籍被大清理、大整合的时代。正是在这种背景下，《四库全书总目》两百卷，"海纳百川，有容乃大"，是以四库馆臣为代表的清代最有学问的学术团队的集体创作，并以国家倡导与认可的方式实现了传统学术的衔接与流传，数百年来依旧书写着它永远不老的神话。拙稿《四库总目唐集提要会证平议》刚刚杀青，共 17 万字，笔者带着一系列的问题走进"四库学"，企图陈述一些小问题，先谈四库唐集提要的写法，再谈它取得的成就和存在的纰漏，最后结合笔者的四库研究谈两个顺带出来的相关问题：《宋敏求编校唐集考》与《唐集唐注考》，故笔者分三部分写成此文。

一

　　《四库全书》的纂修始于清乾隆三十八年（1773），《四库全书总目》初稿亦随《四库全书》的纂修而编订于四十六年（1781），又于乾隆五十八年（1793）由武英殿刊版梓行。《总目》由朱筠、翁方纲、邵晋涵、戴震、周永年、任大椿等数十位纂修官分头撰写，最后经纪昀、陆锡熊等总纂官审核增删、抽换改写、反复打磨而成，屡经缮订，前后历时二十余年。这一浩大的学术工程为什么会在这个时候出现，它是在什么样的背景下产生，它是由哪些人撰稿的，它是以一种什么样的写法写成的，它取得了哪些成就，又存在着哪些问题，等等，这一系列的问题意识，都需要我们来追究和盘问。

如果说宋代以欧阳修、王钦臣、宋敏求、曾巩为代表的文人学者以他们切身的校勘实践带来了一股自觉的古籍整理风气和环境，那么以四库馆臣为代表的清代学者们通过《四库全书》的编纂和《四库提要》的撰写，使当时的古籍整理的氛围、精度达到了最高密度和最高程度。有以乾隆之子永瑢为代表的皇家集团的领衔主编，有以股肱大臣纪昀为代表的四库全书馆所有成员的集体合作，有中国传统学术的年轮走到那个大判断大总结的"算总账"的时代，正是因为处在这样的大背景中，所以《四库全书总目提要》的写作能够群策群力，集思广益，能够集大成。

那么它是怎样写的呢？要想弄清楚《四库全书总目提要》的写法，就必须考察它的凡例和体例（详见《四库全书总目》，中华书局 1965 年影印版，第 18、19 页）。节引如下：

> 四部之首，各冠以总序，撮述其源流正变，以挈纲领。四十三类之首亦各冠以小序，详述其分并改隶，以析条目。如其义有未尽，例有未该，则或于子目之末，或于本条之下，附注案语，以明通变之由。

> 是书主于考订异同、别白得失，故辩驳之文为多。然大抵于众说互殊者，权其去取；幽光未耀者，加以表彰；至于马班之史、李杜之诗、韩柳欧苏之文章、濂洛关闽之道学，定论久孚，无庸更赘一语者，则但论其刊刻传写之异同、编次增删之始末，著是本之善否而已。盖不可不辨者，不敢因袭旧文；无可复议者，亦不敢横生别解。凡以求归至当，以昭去取为至公。

上述两条《凡例》至为重要，无论是"冠以小序""附注案语"，还是"考订异同、别白得失""权其去取、加以表彰"，都显示了四库馆臣在撰写提要时的宗旨与要求。他们对"辨章学术、考镜源流"的中国古典目录学优良传统的继承和发展，以及考据学、辨伪学、金石学、校雠学、版本学、目录学、注释学、传播学等方法的综合运用，使得四库馆臣的四库提要写作在不变中求变、在模式中求跨越。在唐集提要写法的程序上，先考述诗人生平、籍贯、登第与行年等，再描述其集在两唐书经籍艺文志、晁陈《读书志》与《书录解题》中的著录，以及是集在后来的编次整理与版本流传，最后以附加案语的形式或品评比较或指陈存佚，或总述其得失或辩驳其异同，不乖离"辨章学术、考镜源流"之撰述宗旨。

正如余嘉锡先生在他的《四库提要辨证·序录》中说："《四库全书总目》叙作者之爵里、详典籍之源流，别白是非、旁通曲证，使瑕瑜不掩、淄渑以别，持比向歆，殆无多让。至于剖析条流，斟酌今古，辨章学术，高挹群言，尤非王尧臣、晁公武等所能望其项背。故曰自《别录》以来，才有此书，非过论也。故衣被天下，沾溉靡穷，嘉、道以后，通儒辈出，莫不资其津逮，奉作指南，功既钜矣，用亦弘矣。"（详见余嘉锡《四库提要辨证》，中华书局 2007 年第二版，第 48 页）切中肯綮，推为至言。"考生平""案著录""明体例""论编次""辨附益"，而以"辨章学术、考镜源流"为旨归，四库总目唐集提要之写法，有如是云。

二

《四库总目》唐集提要的写作，有哪些创获，又存在哪些问题？谈到创获，无疑包括两个方面：一是它采用了哪些研究方法，二是它取得了哪些成就。谈到问题，就是说四库提要的撰写在哪些方面还存在不足与缺陷。四库馆臣的四库提要的写作，几乎囊括了中国传统学术的各个方面，正如中国唐代文学学会会长陈尚君先生在他的《汉唐文学与文献论考·序》中精辟地说道："所谓乾嘉之学，校正古籍是要确定可信的文本，注疏古籍是求准确地理解文本，小学是为读经史服务的，辨伪是要剔除古书中窜乱伪托的内容，辑佚是求恢复已亡佚古书的面貌，考证是通过排比归纳、相互比读，抉发古籍的内蕴，订正经籍的错失。"完全可以这样说，这些四库馆臣几乎一一做到了，他们在四库学上的创获代表了中国传统学术尤其是乾嘉学术的最高水平和最高成就。下面，我们分而论之。

1. 考据学方面。"如何考据""用什么来考据"，是摆在四库馆臣面前最突出也是最急于解决的问题。梁启超和钱穆双双在他们的《中国近三百年学术史》中把"乾嘉考据学"视为整个清代学术的枢纽和门户，可见

"考据"在清代学者的治学方法中比比皆是。黄爱平先生也说:"在中国学术史上,汉学的注重考证、强调征实,与宋明理学的主观臆断、空疏措大是相互对立的。《四库全书总目》既然反对宋学的空疏,也就自然要推崇汉学的征实,把'考证精核'奉为正宗。"(详见黄爱平《四库全书纂修研究》,中国人民大学出版社 1989 年版,第 374 页)四库馆臣撰写的《四库全书总目提要》自始至终贯串的一条红线正在于"考据"。如果说考据就是有根据的考证,那么四库馆臣们就始终以第一手材料来排比史料,比勘对照,诸如考证唐人生平、籍贯、仕履、行年、编集、流传及重出误收等,详加梳理,有理有据。拙稿《四库总目唐集提要会证平议》甫成,深有感触,诸如四库馆臣著录《李太白集》三十卷云:"盖居山东颇久,故人亦以是称之,实则非其本籍,刘昫等误也。""则白为蜀人,具有确证。二史所书,皆非其实也。"是李白籍贯之考证;著录《毗陵集》二十卷云:"后人误入及集,士祯一例称之,尤疏于考证矣。"是独孤及之误收诗考证,不胜枚举。

2. 辨伪学方面。辨伪就是要剔除古书中窜乱伪托的内容,四库馆臣在明代学者胡应麟《四部正讹》的基础上,对《四库全书》进行了最为集中、最为广泛、最为深入的辨伪学研究,取得了卓越的学术史贡献。如四库馆臣著录《九家集注杜诗》三十六卷时说《老杜事实》"随事造文,一一牵合""盖妄人伪托";著录《樊川文集》二十卷云"十八九皆许浑诗",辨伪其所收篇什;著录《司空表圣文集》十卷云"其为伪撰益明矣",诸如此类,拨开历史尘埃,考辨文献伪托,还其本来面目,四库馆臣之辨伪学研究功勋卓著,其创获亦不言而喻矣。

3. 辑佚学方面。辑佚就是力求恢复已亡佚古书的面貌,只能尽量地接近真相与本来。以唐人别集为代表的古文献自唐至宋的流传,越到后来散佚越多,其编集之初始卷数或减少,或亡佚;其后来重编所收诗文或重出,或误入,或遗漏,因此对唐集的辑佚便显得尤为重要。笔者张佳撰《宋敏求编校唐集考》一文,已有所涉及,可参考。四库馆臣在唐集提要的撰写中,也对此给予了相当的关注,尤其是他们不仅越过宋人的辑佚与校勘、越过明代毛晋汲古阁等刊本的已有成果,而且不迷信不盲从,再次掇拾原始文献,从《唐文粹》《文苑英华》诸书中辑佚出新的材料,从石刻文献中发掘不为人注目的稀有资源,这种史源学的追究显示了清代学者们可贵的探索精神。据笔者所统计,四库馆臣辑佚的史源,最集中地体现在对《唐文粹》《文苑英华》打捞漏网之鱼，拙稿《四库总目唐集提要会证平议》对此一目了然。

4. 金石学方面。金石，是中国古典文献刻录于当时、流传于后世的一种特殊传播载体。从欧阳修的《集古录》到宋敏求的《宝刻丛章》，再到赵明诚、李清照夫妇的《金石录》，可以说宋代学者在金石学研究上开了风气之先，清代学者在《四库全书总目提要》中继承了这种方法，并把它发展到了集大成的最高水平。四库馆臣所能见到的金石文献，无论是实物还是纸质文本的记载，都使他们在撰写提要时有更为广泛的参考和更为广阔的视野。四库馆臣著录《颜鲁公集》十卷云："今考其遗文之见于石刻者，往往为元刚所未收，谨详加搜辑。"辑佚金石如是者多矣。从钱谦益的以诗证史到陈寅恪的诗史互证，到岑仲勉的贞石证史，到卞孝萱的以小说（主要是唐传奇）证史，再到程章灿先生的金石学研究，这一条长线，钓的是一条大鱼，我们有理由相信这一点。

5. 校雠学方面。校正古籍就是要确定可信的文本，这是校雠学研究的题中之义。校勘之学，是求真之学，是要通过多种本子的对比和勘正来最大限度地接近或还原当时所呈现的文本。四库馆臣的校勘学实践及其所总结的校勘学经验，至今都还在为我们所沿用，他们的创获在于尽可能地减少在文献描述与叙录过程中的误差，尽可能地增加通过校勘来实现的文献的可信度和参考值。四库馆臣著录《刘随州集》十一卷时对其刊刻过程中避宋讳现象的校勘，就很有说服力。这一点，四库总目唐集提要中所在多见。

6. 版本学方面。四库总目唐集提要在版本学方面着力讨论版本的优劣，与善本的鉴定。四库馆臣著录《韩集举正》十卷云："自朱子因崧卿是书作《韩文考异》，盛名所掩，原本遂微。越及元明，几希泯灭。此本纸墨精好，盖即淳熙旧刻。"著录《九家集注杜诗》三十六卷云曾噩宝庆元年重刻本"最为善本""宋版中之绝佳者。"等，指陈版本之优劣，何为善本，四库馆臣版本学功力之深，由此可见一斑。

7. 目录学方面。徐有富先生在他的《目录学与学术史》一书中说："《总目》乃中国古典目录学集大成之作。""《总目》的分类可谓集四部分类法之大成。"（详见徐有富《目录学与学术史》，中华书局 2009 年版，第 327、330 页。）这就总说了四库提要的目录学成就。笔者想补充的是，四库总目唐集提要的撰写，不仅最充分地利用了宋代最重要的目录学专著晁公武《郡斋读书志》、陈振孙《直斋书录解题》，把两唐书经籍艺文志甚至明清的藏书志和目录学专书也一并加以考察，而且继承了《隋志》正式确立的经史子集四部分类法，并对宋王尧臣等编的大型国家书目《崇文总目》进行了最大限度的扩展和发扬，从目录学史的角度"辨章学术、考镜源流"，其学术史创获无法定量。

8. 注释学方面。即讨论注本之所指，以及注释学视野中的唐集宋注研究。四库馆臣著录《黄氏补注杜诗》三十六卷云："书首原题《补千家集注杜工部诗史》，所列注家姓氏，实止一百五十一人。"锥指宋代流行之"千家注杜"，实非千家，仅一百五十一人；著录《五百家注音辩昌黎先生文集》四十卷云："统计只三百六十八家，不足五百之数。"等，皆揭露"千家注"与"五百家注"之事实真相。四库馆臣的注释学研究，给了笔者很大启发，拙文《唐集唐注考》虽相形见绌，亦在四库馆臣尚未鞭指的领域里前进了一小步。

9. 传播学方面。传播学研究，包括传播主体、传播客体、传播媒介、传播效应诸多方面，唐集传播研究目前才刚刚开始。所谓的唐集传播，就是要考察唐集自编集起在后来的整理与流传过程中所生发的各种传播学问题。四库馆臣在提要中特别关注唐人别集的刊刻与流传、存亡与散佚，如著录《颜鲁公集》十五卷云其流传至北宋之存亡情况，著录《白香山诗集》四十卷考钱曾《读书敏求记》所云宋本之存佚，等等，编集之传播、版本之传播、传播之媒介与效应，四库提要一并予以说明，其在传播学方面的创获也因此而彰显无遗。

当然，我们要看到问题的两面，四库总目唐集提要的创获与成就是占主体的，它所存在的不足和缺陷，我们同样不能忽略。那么，它的问题何在呢？

首先，《四库总目唐集提要》总共著录了94种唐集，为之一一撰写提要。笔者认真地做过统计，这94种唐集基本上涵盖了一些主要唐人别集的全貌，但也稍失之于偏颇，对沈佺期、宋之问、王昌龄、岑参、李益等声名显赫的唐人却只字未提，不予著录、不予撰写提要，其原因至今未明。其次，四库馆臣在唐集提要的撰写中没有保持体例、重心的一致，详略剪裁偶有不当，如对《东雅堂韩昌黎集注》四十卷之提要，寥寥278字，且不得要领，对世彩堂与东雅堂之关系交代模糊不清。再次，四库馆臣在一团团"矛盾"（主要是指史料记载与传播中所凸显出来的复杂线索）面前也有被冲昏头脑的时候，两唐书经籍艺文志著录的混乱，与后来各家书目和藏书志记录的良莠不齐，以及如何对之进行分辨与采择的诸多矛盾，使得《四库全书总目提要》的撰写暴露出各种各样的不足和缺陷。而且，它是集体分工与合作的产物，目前我们尚无法得知四库总目唐集提要的执笔者，第一次、第二次及最后一次修改者究竟是哪些人，甚至这中间经过了多少次转手与变动，仅知纪昀、陆锡熊等人的润色与总纂，因此四库提要的撰写所存在的问题，因参与者众故不可避免。最后，《四库总目唐集提要》本身还有可以补充、纠谬的地方，虽然胡玉缙《四库全书总目提要补正》与余嘉锡《四库提要辨证》二书已做出了相当深入的后续研究，但学术永无止境，拙稿《四库总目唐集提要会证平议》便应运而生，补前贤所未备，会证若干已有成果，平议版本源流及其得失，如《四库总目》著录《刘随州集》十一卷，笔者在版本研究上考索域外文献："日本汉学家、早稻田大学教授高桥良行《刘长卿集传本考》与《日本现存刘长卿集解题》两篇力作（载蒋寅编译《日本学者中国诗学论集》，凤凰出版社 2008 年版，第 83—112 页），《刘长卿传本考》线条梳理刘长卿集自唐至清之编集与流传，可谓至精至密，《日本现存刘长卿集解题》考索八种日藏版本，域外文献弥足珍贵。"（详见《四库总目唐集提要会证平议》，第 38 页）"不厚诬古人"，是一个后学对前贤最起码的敬意，对四库提要所存在问题的陈述，笔者不欲超过底线，还是匆匆收场的好。

三

　　拙稿《四库总目唐集提要会证平议》，从一开始就不是在孤立地做单一研究，笔者总是试图发现更多的问题意识，附带着进行其他方面的拓展研究，尤其是史料学研究，例如，笔者一直在酝酿的专题论文《宋敏求编校唐集考》《唐集唐注考》，就在此初步交代和陈述一些问题。

　　开门见山，先从宋敏求编校唐集谈起。笔者《宋敏求编校唐集考》，就是要从传播学研究的角度切入宋敏求在整理若干唐人文集方面的诸多贡献，因为他而使诸多唐人别集不至于在晚唐五代的兵燹中、在辗转流徙的传播中遭到湮灭，武汉大学曹之先生说："唐人之文传至宋代者仅占十分之一二，其余十分之八九均已亡佚。"（曹之《宋代整理唐集考略》，载

《古籍整理研究学刊》1997年第1期，第14页）台湾大学王德毅先生说：
"他（宋敏求）充分利用家藏之典籍，又辑唐颜真卿《颜鲁公集》十五
卷、孟郊《孟东野集》十卷、李德裕《李卫公别集》五卷、李白《李翰
林集》三十卷、刘禹锡《刘宾客外集》十卷，这些唐代名家文集能够传
于后世，全靠敏求之辑录成专书，其功确是不可没的。"（王德毅教授
《宋敏求的家世与史学》，载《台大历史学报》第31期，2003年1月，言
之甚详）就像程章灿先生多年来着力研究石刻刻工一样，历史不应该忽略
像宋敏求这样的文献整理传播者，如果没有他们整理编校的唐人别集，或
许我们的古典文献传播学史研究会变了模样。

　　在宋代，唯一能和汉代的司马谈、司马迁父子相媲美的大文献学家、
大史地学家、大藏书家，或许就是宋绶、宋敏求父子了。宋绶博古好学，
酷爱藏书，明道二年（1033）、康定元年（1040）两度拜参知政事，赐第
京都春明坊，至宋敏求已历三代经营，藏书已达三万余卷。宋敏求
（1019—1076），字次道，与宋祁同宗，生于真宗天禧三年（1019），七岁
便以父荫为秘书省正字，至十岁即能承家学，宝元二年（1039）召试学
士院，赐进士出身，次年丁父忧，服除，始召授校书郎，充馆阁校勘，庆
历五年（1045），王尧臣、宋祁奉诏刊修《唐书》，以敏求谙熟唐代史事
典故，乃荐敏求为编修官，极为欧阳修所推崇。王安石编《唐百家诗选》
莫不是有了宋敏求的藏书相借与，恐怕他的唐诗选本还难以赅博渊深到那
种地步。王安石《唐百家诗选序》："余与宋次道为三司判官时，次道出
其家藏唐诗百余编，诿余择其精者，次道因名曰《百家诗选》。废日力于
此，良可悔也。虽然，欲知唐诗者观此足矣。"（黄永年、陈枫校点《王
荆公唐百家诗选》新世纪万有文库本，辽宁教育出版社2000年版，第1
页）宋敏求藏书之富，嗜唐之深，不独庋藏唐集，而且亲自编校唐集，本
书将搜裒若干史料，彰显宋敏求之文献学贡献与功绩。

　　1. 宋敏求编校颜真卿集。宋嘉祐年间（1056—1063），宋敏求广搜金
石，辑校颜真卿集十五卷，见《中兴馆阁书目》（淳熙四年编）。苏颂在
其所撰敏求神道碑中说："复采唐人诗歌见於石者作《宝刻丛章》三十
卷。"留元刚《颜鲁公文集后序》："得刘原父所序十二卷，即嘉祐中宋次
道集其刻于金石者也。"陈振孙《直斋书录解题》卷十六云："嘉祐中宋
敏求惜其文不传，乃集其刊于金石者，为十五卷。"（详见陈振孙《直斋
书录解题》，上海古籍出版社1987年版，第471页）四库馆臣亦云："嘉

祐中，又有宋敏求编本，亦十五卷，见《馆阁书目》。江休复《嘉祐杂志》极称其采录之博。至南宋时，又多漫漶不清。嘉定间，留元刚守永嘉，得敏求残本十二卷，失其三卷，乃以所见真卿文别为补遗，并撰次年谱附之，自为后序。"后来的《颜鲁公集》十五卷、补遗一卷，即为明人吴郡都穆于嘉靖二年据宋敏求本重新编订而成。由是而知宋敏求编校颜真卿集衔接了两个时代，使文献在流传过程中把损失减少到了最低限度。宋敏求对颜真卿集的辑佚和编校，在古文献传播学史上功不可没。

2. 宋敏求编校李白集。北宋咸平元年（998），乐史在李阳冰《草堂集》基础上编成《李翰林集》二十卷、《李翰林别集》十卷，此为宋人首次增订李白文集。熙宁元年（1068）五月，宋敏求又重辑成《李太白文集》三十卷并序之，并最终取代乐史本，广泛流布于宋世。宋敏求《李太白文集后序》云："治平元年，得王文献公溥家藏白诗集上、中二帙，凡广一百四篇，惜遗其下帙。熙宁元年，得唐魏万所纂白诗集二卷，凡广四十四篇。因裒唐类诗诸编，泊刻石所传，别集所载者，又得七十七篇，无虑千篇，沿旧目而釐正其汇次，使各相从，以《别集》附于后，凡赋、表、书、序、碑、颂、记、铭、赞文六十五篇，合为三十卷。"（此文详见王琦辑注《李太白全集》，中华书局1977年版，第1478页）晁公武《郡斋读书志》亦著录《李翰林集》二十卷，记云："白旧集十卷，唐李阳冰序。咸平中，乐史别得白歌诗十卷，凡歌诗七百七十六篇，又纂杂著为《别集》十卷。宋次道治平中得王文献及唐魏万所纂白诗，又裒唐类诗泊刻石所传者，通李阳冰、乐史集，共一千一篇，杂著六十五篇。"史料相互佐证，知宋敏求编校李白集为宋第一定本。

3. 宋敏求编校杜甫集，并为之义说。宋代杜诗学一直为学界之热点问题与前沿问题，聂巧平的博士论文《宋代杜诗学》（导师王水照），魏景波的博士后出站报告《宋代杜诗学史》（导师祝尚书），在杜诗学的宋代传播研究领域已有所关注。笔者曾访问中国国家图书馆网站，查到上述二论文目录，均未涉及宋敏求之编校杜集。陈尚君先生《杜诗早期流传考》亦没有发现有关线索（详见陈尚君《唐代文学丛考》，中国社会科学出版社1997年版，第306页）。2009年年底，笔者研读张忠纲、孙微等《杜集叙录》，在"蔡梦弼《杜工部草堂诗笺》五十卷"条下，有蔡梦弼跋云："凡校雠之例，题曰樊者，唐润州刺史樊晃小集本也；题曰晋者，晋开运二年官书本也；曰欧者，欧阳永叔本也；曰宋者，宋子京本也；王者，乃介甫也；苏者，乃子瞻也；陈者，乃无己也；黄者，乃鲁直也。……又如宋次道、崔德符、鲍钦止、暨太原王禹玉、王深父，薛梦符、薛苍舒、蔡天启、蔡致远、蔡伯世皆为义说；其次如徐居仁、谢任伯、吕祖谦、高元之、暨天水赵子砾、赵次公、杜修可、杜立之、师古、师民瞻亦为训解。"（详见张忠纲等《杜集叙录》，齐鲁书社 2008 年版，第 88 页）这一条材料相当重要，它所包含的宋代学者不仅涉及《九家集注杜诗》中的"九家注"，如薛梦符、赵次公、师民瞻等人，而且他们或为杜诗义说，或为杜诗训解，其中就包含了宋敏求（次道）的杜诗"义说"，在当时就是"千家注杜"中的一种。"九家注"中有宋祁注，"千家注"中有宋敏求注，其编注杜集之证据虽史料稀薄，然爬梳至此，在蔡梦弼跋中找到蛛丝马迹，则宋敏求编校杜甫集为确证。

4. 宋敏求编校钱起集。笔者检考鲍慎由《夷白堂小集》："钱起《考功诗》，世所藏本皆不同，宋次道旧有五卷，王仲至续为八卷，号为最完。"（详见胡仔《苕溪渔隐丛话》卷一七引，余嘉锡《四库提要辨证》第四册，中华书局 1980 年版，第 1270 页，考辨甚详）钱起集在宋代之整理与传播，从宋敏求到王钦臣，再到蜀本之刊刻，宋敏求编校是集五卷之功，首当其冲。拙稿《四库总目唐集提要会证平议》已囊括全部史料，此处从略。

5. 宋敏求编校孟郊集。孟郊集在宋代之流传，为宋敏求分为十四类，釐为十卷，合五百一十一篇，成为后世孟集之祖本与定本。宋敏求《孟东野诗集后序》云："东野诗，世传汴吴镂本五卷，一百二十四篇。周安惠本十卷，三百三十一篇。别本五卷，三百四十篇。蜀人篯濬用退之赠郊句纂《咸池集》二卷，一百八十篇。自馀不为编秩，杂录之，家家自异。今总括遗逸，挞去重复，若体制不类者，得五百一十一篇，厘别为十四种，合十卷。"（转引自万曼《唐集叙录》，河南大学出版社 2008 年版，第 274 页）此说已甚为明了；《郡斋读书志》卷四著录《孟东野诗集》十卷，记云："次道搜拾遗逸，摘去重复若体制不类者，得五百十一篇，而十联句不与焉。一赞、二书附于后。郊集于是始有完书。"亦可证之。宋初孟郊集编次与流布之混乱，至宋敏求始增辑删复，釐为定藏。且晁公武《郡斋读书志》、陈振孙《直斋书录解题》所著录之孟郊集皆为宋敏求所编校之十卷本。周本淳先生《唐才子传校正》"孟郊"条注释三亦云："诗集为宋敏求所编定，想必有据。"（详见周本淳《唐才子传校正》，江苏古籍出版社 1987 年版，第 155 页）拙稿《四库总目唐集提要会证平议》亦有详细说明。

6. 宋敏求编校刘禹锡集。刘禹锡遗诗遗文《外集》十卷，为宋敏求所辑校，并有宋敏求撰《刘宾客外集后序》："世有《梦得集》四十卷，中逸其十，凡诗三百九十二篇，所遗盖称是，然未尝纂著。今哀之，得《刘白唱和集》一百七、联句八，《杭越寄和集》二，《彭阳唱和集》五十二，《汝洛集》二十七、联句三，《洛中集》三十、联句五，《名公唱和集》八十六，《吴蜀集》十七，《柳柳州集》六，《道途杂咏》一、《南楚新闻》四，《九江新旧录》一，《登科文选》一，《送毛仙翁集》一。自《寄杨毗陵》而下五十五，皆沿袭《文粹》，莫详其出。或见自石本者，无虑四百七篇。又得杂文二十二，合为十卷，曰《刘宾客外集》，庶永其传云。"陈振孙《直斋书录解题》卷十六著录《刘宾客集》三卷、《外集》十卷，记云："集本四十卷，逸其十卷。常山宋次道哀辑其遗文，得诗四百七篇，杂文二十二篇，为《外集》。"（详见陈振孙《直斋书录解题》，上海古籍出版社 1987 年版，第 479 页）此《外集》十卷，即为宋氏所辑。宋敏求对刘禹锡外集的编校整理，既是辑佚，也是重编，丰富了唐人别集在宋代流传的文献积累，程功至伟。

7. 宋敏求编校鲍溶集。曾巩在《鲍溶诗集目录序》中说宋敏求把鲍溶诗集之编集、收录、辨伪等告之曾巩，曾巩云："臣以《文粹》、《类选》及防《杂感诗》考之，敏求言是。"（《元丰类稿》卷十一）非亲身经历、谙熟于胸，何以告之曾巩是集若干情况，笔者由是推知宋敏求尝编校整理鲍溶诗集。考佐证于《唐集叙录》，力曼云："曾巩叙述得很明白，在北宋时，史馆和《崇文总目》都题《鲍防集》，经过宋敏求和曾巩的校勘，才确定为鲍溶。"（详见万曼《唐集叙录》，河南大学出版社 2008 年版，第 327 页）这也是宋敏求在编校整理唐集的过程中去伪存真、还原本来面目的一种证明。

8. 宋敏求辑佚秦系集。陈振孙《直斋书录解题》卷十六著录《秦隐君集》一卷，记云："此本南安所刻，余又尝于宋次道《宝刻丛章》得其逸诗二首，书册末。"（详见陈振孙《直斋书录解题》，上海古籍出版社 1987 年版，第 560 页）此又涉及宋敏求之唐集辑佚。吉光片羽之金石辑录，源于春明坊庋藏之富，为宋敏求编校唐集之基柱。宋敏求辑佚整理秦系集，由来有据。

9. 宋敏求编校李德裕集。台湾大学王德毅先生说："他（宋敏求）充分利用家藏之典籍，又辑唐颜真卿《颜鲁公集》十五卷、孟郊《孟东野集》十卷、李德裕《李卫公别集》五卷、李白《李翰林集》三十卷、刘禹锡《刘宾客外集》十卷，这些唐代名家文集能够传于后世，全靠敏求之辑录成专书，其功确是不可没的。"其所言宋敏求编校李德裕《李卫公别集》五卷，傅璇琮《李德裕年谱》于其编集有所考辨。武汉大学曹之先生的论文《宋代整理唐集考略》，以表格形式初廓宋人整理唐集之概貌，然仅考宋敏求编校唐集四种：颜鲁公集、李翰林集、刘宾客集、孟东野集；台湾大学王德毅先生的论文《宋敏求的家世与史学》，亦只考宋敏求编校唐集五种：颜鲁公集、孟东野集、李德裕集、李翰林集、刘宾客集，与曹之先生所考重复其四种。笔者因撰《四库总目唐集提要会证平议》一书，一直关注唐集在宋代之整理与流传的若干问题，考究宋敏求编校唐集九种如上，较曹王二氏多出一倍矣。然古文献浩如烟海，且存佚复杂，笔者《宋敏求编校唐集考》考出九种，囿于识见，网罗未尽，俟诸博雅君子有以教之。

再来谈《唐集唐注考》，即研究唐人注唐诗，在这方面张三夕先生的《宋集宋注管窥》已在方法上提供了范例，巩本栋先生的《宋集传播考论》一书亦有所涉及，笔者《唐集唐注考》拟爬梳文献来研究以唐人张庭芳注李峤诗、李绅注元稹诗、陈盖注胡曾诗等，在中国古典文献传播学史上，对本朝人注本朝诗的研究应该是有相当价值的。笔者梳理文献，唐集唐注考如下。

1. 张庭芳注李峤诗。晁公武《郡斋读书志·别集类上》卷四著录《李峤集》一卷，注云："集本六十卷，未见。今所录一百二十咏而已。或题曰'单题诗'，有张方注。今其诗犹存，唯张方注不传。"辛文房《唐才子传》卷一云："今集五十卷，《杂咏诗》十二卷，《单题诗》一百二十首，张方为注，传于世。"（详见周本淳《唐才子传校正》，江苏古籍出版社1987年版，第18页）笔者考域外文献《李峤杂咏注》，有日本天瀑氏《佚存丛书》刻本，前有天宝六载（747）登仕郎守信安郡博士张庭芳序，上卷为乾象、坤仪、芳草、嘉树、灵禽、祥兽，六部各十首；下卷为居处、服玩、文物、武器、音乐、玉帛，六部各十首。卷末附日本宽政十一年（1780）天瀑山人《跋》《识》二则。佳又考敦煌文献，知张氏所撰注文，今尚存残卷于敦煌写本中，王重民先生《敦煌古籍叙录》卷五有著录。王重民叙曰："刘修业女士为东方语言学校编所藏华文书目，偶检《佚存丛书》本《李峤杂咏》，谓即此《杂咏残卷》，余检阅，良然。更阅卷端张庭芳序，而知此残卷诗注即张庭芳所撰者。"（转引自万曼《唐集叙录》，河南大学出版社 2008 年版，第 37 页）《唐才子传校笺》第一册（中华书局 1987 年版，第 128 页）傅璇琮撰"李峤"条，亦可为证，由是则知晁公武《郡斋读书志》言所谓"张方注"，当为"张庭芳注"之误无疑。陈尚君补正《唐才子传校笺》第五册（第 20 页）又言张庭芳注李峤诗，在日本今传三个版本系统之七种抄本，以证其尚存天壤间。可喜的是，张庭芳注《日藏古抄李峤咏物诗注》（上海古籍出版社据庆应义塾本影印大开精装本，1998 年版。）笔者亲见是书于武汉邗江古籍书店，故陈述如上。

2. 李绅注元稹诗。宋王尧臣等编《崇文总目·别集类》卷五著录《元稹制集》二卷，李绅注。其残宋本，日本静嘉堂文库有藏，陆心源《皕宋楼藏书志》有著录。陈汉章《崇文总目辑释补正》（《粤雅堂丛书》本）亦有所申述。本朝人注本朝诗，概不多见，李绅尊为相位，而钟情元才子诗，并为之部分作注，尤为难能。

3. 王晟、刘忱注樊宗师诗文。唐樊宗师《绛守居园池记》，四库馆臣撰《四库全书总目提要》有著录，云："故好奇者多为之注。据李肇《国史补》称，唐时有王晟、刘忱二家，今并不传。故赵仁举补为此注。"（详见拙稿《四库总目唐集提要会证平议》，第 76 页）陈振孙《直斋书录解题》卷十六亦云："有王晟者，取其《园池记》章解而句释之。"（详见陈振孙《直斋书录解题》，上海古籍出版社 1987 年版，第 480 页）岑仲勉先生对《绛守居园池记》有专深研究，其《绛守居园池记集释》与《绛守居园池记句解书目提要》二文集其大成（详见《岑仲勉史学论文集》，1990 年版，第 598—627 页）。今从之说。

4. 司空图注卢藏用诗赋。笔者考孟棨《本事诗·征咎第六》："范阳卢献卿，大中中举进士，词藻为同流所推。作《愍征赋》数千言，时人以为庾子山《哀江南》之亚。今谏议大夫司空图为注之。"（详见张佳《本事诗条理与考证》，第 52 页）据《新唐书》卷一二三《卢藏用传》，范阳卢献卿即卢藏用；王仲镛《唐诗纪事校笺》（中华书局 2007 年版，第 318 页）亦可证之。由此可知，卢藏用《愍征赋》数千字，司空图为之作注，亦为本朝人注本朝诗之力证。

5. 陈盖注、米崇吉续注胡曾诗。辛文房《唐才子传》卷八云："今《咏史诗》一卷，有咸通人陈盖注。"（详见周本淳《唐才子传校正》，江苏古籍出版社 1987 年版，第 249 页）笔者又考傅璇琮主编《唐才子传校笺》第三册（中华书局 1990 年版，第 482 页），梁超然校笺"胡曾"条指出《四部丛刊三编》收影宋本《新雕注胡曾咏史诗》，有邵阳叟陈盖注，米崇吉续注，俱为唐人注唐诗。然《唐才子传校笺》第五册（中华书局 1995 年版，第 423 页），陈尚君补正此条又指出陈盖为咸通中人只有辛文房《唐才子传》卷八所记之孤证，并疑陈盖为宋人，惜其所疑未言证据。笔者遍查丁传靖辑《宋人轶事汇编》（中华书局 2003 年第二版），陈盖、米崇吉皆未之见；又考邓子勉所撰《宋人行第考录》（中华书局 2001 年版，第 231 页）"陈"姓条，宋世仅有一陈概，字辛平，见《绍兴十八年同年小录》，邓子勉所考甚详。陈尚君先生所疑为胡曾诗注之陈盖为宋人，或许谬托陈概致误。如是则仍从辛文房原材料之说，不妄而驳之，故陈盖注、米崇吉续注胡曾《咏史诗》，亦为唐人注唐诗之例，《四部丛刊三编》收录。

至此，对四库总目唐集提要的"窄而深"的研究应该说有了一个初步的交代，毕竟笔者在目前能够的范围内还无法做到"涸泽而渔"。笔者关于四库总目唐集提要的写法、创获、问题及其他一系列的思考，也就这样告一段落了。《宋敏求编校唐集考》《唐集唐注考》二文已草成，俱为笔者《四库总目唐集提要》研究之副产品，附于后。勤勉为之，伏乞世之为我师者匡我不逮。

2010 年 2 月 5 日子夜时分，沔州后学张佳记于鸠书庵。
2010 年 2 月 7 日，正值农历小年，张佳书房校勘又记。
2010 年 2 月 13 日农历大年三十，张佳三校定稿，写在牛年尾巴上。
2016 年 10 月 10 日，四校又记于青岛大学文学院。
2016 年 11 月 25 日，五校后又记。

凡　　例

　　一、在"四库学"史上，以资料汇编的方式整理《四库总目提要》唐人别集提要部分之学术史，本书尚属第一次。

　　二、本书综合若干前人研究，如胡玉缙《四库全书总目提要补正》、崔富章《四库提要补正》、余嘉锡《四库提要辨证》、李裕民《四库提要订误》等书，间出己意，掺杂平议，揭橥注本源流并参互比较，作初步学术史总结。另有岑仲勉《唐集质疑》、葛兆光《唐集琐记》、万曼《唐集叙录》、赵荣蔚《唐五代别集叙录》、葛兆光《古诗文要籍叙录》诸文献，一并参之。

　　三、本书重在集成唐人别集的文本生成概况、版本流变情形、注本史与研究史，及唐集著录演变的各种复杂线索，主要从书籍文化史的角度来考察，拈举众多前人文献，并详加梳理，择善而从。在会证平议过程中，有话则多说，无话则少说。

　　四、本书属古籍整理研究著作，以中华书局 1965 年 6 月影印王伯祥断句的浙本《四库全书总目》为底本，受南京大学武秀成教授、武汉大学尚永亮教授点示，笔者荟萃群籍而撰。

　　五、本书是笔者博士论文《唐人别集成书与流传研究》（武汉大学，2014）的前期成果、姊妹篇，从同一线索生发、延展开来，由尚永亮师指导，特此鸣谢。

目　　录

东皋子集　三卷

　　唐王绩撰。绩，字无功，太原祈人，隋大业中授秘书省正字，出为六合丞。归隐北山东皋，自号东皋子。唐初以前官待诏门下，复求为太乐丞。后乃解官归里。是身事两朝。皆以仕途不达，乃退而放浪于山林。《新唐书》列之《隐逸传》，所未喻也。然绩为王通之弟，而志趣高雅，不随通聚徒讲学，献策干进。其人品亦不可及矣。史称其简放嗜酒，尝作《醉乡记》《五斗先生传》《无心子传》。其《醉乡记》为苏轼所称。然他文亦疏野有致。其诗唯《野望》一首为世传诵。然如《石竹咏》，意境高古。薛记室收《过庄见寻诗》二十四韵，气格遒健，皆能涤初唐俳偶板滞之习。置之开元天宝间，弗能别也。《唐书·艺文志》载绩集五卷，陈振孙《书录解题》亦云其友吕才鸠访遗文，编成五卷，为之序。而今本实只三卷。又晁公武《读书志》引吕才序，称绩年十五，谒杨素，占对英辨。薛道衡见其《登龙门》《忆禹赋》，叹为今之庾信。且载其卜筮之验者数事，今本吕才序尚存。而晁公武所引之文则无之。又序称鸠访未毕，辑为三卷，与《书录解题》不合。其《登龙门》一赋，亦不载集中。或宋末本集已佚。后人从《文苑英华》《文粹》诸书中采集诗文，汇为此编，而伪托才序以冠之，未可知也。此本为明崇祯中刊本，卷首尚有陆淳序一首，晁、陈二家目中皆未言及，其真伪亦在两可间矣。

　　【胡玉缙补正】《四库全书总目提要补正》：张氏《藏书志》有旧钞本，为赵琦美旧藏，有吕才《序》及陆淳《删东皋子集序》，然则五卷为吕辑本，三卷为陆删本，不必疑也。

　　【余嘉锡辨证】《四库提要辨证》嘉锡案：吕才及陆淳两《序》，姚铉均收入《唐文粹》卷九十三。铉为北宋初人，去唐未远，其书精博可据。两序既为所取，必非伪作，可断言也。吕才序云："所著诗赋，并多散佚，鸠访未毕，且辑成五卷。"孙星衍刻《东皋子集序》同，余明钞、明刻本均作三卷。自《唐志》以下，晁、陈书目《读书志》卷十七，《书录解题》卷十六。及《宋志》皆著于录，盖足本也。其本今已不传。然陆心源《皕宋楼藏书志》卷六十八载所藏旧钞三卷本，有吴翌凤手跋曰："庚子乾隆四十五年初冬，于鲍以文丈处见宋椠本，凡五卷，视此增多三十余篇，惜未假得钞补。"朱学勤《结一庐书目》卷四云："《王无功集》五卷，旧钞本，朱筿河藏书。"是此书足本，在晚清犹有存者，惜不得而见之矣。晁公武所引吕才序，今本乃无其文，未喻其故。或者才于鸠访绩文，续有所增，因别为之序而不改其卷数，公武言之不详欤？陆淳《删东皋子集序》云："余每览其集，想见其人，恨不同时，得为忘形之友，故祛彼有为之词，全其悬解之志，庶乎死而可作，无愧异代之知音尔。"淳自言其删削之意如此。《宋史·艺文志》别有陆淳《东皋子集略》二卷。略者，明其为删本也。《崇文总目》著录之《东皋子集》二卷，当即此本，盖以诗赋为上卷，杂文为下卷。今行世诸本皆三卷，疑后人以其篇卷不匀，分诗赋为上中，而改吕才序中"五"字为"三"，以泯其迹，故与《书录解题》不合。凡孙星衍刻本所附佚文，及吴翌凤所见之三十余篇，盖皆陆淳所谓有为之词，而被其删去者也。《四库提要》未细读淳序，不知其有所删削，徒因今本不全，遂疑为后人所辑；又不考《唐文粹》，更疑吕才序为伪托，陆淳序为真伪两可；其亦勇于疑古矣。《书录解题》云："其友吕才，鸠访遗文，编成五卷，为之序。有《醉乡记》传于世，其后陆淳又为后序。"不知作《提要》者，何以于其末句熟视无睹，竟谓晁陈二家皆未言及陆淳之序，岂所谓心不在焉、视而不见也欤？

【张佳补记】明代刊本的《东皋子集》三卷本系统，现存最早者为明代万历年间黄汝亨刻本。今有韩理洲《王无功文集五卷本会校》，上海古籍出版社1987年版，裒集三种清抄本，汇众校于全帙，俾从来之完璧，程功至伟。又有王国安《王绩诗注》，上海古籍出版社1981年版，囿于篇幅，失之寒伧；康金声、夏连保《王绩集编年校注》，山西人民出版社1992年版，着力编年，考证绩之生平系诗，可谓详矣。金华荣《王绩诗文集校注》，台北新文丰出版股份有限公司1998年版，后来居上，于校于注，可以为式。

寒山子诗集　一卷

寒山子，贞观中天台广兴县僧。居于寒岩，时还往国清寺。丰干、拾得则皆国清寺僧也。世传台州刺史闾丘允遇三僧事，踪迹甚怪。盖莫得而考证也。其诗相传即允令寺僧道翘寻寒山平日于竹木石壁上，及人家厅壁所书，得三百余首。又取拾得土地堂壁所书谒言，并纂集成卷。丰干则仅存房中壁上诗二首。允自为之序。宋时又名《三隐集》，见淳熙十六年沙门道南所作记中。《唐书·艺文志》载寒山诗入释家类，作七卷。今本并为一卷，以拾得、丰干诗别为一卷附之。则明新安吴明春所校刻也。王士祯《居易录》云："寒山诗，诗家每称其'鹦鹉花间弄，琵琶月下弹。长歌三月响，短舞万人看。'谓其有唐调。"其诗有工语，有率语，有庄语，有谐语。至云"不烦郑氏笺，岂待毛公解"，又似儒生语，大抵佛语、菩萨语也。今观所作，皆信手拈弄，全作禅门偈语，不可复以诗格绳之。而机趣横溢，多足以资劝诫。且专集传自唐时，行世已久。今仍著之于录，以备释氏文字之一种焉。又案《太平广记》引《仙传拾遗》曰："寒山子者，不知其名氏。大历中隐居天台翠屏山。其山深邃，当暑有雪，亦名寒岩。因自号寒山子。好为诗，每得一篇一句，辄题于树间石上，有好事者随而录之，凡三百余首。多述山林幽隐之兴，或讥讽时态，能警励流俗。桐柏征君徐灵府序而集之，分为三卷，行于人间云云。"则寒山子又为中唐仙人，与闾丘允事又异，无从深考。姑就文论文可矣。

【胡玉缙补正】《四库全书总目提要补正》：瞿氏《目录》有明刻本，各作一卷，附慈受《拟寒山诗》一卷，云："慈受和尚，名怀深，拟寒山诗，自序作于建炎四年，谓结茅洞庭，拟其体成一百四十八首。"云云。陆氏《仪顾堂题跋·影宋钞寒山诗跋》云："以旧藏广州刊本及《全唐诗》校一过，《全唐诗》即从此本出，卷末'怡然居憩地日'以下缺亦同。广州本序次既异，字句亦多不同，拾得诗缺'人生浮世中''平生何所忧''故林又暂新''一入双 不计春'凡四首,寒山诗缺'沙门不持戒''可贵一名山''我见多 汉''昔年曾到大海游''夕阳赫西山'凡五首,非善本也。"王应麟《困学纪闻》云:"寒山子诗,如施家两儿事,出《列子》羊公鹤事,出《世说》如子张、卜商,如侏儒、方朔,涉猎广博,非但释子语也。对偶之工者,青蝇白鹤,黄籍白丁,青蚨黄绢,黄口白头,七札五行,绿熊席青凤裘,而《楚辞》尤超出笔墨畦径。"云云。何焯笺云:"苔滑非关雨,松鸣不假风,真佳句也。"

【余嘉锡辨证】《四库提要辨证》嘉锡案:闾丘胤《寒山子诗集序》云:"详夫寒山子者,不知何许人也。隐居天台唐兴县西七十里,号为寒岩,每于兹地,时还国清寺。"又云:"胤至任台州,乃令勘唐兴县有寒山、拾得是否。时县中当县界西七十里内有一岩,岩中古老见有贫士频往国清寺。"《提要》本之立言而作广兴县,盖其所据刻本误"唐"为"广"耳。序中自言"受任丹丘,临行前,遇丰干为治头痛,令见寒山、拾得。及至台州,拜二人于国清寺,二人急走出寺,寒山入穴,其穴自合,拾得亦迹沉无所。"而不言事在何时。《提要》以为贞观中者,据宋沙门志南所作之《三隐集记》也。考之陈耆卿《嘉定赤城志》卷八秩官表,贞观十六年至二十年,台州刺史正是闾丘胤,与志南所云贞观初者合。耆卿此表,系据咸平间知州事曾会所作壁记,《赤诚集》卷二载其文,云:"唐武德二年,改海州为台州。及今皇宋,混一区宇,凡一百二十六政,总三百六十一年,历记存焉。"则会又本之于旧记,历任相传,最为可信。元释觉岸《释氏稽古略》卷三列其事于贞观十七年,近之矣。然考《元和郡县志》卷二十六云:"三国时,吴分章安置南始平县。晋武帝以雍州有始平,改为始丰。肃宗上元二年,改为唐兴。"徐灵府《天台山记》云:"州取山名曰台州,县隶唐兴,即古始丰县也。肃宗上元二年,改为唐兴县。"是则贞观之时,台州只有始丰县,安得遽呼为唐兴乎?即此一事观之,此序之为后人依托,必不出于闾丘胤之手,固已甚明。及读其诗,有曰:"自闻梁朝日,四依诸贤士。宝志万回师,四仙传大士。显扬一代教,作持如来使。"案:宋《高僧传》卷十八释万回传,所叙之事武后、中宗朝。《太平广记》卷九十二"万回"条,引《两京记》云:"太平公主为造宅于己宅之右,景云中卒于此宅。"寒山果为贞观时人,安得以万回与古之宝志、传大士并称乎?又有七言一首云:"余见僧繇性希奇,巧妙间生梁朝时。道子飘然为殊特,二公善绘手毫挥。"

吴道子为玄宗开元时人，《历代名画记》卷九纪之甚详。寒山既于贞观中自瘗山穴死，安知天下有吴道子者哉？然则寒山子虽实有其人，亦必不生于唐初，可断言也。

嘉锡又案：《唐书·艺文志》无释家类，但以释氏之书附之道家耳。中有《对寒山子》七卷，注云："天台隐士。台州刺史闾丘胤序，僧道翘集。寒山子隐居唐兴县寒山岩，于国清寺与隐者拾得往还。"至其何以名《对寒山子》，则未之言。《提要》不解其意，遂径删去"对"字，非也。岂不闻鹤颈虽长，断之则悲乎？《宋高僧传》卷十三《梁抚州曹山本寂传》云："注《对寒山子诗》，流行宇内，盖以寂素举业之优也。文辞遒丽，号富有法才焉。"又卷十九《寒山子传》云："乃令道翘寻其遗物，唯于林间缀叶书词颂，并村墅人家屋壁所抄录，得二百余首。今编成一集，人多讽诵。后曹山寂禅师注解，谓之《对寒山子诗》。"然则《对寒山子诗》者，本寂注解之名也。寂盖以其颇含玄理，惧人不解，遂敷衍其义，与原诗相应答，如《天问》之有《天对》，故谓之《对》。《新志》置之不言，又不出本寂之名，殊为疏略。《崇文总目》释书类有《寒山子诗》七卷，当即本寂注解之本，故卷数相同，其书名亦误去"对"字。《遂初堂书目》释书类有《寒山子诗》，不著卷数，不知为何本。然《宋志》别集类有僧道翘《寒山拾得诗》一卷，则固明明为无注之本，故其书只一卷，与《唐志》不同。盖本寂之注，至宋已亡，独其原诗尚存耳。缪荃孙《艺风堂文续集》卷六《寒山诗集一卷跋》云："《寒山诗集》，丰干、拾得诗附，影宋写本，前有闾丘胤序，后有淳熙十六年岁次己酉沙门志南记，又有屠维亦奋岩可明跋，附朱晦翁《与南老帖》、陆放翁《与明老帖》。志南即南老，可明即明公，朱子与放翁所往还者。而前又有寒山序诗，观音比丘无我慧身所补刻。是此书宋时一刻于淳熙己酉，曰国清本；在再刻于绍定己丑，曰东皋寺本；此则三刻，又在东皋寺本之后，然不分七言于五言之外，不以拾得加于丰干之上，仍其旧第；字大如钱，清劲悦目，玄胤恒贞殷朗阙末笔，亦可谓最善之本矣。"今《四部丛刊》第一次所影印，号为高丽本，无可明跋及朱子帖，其原书递为黄丕烈、瞿镛所藏，虽于寒山诗及丰干、拾得诗自为起讫，似是两卷，然其叶数自第一至七十三前后相连，仍只一卷。其寒山诗后有小字一行云："杭州钱塘门里车桥南大街郭宅纸铺印行。"案：咸淳《临安志》卷二十一桥道门："西河有车桥，在国子监后"，《梦梁录》卷七同，是其源亦出于宋本。由是观之，此书唐人之所辑，宋人之所刻，皆只一卷。《唐志》作七卷者，盖本寂作注时之所分也。《提要》既不考《宋高僧传》及《宋史·艺文志》，又未见宋刻，遂以一卷之本为明人之所合并，其误甚矣。

嘉锡又案：《唐志》所载《对寒山子诗》，有闾丘胤《序》而无灵府之《序》，疑本寂得灵府所编《寒山诗》，喜其多言佛理，足为彼教张目，恶灵府之《序》而去之，依托闾丘，别作一序以冠其首，谬言集为道翘所辑，为之作注，于是闾丘遇三僧之说盛传于世，不知何时其注为人所削，而寒、拾之诗幸存，宋之俗僧又伪撰丰干诗附入其中，谓之"三隐"。阳羡鹅笼，幻中出幻。吁！可怪也。以此推之，寒山之诗，亦未必不杂以伪作，特无术以发其覆，不能不引以为据耳。权而论之，唐末天下大乱，独醒之士，多思高蹈远举，若寒山子者，遁迹空山，避人避世，不过隐逸之流，为仙为佛，总属寄托。如必考其实，与其信闾丘之伪《序》，无宁信光庭之《拾遗》，以光庭所记之徐灵府，年月出处皆有可考，与寒山正相先后，不似僧徒所托之闾丘胤，时代事迹无不抵牾荒谬也。《提要》以为就文论文，不必深考其实，苟于寒山及光庭之文留心细读，又何尝不可考哉？

【张佳补记】陈耀东《寒山诗集版本研究》，世界知识出版社，2007年版。从传播学角度梳理寒山子诗版本源流，至此而河清见底。又有《唐代诗僧寒山子诗集传本研究》《日本国庋藏〈寒山诗集〉闻知录》二文见于陈耀东《唐代诗文丛考》，浙江教育出版社2004年版，第215—257页。项楚《寒山诗注》，中华书局2000年版，搜裒繁富，集注本之大成。

王子安集　十六卷

　　唐王勃撰。《唐书·文苑传》称其文集三十卷，而杨炯集序则谓分为二十卷，具诸篇目。洪迈《容斋随笔》亦称今存者二十卷。盖犹旧本。明以来其集已佚。原目遂不可考。世所传《初唐十二家集》仅载勃诗赋二卷，阙略殊甚。故皇甫汸作《杨炯集序》，称王诗赋之余，未睹他制。此本乃明崇祯中闽人张燮搜集《文苑英华》诸书，编为一十六卷。虽非唐宋之旧，而以视别本，则较为完善矣。勃文为"四杰之冠"，儒者颇病其浮艳。案段成式《酉阳杂俎》曰："张燕公尝读勃夫子《学堂碑颂》'帝车南指，遁七曜于中阶；华盖西临，高五云于太甲'四句，悉不解，访之一公。公言：'北斗建午，七曜在南方，有是之祥，无位圣人当出。华盖以下，卒不可悉。'"洪迈《容斋随笔》亦曰："王勃等四子之文，皆精切有本原。其用骈俪作记序碑碣，盖一时体格如此，而后来颇议之。"杜诗云："王杨卢骆当时体，轻薄为文哂未休。尔曹身与名俱灭，不废江河万古流"正谓此耳。身名俱灭以责轻薄子，江河万古指四子也。韩公《滕王阁记》云："江南多游观之美，而滕王阁独为第一。及得三王为序赋、记等，壮其文词。"注谓工勃作游阁序，又云中丞命为记，窃喜载名其上，词列三王之次，有荣耀焉。则韩之所以推勃，亦为不浅矣。夫一行、段成式博洽冠绝古今，杜甫、韩愈诗文亦冠绝古今，而其推勃如是。枵腹白战之徒，掇拾语录之糟粕，乃沾沾焉动其喙。殆所谓蚍蜉撼树者欤？今录勃集，并录成式及迈之所记，庶耳食者无轻诋焉。

　　【张佳补记】按《提要》所载之王勃文集二十卷，乃王勃卒后其兄勔、勮裒辑而成，杨炯序之。《旧唐书》本传云："有文集三十卷"，《旧唐书·经籍志》著录《王勃集》三十卷，《新唐书·艺文志》著录《王勃集》三十卷，《崇文总目》卷五著录《王勃文集》三十卷，《郡斋读书志·别集类上》著录《王勃集》二十卷，注云"卷首有刘元济序"，《文献通考·经籍考》卷五八著录《王勃集》二十卷,《宋史·艺文志》著录《王勃诗》八卷,又《文集》三十卷,辛文房《唐才子传》卷一亦云"有集三十卷"。由此可知,王勃文集唐宋时有三十卷、二十卷两个版本在流传,前者杨炯序,后者刘元济序。今传《王勃集》二卷,为明人重辑本,嘉靖三十一年张逊业有永嘉刻本《十二家唐诗·王勃集》行世;明崇祯中,张燮又以永嘉刻本为基础,辑《文苑英华》《唐文粹》诸书,编为《王子安集》十六卷,附录一卷,《四库全书》加以采录;乾隆四十六年项家达刻《初唐四子集·王子安集》亦据以校刊,《四部丛刊初编》有影印本;清同治年间蒋清翊以十二载之力著成《王子安集注》二十卷,汪贤度点校本,上海古籍出版社 1995 年版,是王勃诗文集之唯一古注本。

盈川集　十卷

　　唐杨炯撰。《唐书·文苑传》称其文集本三十卷，晁公武《读书志》仅著录二十卷，云今多亡逸。是宋代已非完本，然其本今亦不传。此乃明万历中龙游童珮从诸书裒集、诠次成编。并以本传及赠答之文、评论之语，别为附录一卷，皇甫汸为之序。凡赋八首、诗三十四首、杂文三十九首。《文苑英华》载其《彭城公夫人尔朱氏墓志铭》一首、《伯母东平郡夫人李氏墓志铭》一首，列庾信文后，明人因误编入信集中。此本收《尔朱氏志》一篇，而《李氏志》仍不载，则蒐罗尚有所遗也。旧唐书本传最称其《盂兰盆赋》，然炯之丽制不止此篇。刘昫殆以为奏御之作，故特加记录欤？《传》又载其《驳太常博士苏知几冕服议》一篇，引援经义，排斥游谈。炯文之最有根柢者，知其辞章瑰丽，由于贯穿典籍，不止涉猎浮华。而《新唐书》本传删之不载，盖犹本纪不载诏令之意。是宋祁之偏见，非定评也。又新旧《唐书》并称炯为政严酷，则非循吏可概见。童佩《序》称盈川废县在瀫水北，其地隶龙邱，去郡四十余里，今址岿然独存。炯令盈川，无何卒，县寻罢，民尸祝其地，至今春秋不辍。是则因其文艺而更粉饰其治绩，亦非公论矣。

　　【张佳补记】 杨炯文集，为宋之问所编。《旧唐书·经籍志》著录《杨炯集》三十卷，《新唐书·艺文志》著录《盈川集》三十卷，《崇文总目》卷五著录《盈川集》二十卷，《郡斋读书志》著录《盈川集》二十卷，《文献通考·经籍考》卷五八著录《杨盈川集》二十卷，《宋史·艺文志》著录《杨炯集》二十卷、又《拾遗》四卷，惜其不存矣。今传《盈川集》十卷，为明万历时童珮辑本，《四库全书》加以采录。又明崇祯中，张燮重辑《杨盈川集》十三卷，编入其所刊《初唐四子集》。又有清同治年间邹氏刊《初唐四杰文集》本《杨炯文集》七卷，有文无诗，《四部备要》据以刊印。新出权威注本有川大教授祝尚书《杨炯集笺注》（共4册），中华书局2016年版，列入"中国古典文学基本丛书"，详校底本异文，并附新辑诗文。

卢昇之集　七卷

　　唐卢照邻撰。《唐书·文苑传》称照邻初为邓王府典签，调新都尉，以病去官。后手足挛废竟自沉颍水而死。考集中《相里夫人檀龛序》，称乾封纪岁，当为乾封元年丙寅。《对蜀父老问》称龙准荒落，当为总章二年己巳。皆在益州时所作。《病梨树赋序》称癸酉之岁，卧病长安，则其罢官当在咸亨四年以前。计其羁栖一尉，仅五六年。又《穷鱼赋序》称曾以横事被拘，将致之深议，则中间又遭非罪。其病废以后与洛阳名流朝士乞药借书，至每人求乞钱二千，其贫亦可想见。盖文士之极坎坷者。故平生所作，大抵欢寡愁殷，有骚人之遗响，亦遭遇使之然也。史又称王杨卢骆以文章齐名，杨炯尝谓"愧在卢前，耻居王后"，张说则曰："盈川文如悬河，酌之不竭，优于卢而不减王。耻居后，信然。愧在前，谦也。"今观照邻之文，似不及王杨骆三家之宏放，疑说之论为然。然所传篇什独少，未可以一斑概全豹。杜甫均以江河万古许之，似难执残编断简以强定低昂。况张鷟《朝野佥载》亦记是语，而作照邻谓"喜居王后，耻在骆前"，文人品目，多一时兴到之言，尤未可据为定论也。其集晁氏、陈氏书目俱作十卷。此本仅七卷，则其散佚者已多。又《穷鱼赋序》称尝思报德，故冠之篇首。则照邻自编之集当以是赋为第一。而此本列《秋霖》《讯鸢》二赋后。其与在朝诸贤书，亦非完本。知由后人掇拾而成，非其旧帙矣。

　　【张佳补记】《旧唐书·经籍志下》《新唐书·艺文志四》著录《卢照邻集》二十卷，《崇文总目》卷五、《宋史·艺文志七》并著录《卢照邻集》十卷，《郡斋读书志》上、《文献通考·经籍考五八》均著录《幽忧子集》十卷，《直斋书录解题》亦著录《卢照邻集》十卷，十卷本至元明时已不存。丁丙《善本书室藏书志》卷二四著录《卢升之集》七卷，旧钞本。今传《幽忧子集》七卷，为明张燮所辑，编入其所刊《初唐四子集》,《四部丛刊初编》据江安傅氏双鉴楼藏明刊本影印,《四库全书》所收七卷本较张燮本多骚六篇, 余数皆同。

陈友冰《新时期中国古典文学研究述论》:"祝尚书的《卢照邻集笺注》, 比起任国绪《卢照邻集编年笺注》, 在收集佚文和相关资料、考证史地、舆地、职官、典章等方面用力更多。"商务印书馆 2008 年版, 第163 页。今注本另有李云逸《卢照邻集校注》, 收入中华书局"中国古典文学基本丛书"。新出注本有祝尚书《卢照邻集笺注》(增订本), 上海古籍出版社 2011 年第二版, 收入作品之全,"为行世卢集之最"。另: 王明好著《卢照邻研究》(人民出版社 2013 年版) 第三章专谈《卢照邻诗文著录与版本考述》对一卷本、二卷本、七卷本、《全唐诗》本、《钦定四库全书》本、项元汴刻本、丛雅居刻本、畿辅丛书本、光绪五年淮南书局本、元和江标灵鹣阁本逐一剖析传本源流, 足资参考。

骆丞集　四卷

　　唐骆宾王撰。《唐书·文苑传》称中宗时，诏求其文，得百余篇，命郗云卿编次之。《书录解题》引云卿旧序，称光宅中广陵乱，伏诛。盖据李孝逸奏捷之语。孟棨《本事诗》则云宾王落发，遍游名山，宋之问游灵隐寺作诗，尝为续"楼观沧海日，门对浙江潮"之句。今观集中，与之问踪迹甚密，在江南则有投赠之作，在兖州则有饯别之章。岂非不相识者，何至觌面失之？封演为天宝中人，去宾王时甚近，所作《闻见记》中载之问此诗，证月中桂子之事，并不云出宾王。知当时尚无是说。又朱国桢《涌幢小品》载正德九年，有曹某者，凿靛池于海门城东黄泥口，得古冢题石，曰骆宾王之墓云云。亦足证亡命为僧之说不确。盖武后改唐为周，人心共愤。敬业、宾王之败，世颇怜之，故造是语。孟棨不考而误载也。其集新旧《唐书》皆作十卷，宋《艺文志》载有百道判三卷。今并散佚。此本四卷，盖后人所裒辑。其注则明给事中颜文选所作。援引疏舛，殆无可取。以文选之外别无注本，而其中亦尚有一二可采者，故姑并录之，以备参考焉。

　　【胡玉缙补正】《四库全书总目提要补正》：顾广圻《思适斋集·代秦敦甫撰骆宾王文集考异序》云："《骆宾王文集》，余友顾涧苹用汲古阁毛氏所藏本影写，近从之借来，证诸《直斋书录解题》，蜀本也。分卷凡十：为赋颂一、诗四、表启书二、杂著三，前有郗云卿序。又考旧、新两《唐志》，皆以十卷著录，是此实为唐、宋相仍云卿编次之旧，遂摹刊印行。涧苹复取《文苑英华》互勘，凡注'集作'，大抵相合，其遇有可疑及集非《苑》是并《苑》无注者，皆加决定，撰为《考异》一卷。至于《苑》有差违，或两得通，虽则甚多，咸在所略，世行本无足信据，亦置而弗论。"瞿氏《目录》有明刊本《骆宾王集》十卷，云："世传颜注本止四卷，非旧第，次十卷本，凡赋颂一、诗四、表启书二、杂著三，尚出郗云卿编次之旧，有郗《序》，与《唐志》及宋刊蜀本合。其《代李敬业檄》结句，'合是谁家之天下'，足证俗本'合'作'竟'之误。"丁氏《藏书志》有元刊本十卷，云："冠以本传，先列《萤火赋》，终以《丹阳刺史挽词》，俗本《代徐敬业讨武氏檄》，此作《李敬业以武后临朝移诸郡县檄》，'六尺之孤何托'，此作'安在'，与《书录解题》引同。"又有明陈魁士注四卷，云："虽非旧第，而'徐敬业'作'李敬业'，'何托'作'安在'，所引尚非俗本。"李慈铭《荀学斋日记》辛集上二云："道光间所刻骆宾王集，签题《骆文忠公集》，其首载陈析木熙晋所作《补传》，言'明末福王时，东阳张国维为之请谥，得谥文忠'，此与元文宗之谥杜甫曰文贞，正堪作对，亦异闻也。"《金华丛书》本胡《序》云："《骆丞集》，前明有单行本，吾婺之义乌柏林子孙藏于祠，迨我朝乾隆年间钦定全唐诗文，骆丞文二卷、诗三卷与焉，《四库目录》曾采载之，称四卷。道光初，义乌陈明府津刻《骆侍御集》，注解甚晰，近为兵燹所毁。同治戊辰，余觅得江东孙公素本，不分卷数，其文只载《萤火》与《荡子》《从军》二赋，暨《灵泉》一颂，诗即《全唐集》中所载也。己巳春，因取《全唐文》所载《为齐州父老请陪封禅表》，以及《祭赵郎将》诸作，共三十八篇，排比钞刊，合诗文为四卷，俾成完璧。又校对各本，颇有异同，另纂《辨伪考异》二卷。"

【张佳补记】《骆宾王文集》十卷，郗云卿辑并序之。《旧唐书·经籍志下》《新唐书·艺文志四》并著录《骆宾王集》十卷，《郡斋读书志》《直斋书录解题》同，陈振孙记云："又有蜀本，卷数亦同，而次序先后皆异。"可知宋时流传其集两种不同版本。今传宋蜀刻本《骆宾王文集》十卷。明以后，骆宾王文集传世者有十卷、八卷、六卷、四卷、三卷、二卷、一卷本多种。明刻十卷本，分卷同宋刊而篇目略有增损，《四部丛刊初编》据以影印；八卷本，有明张燮辑《骆丞集》八卷，编入其所刊《初唐四子集》；六卷本，有明虞更生辑《唐骆先生文集》六卷，万历刊本；四卷本，有清胡凤丹辑《骆丞集》四卷，附《辨讹考异》二卷，《丛书集成初编》据以排印；三卷本，清同治间邹氏刊《初唐四杰文集》本，有文无诗，《四部备要》据以印行；二卷本，有明铜活字《唐人诗集》本；另《骆宾王诗集》一卷，有明代张明刻《唐四杰集》本和杨一统辑《唐十二名家》本。万曼所言"明人刻本，乃有七种"，（见《唐集叙录》河南大学出版社2008年版，第30页），可与互补。

　　张佳又记：骆宾王文集古注本，有明陈魁士《骆子集注》四卷，万历七年刻本；明颜文选补注《骆丞集》四卷，《四库全书》加以收录；及孙养魁《新刻注释骆丞集》、虞九章《唐骆先生集注释评林》；又有清《骆侍御全集》四卷，题颜文原注、陈坡删节；又有清咸丰年间学者陈熙晋《骆临海集笺注》十卷，分体编年，校注精审，集前人之大成，上海古籍出版社1985年版；《骆宾王集》上下册，浙江古籍出版社2015年版，列入"浙江文丛"精装本，以咸丰三年松林宗祠刻本《骆临海集笺注》为点校底本，传本系统未变。

陈拾遗集　十卷

　　唐陈子昂撰。子昂事迹具《唐书》本传及卢藏用所为别传。唐初文章，不脱陈隋旧习，子昂始奋发自为，追古作者。韩愈诗云："国朝盛文章，子昂始高蹈。"柳宗元亦谓："张说工著述，张九龄善比兴，兼备者，子昂而已。"马端临《文献通考》乃谓："子昂惟诗语高妙，其他文则不脱偶俪卑弱之体。"韩柳之论，不专称其诗，皆所未喻。今观其集，唯诸表序犹沿排俪之习。若论事、书疏之类，实素朴近古，韩柳之论，未为非也。子昂尝上书武后，请兴明堂太学。宋祁《新唐书》传赞以为"荐圭璧于房闼，以脂泽汗漫之"。其文今载集中。王士禛《香祖笔记》又举其《大周受命颂》四章、进表一篇，《请追上太原王帝号表》一篇，以为"视剧秦美新殆又过之。其下笔时不复知世有节义廉耻事。"今亦载集中。然则是集之传，特以词采见珍。譬诸荡姬佚女，以色艺冠一世，而不可以礼法绳之也。此本传写多伪脱，第七卷阙两叶。据目录寻之，《祃牙文》《崇海文》，在《文苑英华》九百九十五卷，《吊赛上翁文》在九百九十九卷。又《送崔融等序》之后，据目录尚有《饯陈少府序》一篇。此本小佚。《英华》七百十九卷有此文。今并葺补，俾成完本。《英华》八百二十二卷收子昂《大崇福观记》一篇，称武士彟为太祖孝明皇帝。此集不载其目，殆偶佚脱。今并补入，俾操觚挥翰之士知立身一败，遗诟万年，有求其不传而不能者焉？

　　【胡玉缙补正】《四库全书总目提要补正》：张宗泰《鲁岩所学集》"武、韦之祸"条云："温公编《通鉴》，采陈子昂《上天后谏疏》凡三：一则曰'诸方告密，囚累百千，及其穷尽，百无一实'；一则曰'宜缓刑崇德，抚慰宗室，各使自安'；一则曰'太平之朝，上下乐化，不宜有乱臣贼子，日犯天诛者'，无非为天后当日群小用事，构陷无辜而发，原其进谏之意，不失为仁人君子之用心。乃新城王氏摘其《大周受命颂》等作，谓其下笔时不复知世有廉耻节义事，考《新唐书》本传，子昂在天后朝，不见有所谓趋权附势、希荣邀宠之迹，则其歌功颂德于平日，用以结主上之知遇，事有可进言者，借为万一之补救，其用意正未可厚非，王氏没其长而专摘其所短，亦为不善论人者矣。"

【张佳补记】岑仲勉先生有《陈子昂及其文集之事迹》一文，以二十六个小标题涉及子昂世系、疑年、及第年及诗文编年补正等若干小节分而论之，呈现其历时平面与共时平面之考证，与罗庸《陈子昂年谱》交相辉映、各得其长，岑氏此文见《岑仲勉史学论文集》，中华书局 1990 年版，第 1—25 页。又，考证陈子昂生平，今以韩理洲先生为备，吴明贤《陈子昂论考》，巴蜀书社 1995 年版、徐文茂《陈子昂考论》，上海古籍出版社 2002 年版，各辅其谬，于此亦可备一览。

陈子昂集的新出整理本，有徐鹏点校《陈子昂集》（修订本），上海古籍出版社 2013 年版，列入"中国古典文学丛书"，校勘详明，资料丰富，对文本异文取舍甚为精当，并后附诗文辑佚。又有彭庆生《陈子昂集校注》（共 3 册），黄山书社 2015 年版，共 110 万字，以现在最早的陈集足本、中国国家图书馆藏明弘治四年杨澄校刻《陈伯玉文集》为校勘底本，详加系年考证并附《误收误题诗参》加以辨伪。明杨澄校正本，《四部丛刊》即据以影印；清道光丁酉蜀州刊本《陈子昂先生全集》亦弥足珍贵。

张燕公集　二十五卷

唐张说撰。说事迹具《唐书》本传。其文章典丽宏瞻，当时与苏颋并称。朝廷大述作多出其手，号曰“燕许”。《唐书·艺文志》载其集三十卷，今所传本只二十五卷。然自宋以后，诸家著录并同，则其五卷之佚久矣。集中《元处士碣铭》称序为处士子将作少监行沖撰，而《唐书》行沖传乃不载其为此官。《为留守奏庆山醴泉表》称万年县令郑国忠状，六月十四日县界霸陵乡有庆山，见醴泉出，而《唐书》武后传载此事乃作新丰县。皆与史传颇有异同。然说在当时，必无伪误。知《唐书》之疏舛多矣，此书所以贵旧本也。集首《永乐七年伍德记》一篇，称兵燹之后，散佚仅存，录而藏之。至嘉靖间，其子孙始为梓行，而伪舛特甚。又参考本传及《文粹》《文苑英华》诸书，其文不载于集者尚多。今旁加搜辑，于集外得颂一首、箴一首、表十八首、疏二首、状六首，策三首、批苔一首、序十一首、启一首、书二首、露布一首、碑四首、墓志九首、行状一首，凡六十一首。皆依类补入。而原集目次错互者，亦诠次更定。仍釐为二十五卷，庶几复成完本焉。

【胡玉缙补正】《四库全书总目提要补正》：张氏《藏书志》有影写《宋刊张说之文集》残本十卷，云：“卷首《喜雨赋》二首，一题御制，一题应制，明刻本删去御制、应制等字，卷五《醉中作》，明刻本有题无诗，卷六《广州萧都督入朝过岳州宴饯》，后缺一页，计诗七首，题一行，钱牧翁从宋本钞补。”瞿氏《目录》略同，唯所缺一页，谓凡诗八首，疑误。其以删去御制等字，谓误以御制为自作，语颇明了。顾广圻《思适斋集》是书跋云：“右秦敦夫藏本，所见《燕公集》，以此为最佳，余前别校正《燕公集》十五卷，又从汪孟慈得茶花吟舫钞本，多出五卷，又益以《英华》、《文粹》所载若干篇，合此庶为全集，粗可写定，惜无好事者刊以行世。”玉缙案：顾校本未知与此厘定本何如？其本或尚在天壤间，录之以待访。

【张佳补记】张说文集，《旧唐书》本传载其"有文集三十卷"，《新唐书·艺文志四》著录《张说集》二十卷，《通志·艺文略》著录《张说集》三十卷、《燕公外集》一卷，《郡斋读书志》著录《张说集》三十卷，《直斋书录解题》《文献通考·经籍考五八》并著录《张燕公集》三十卷，《宋史·艺文志七》著录《张说集》三十卷、《外集》二卷，《国史经籍志》卷五著录《张说集》三十卷、《燕公外集》一卷，《唐才子传》卷一亦云："有集三十卷，行于世。"然三十卷本，自宋至明代中叶，久不见传。除蜀本外，刊刻传世最古之本，当是明嘉靖十六年（1537）椒君伍氏龙池草堂《张说之文集》二十五卷，《四部丛刊初编》据此影印，推为善本。后又有武英殿聚珍版刊行，编次与收录有异，较"四库"本多十七篇，《丛书集成初编》据以排印。民国三十三年（1944），傅增湘在邢詹亭家获得影宋刻蜀本《张说之文集》三十卷，《藏园群书题记》卷十一著录，今藏中国国家图书馆。

张佳又记：今注本，有张安祖、邹进先《张说诗集校注》，上海古籍出版社1995年版。熊飞《张说集校注》（全4册），中华书局2013年版，列入"中国古典文学基本丛书"，以国家图书馆藏清东武李氏研录山房写本《张说之文集》为底本，参校六个抄、刻本，详出校记并加补遗，为新出整理之最佳本子，共125万字。此书删掉了原版旧式中的某些附文，是为欠妥。

曲江集　二十卷

　　唐张九龄撰。九龄事迹，俱唐书本传。徐浩作九龄墓碑，称其学究精义，文参微旨，而不及其文集卷数。唐宋二史《艺文志》俱载有九龄文集二十卷，其后流播稍稀。唯明《文渊阁书目》有《曲江文集》一部四册，又一部五册，而外间多未之睹。成化间，邱濬始从内阁录出，韶州知府苏韂为刊行之。其卷目与唐志相合，盖犹宋以来之旧本也。九龄守正嫉邪，以道匡弼，称开元贤相。而文章高雅，亦不在燕许诸人下。《新唐书·文艺传》载徐坚之言，谓其文如轻缣素练，实济时用，而窘边幅。今观其《感遇》诸作，神味超轶，可与陈子昂方驾。文笔宏博典实，有垂绅正笏气象，亦俱见大雅之遗。坚局于当时风气，以富艳求之，不足以为定论。至所撰制草，明白切当，多得王言之体。本传称为秘书少监时，会赐渤海诏，而书命无足为者，乃命九龄为之。被诏辄成，因迁工部侍郎，知制诰。今检集中有《渤海王大武艺书》，当即其时所作。而其他诏命，亦多可与史传相参考。如集中有《敕奚都督右金吾卫大将军归诚王李归国书》，而核之《唐书·外国传》所载奚事，自开元以后，仅有牟人酾鲁苏李诗延笼婆固请酋长名，而不及归国。知记载有所脱漏，是尤可以补史之阙矣。

　　【胡玉缙补正】《四库全书总目提要补正》：翁方纲《石洲诗话》卷一云："近时粤中所刻《曲江公集》颇为精校，即如开卷载苏子瞻一诗，其词之俚不知出谁附会？其《金鉴录》之伪，则阮亭《皇华纪闻》已辨之。"吴氏《绣谷亭薰习录》云："晁氏题《曲江集》二十卷，末有《姚子彦行状》、《吕温真赞》、《郑宗珍谥议》、《徐浩墓碑》及《赠司徒敕》，今惟浩碑与敕存，余则并元祐中邓开《序》亦失之，益以历官制，盖录之《文苑英华》，《内阁书目》亦题二十卷，岂旧本犹在耶？"

　　【张佳补记】张九龄集，《新唐书·艺文志四》著录《张九龄集》二十卷，《崇文总目》卷五、《通志·艺文略》并著录《张九龄集》二十卷，《遂初堂书目·别集类》著录《张曲江集》，未知卷数，《郡斋读书志》著录《曲江集》二十卷，《文献通考·经籍考》著录《曲江集》二十卷，《宋史·艺文志七》著录《张九龄集》二十卷、《艺文志八》著录《张曲江杂编》一卷。据此可知九龄文集在宋代有两种刊本流传：一为曲江本，一为蜀本。今所传各本，皆以明成化九年（1473）琼台丘浚序本为祖本，题《曲江张子寿先生文集》二十卷，当祖从蜀本而来，今藏国家图书馆。其后之刊刻源流，赵荣蔚《唐五代别集叙录》，中国言实出版社 2009 年版，第 76 页，爬梳甚密，尤以鉴之，此处从略。

张佳又记：今注本，有熊飞《张九龄集校注》（全三册），中华书局 2008 年版，融编年、校注、集评于一体，备其全帙。熊飞又有《张九龄年谱新编》，香港教育出版社 2005 年版，与李世亮《张九龄年谱》（广东高等教育出版社 1994 年版）及顾建国《张九龄年谱》（中国社会科学出版社 2005 年版）三者对读，见丞相一世生平与来历，可谓知人论世矣。熊飞《张九龄大传》，暨南大学出版社 2013 年版，列入"岭南文化书系"，更是分十二个章节来勾勒张九龄生平事迹。熊飞，本名熊贤汉，韶关学院教授，2012 年在台湾花木兰出版社连出了两本《张九龄年谱新编》《张说年谱新编》，有功甚大。

李北海集　六卷

　　唐李邕撰。邕事迹具《唐书》本传。邕文集本七十卷，《宋志》已不著录。此本为明无锡曹荃所刊。前有荃序，称绍和徵君刻唐人集，初得《北海集》，而余论之。不言为何人所编。大抵皆采撷《文苑英华》诸书，裒而成帙，非原本矣。史称邕长于碑颂，前后所制凡数百首。今唯赋无首、诗四首、表十四首、疏状各一首、碑文八首、铭记各一首、神道碑五首、墓志铭一首，盖已十不存一。《旧唐书》称其《韩公行状》《洪州放生池碑》《批韦巨源谥议》为当时文士所重。李白《东海有勇妇》一篇，称"北海李使君，飞章奏天庭"；杜甫《八哀诗》称"朗咏六公篇，忧来豁蒙蔽。"赵明诚《金石录》亦称"唐六公咏，文词高古。"今皆不见此集中，殊可惜也。刘克庄《后村诗话》讥其为叶法善祖做碑，殆千载之笑。然唐时名儒硕士为缁黄秉笔，不以为嫌。不似两宋诸儒视二教如敌国。此当尚论其世，固不容执后而讥前。且克庄与真德秀游，德秀《西山集》中琳宫梵刹之文，不可枚举。克庄曾无一词，而独刻责于邕。是尤门户之见，不足服邕之心矣。卷末附录，载新旧《唐书》邕本传及赠送诸作，而别载《文苑英华》所录邕《贺敕表》六篇，题曰纠谬，谓考其事在代宗、德宗、宪宗时，邕不及见，其论次颇为精审。然考彭叔夏《文苑英华辨证》曰：《贺敕表》六首，类表以为李吉甫作，而《文苑》以为李邕。案：邕天宝初卒，而六表乃在代宗、德宗、宪宗时。况《文苑》于三百五十九卷重出一表，题曰李吉甫。又第二表末云谨遣衙前虞侯王国清奉表陈贺以闻，正与吉甫《郴州谢上表》末语同，则非邕作也云云。是宋人已经考证，编是集者用其说而讳所自来，亦可谓攘人之善矣。

　　【胡玉缙补正】《四库全书总目提要补正》：卢弼《四库湖北先正遗书札记》云："案《大清一统志》，'唐李邕，江都人，尝迁居江夏，杜甫诗称为江夏李邕，今县有李邕宅。'"

【张佳补记】李邕文集,《旧唐书》本传载"有文集七十卷",《新唐书·艺文志四》著录《李邕集》七十卷,《通志·艺文略》著录《李邕集》七十卷,《宋史·艺文志二》著录《狄梁公家传》一卷,《国史经籍志》卷五著录《李邕集》七十卷,《徐氏红雨楼书目》卷四著录《李邕文集》,不记卷数,《世善堂藏书目录》卷下著录《李北海集》二十卷。惜均不传。今传《李北海集》六卷,为明人所辑,《四库全书》据崇祯庚辰年（1640）刻本采录。

张佳又记:陈尚君《石刻所见唐人著述辑考》云"李邕集一百八卷,《隋唐五代墓志汇编·洛阳卷一二》李郿《李岐墓志》:'考邕,皇朝北海郡太守,赠秘书监,有文集一百八卷行于代,《唐书》有传。'《旧唐书》本传及《新唐书·艺文志》载邕集均作七十卷。"详见《陈尚君自选集》,广西师范大学出版社2000年版,第128页。笔者依"二重证据法",综合地上、地下之文献史料,综合上述各家之说,当知李邕集在唐代原编一百零八卷,至宋而散佚仅七十卷,至元明清而不传,《四库全书》所收为明人所辑佚,已非原槧之旧矣。

李太白集　　三十卷

唐李白撰。《旧唐书》白传称山东人，《新唐书》则作陇西成纪人。考杜甫作《崔端薛复筵醉歌》有"近来海内为长句，汝与山东李白好"句，杨慎《丹铅录》据魏颢《李翰林集序》有"世号为李东山"之文，谓杜集传写误倒其字，似乎有理。然元稹作杜甫墓志亦称"与山东人李白"，其文凿然。如倒之作东山人，则语不成文，又不得以魏序为解。检白集，《寄东鲁二子诗》，有"我家寄东鲁"句。颢序亦称合于鲁一妇人，生子曰颇黎。盖居山东颇久，故人亦以是称之。实则非其本籍，刘昫等误也。至于陇西成纪乃唐时李氏以郡望通称，故刘知几《史通·因习篇》自注曰："近代史为王氏传云，琅琊临沂人；为李氏传云，陇西成纪人，非惟王李二族久离本郡，亦自当时无此郡县，皆是魏晋以前旧名。"今勘验《唐书·地理志》，果如所说。则宋祁等因袭旧文，亦不足据。唯李阳冰序称凉武昭王暠之后，谪居条支。神龙之始，逃归于蜀，复指李树而生伯阳。惊姜之夕，长庚入梦。颢序称白本陇西，乃因家于绵，身既生蜀云云。则白为蜀人，具有确证。二史所书，皆非其实也。阳冰序不言卷数，《新唐书·艺文志》则曰《草堂集》二十卷，李阳冰编。案：宋敏求《后序》曰"唐李阳冰序李白《草堂集》十卷，咸平中乐史别得白歌诗十卷，合为《李翰林集》二十卷。"史又云"杂著为别集十卷"，然则《草堂集》原本十卷，《唐志》以阳冰所编为二十卷者，殊失之不考。今《草堂集》不传，乐史所编亦罕见。此本乃宋敏求得王溥及唐魏颢本，又裒集唐类诗诸编泊石刻所传，编为一集。曾巩又考其先后而次第之为三十卷。首卷唯载诸序、碑、记，二卷以下乃为歌诗，为二十三卷，杂著六卷，流传颇少。清朝康熙中，吴县缪曰芑始重刊之。后有曰芑跋云："得临川晏氏宋本，重加校正，较坊刻颇为近古。然陈氏《书录解题》、晁氏《读书志》并题《李翰林集》，而此乃云太白全集未审为宋本所改，曰芑所改，是则稍稍可疑耳。据王琦注本，是刻尚有《考异》一卷，而坊间印本皆削去曰芑序目，以赝宋本，遂并《考异》而削之。以其文已全载王琦本中，今亦不更补录焉。

【胡玉缙补正】《四库全书总目提要补正》：案，《旧书》上称山东人，下称父为任城尉，因家焉，是明乎白之先非山东人，而语未完备；《新书》称"兴圣皇帝九世孙，其先隋末以罪徙西域，神龙初，遁还，客巴西，白之生，母梦长庚星，因以名之"，则与李阳冰及魏颢《序》所言大致相同，并不是陇西成纪人，不知《提要》何所据也？吴氏《绣谷亭薰习录》考白里贯及生卒、子女甚详，今不录。陆氏《藏书志》有北宋蜀刊本《李太白文集》三十卷，并载元丰三年毛渐题语曰："李诗为人所尚，以宋公编类之勤，而曾公考次之详，今晏公又能镂板以传。"是"全集"字为晏本所改无疑，但陆志"全集"作"文集"，岂当时统以文概之耶？又有咸淳刊本《李翰林集》三十卷，更可见宋时自有两本。其《仪顾堂集·北宋本李太白文集跋》以为即吴门缪武子刊本所从出，并举宋本不误而缪本讹误，及宋本误字而缪本改易，各若干条，今不录。丁氏《藏书志》有明正德刊本《李翰林别集》十卷。

【张佳补记】李白研究专家、南京师范大学郁贤皓先生有《宋蜀本〈李太白文集〉提要》《〈李翰林集〉三十卷提要》《咸淳本〈李翰林集〉源流和名称简论》三文，可为力证，见于《李白与唐代文史考论》第二卷，南京师范大学出版社 2008 年版，第 605—622 页，考见李白集版本源流，必参考之。安旗等注《李白全集编年笺注》全四册，中华书局 2015 年版，列入"中国古典文学基本丛书"，以及郁贤皓著《李太白全集校注》精装全八册，重编删伪补逸文，以日本京都大学人文科学研究所影印静嘉堂文库藏宋蜀刻本《李太白文集》为校勘底本，博采他本，南京凤凰出版社 2015 年版，这是 21 世纪李白研究的最新总结。

又：《李太白集注》，王琦注本，上海古籍出版社 1992 年版，列入"四库唐人文集丛刊"影印本。王琦注《李太白全集》，中华书局 2011 年版，列入"中华国学文库"，简体横排，简便易得，套装上下册。版本研究领域，有张佩《杨齐贤、萧士赟〈分类补注李太白诗〉版本系统研究》，首都师范大学出版社 2015 年版，共 28.4 万字，在胡振龙南师大博士论文《李白诗古注本研究》的基础上又前进了一大步。

分类补注李太白集　　三十卷

宋杨齐贤集注，而元萧士赟所删补也。杜甫集自北宋以来，注者不下数十家。李白集注宋元人所撰辑者，今唯此本行世而已。康熙中，吴县缪曰芑翻刻宋本《李翰林集》，前二十三卷为歌诗，后六卷为杂著。此本前二十五卷为古赋乐府歌诗，后五卷为杂文，且分标门类，与缪本目次不同。其为齐贤改编，或士赟改编，原书无序跋，已不可考。唯所辑注文，则以齐贤曰、士赟曰互为标题以别之，故犹可辨识。注中多征引故实，兼及意义。卷帙浩博，不能无失。唐觐《延州笔记》尝摘士赟注《寄远诗》第七首"灭烛解罗衣"句，不知出《史记·滑稽传》"淳于髡"语，乃泛引谢瞻、曹植诸诗。又如《临江王节士歌》，齐贤以为史失其名，士赟则引乐府《游侠曲》证之。不知《汉书·艺文志》《临江王》及《愁思节士歌》原各为一篇，自南齐陆厥始并作《临江王节士歌》，后来庾信、杜甫俱承其误，白诗亦属沿伪。齐贤等不为辨析，而转以为史失名。此类俱未为精核。然其大致详赡，足资检阅。中如《广武战场怀古》一首，士赟谓非太白之诗，厘置卷末，亦俱有所见。其于白集固不为无功焉。齐贤，字子见，舂陵人；士赟，字粹可，宁都人，宋辰州通判立等之子。笃学工诗，与吴澄相友善。所著有诗评二十余篇，及《冰崖集》，俱已久佚。独此本为世所共传云。

【胡玉缙补正】《四库全书总目提要补正》：张氏《藏书续志》有元刊本《分类补注李太白诗》二十五卷，陆氏《仪顾堂续跋·元椠二十五卷本跋》云："前有李阳冰、乐史序，刘全白碣记，宋敏求、曾巩、毛渐序，次关中薛仲邕编《年谱》，次目录，目后有'建安余氏勤有堂刊'篆文木记，元刊元印本。其分赋、古风、乐府、歌吟、赠别、送、酬答、游宴、登览、行役、闲适、怀思、感遇、写怀、咏物、题咏、杂咏、闺情、哀伤二十类，与晏知止本同。惟晏本赋列二十五，此列卷一，余亦少有参差。宋次道有云：'沿旧目而釐正其汇次，使各相从。'南丰亦云：'次道以类广白诗'，今诸本皆分二十类，则分类实始于次道，非杨、萧两家所为也。两家所注，有诗无文，明郭云鹏刊本增杂文为三十卷，注则删削过半，有全章削去者，有一章削去四五百言而留一二句者，又增以'祯卿曰'云云，使古书面目，几无一存，殊为谬妄。曾巩序云：'《李白集》三十二卷，旧歌诗七百七十六篇'，今千有一篇，杂著六十五篇，晏本作《李白集》三十卷，余同，咸淳本作《李白诗集》二十卷，七百若干篇，今九百若干篇，与《元丰类稿》同，与此本及晏本不合。"玉缙案：《提要》所见，非此本当即郭本，郭本亦有李、乐、曾诸序，刘墓碣，宋题后，又有李华撰墓志，既皆佚去，无怪其茫然。唯中有"祯卿曰"而绝不致疑，未免失之目睫耳。至元辛卯士赟自序云："一日得左绵所刊杨君子见注本，惜其博不能约，因取其本类比为之节文，善者存之，注所未尽者以所见附其后，赋八篇，子见本无注，则并注之。"然则分类始于宋敏求，杨本是否仍其次虽不可知？而萧本则明有所移易矣，陆跋亦未尽。

【张佳补记】胡振龙《李白诗古注本研究》，南京师范大学博士论文，2003 年，导师郁贤皓。陕西人民出版社 2006 年 6 月此书出版。是书分五章从历时角度梳理李白诗古注本源流，自李集宋杨注，至元萧注，至明胡注，至清王琦注集其大成，至此而脉络甚然。

张佳又记：杨齐贤注《李太白集注》二十五卷，是第一个李诗注本。杨齐贤，字子见，永州宁远人，南宋庆元五年（1199）进士，授通直郎。按葛兆光先生《古诗文要籍叙录》之说，"杨齐贤注中比较突出的是地理部分"，"但是，杨齐贤在人物考证和字义训诂上却比较差"（第273页）；萧士赟补注的特点"在于分析诗意和考辨真伪"，"但同时也有一些穿凿附会的说解"（第274页），今从之说。

李太白诗集注　三十六卷

　　国朝王琦撰。琦，字琢崖，钱塘人。注李诗者，自杨齐贤、萧士赟后，明林兆珂有《李诗钞述注》十六卷，简陋殊甚。胡震亨驳正旧注，作《李诗通》二十一卷。琦以其尚多漏略，乃重为编次笺释，定为此本。其诗参合诸本，益以逸篇，釐为三十卷。以合曾巩序所言之数，别以序志碑传、赠答、题咏、诗文评语、年谱、外纪为附录六卷。而缪氏本所谓《考异》一卷，散入文句之下，不另列焉。其注欲补三家之遗阙，故采摭颇富，不免微伤于芜杂。然捃拾残剩，时亦寸有所长。自宋以来注杜诗者林立，而注李诗者寥寥仅二三本。录而存之，亦足以资考证。是固物少见珍之义也。

　　【张佳补记】：岑仲勉《唐集质疑》曰："王氏注太白集，于人事方面，殊多缺憾，远不如宋人注韩柳集之详细，此固时代较后使然，要亦未尽搜罗能事也。"详见岑仲勉《唐人行第录》外三种，中华书局2004年版，第365页。

　　詹锳《李太白集版本叙录》，载其《李白诗论丛》人民文学出版社1978年版，第24页。詹锳曰："综合以上各本观之，论李集之繁富，必归功于宋敏求。然其真伪杂陈，亦自敏求始。宋氏以前各本俱以失传，居今之世而欲辨李诗之真伪实难言矣。若夫李诗编次，则分类出于敏求，考次出于曾巩，而分体出明人之手。宋氏分类碎杂无足观，明人分体亦一时风气所趋，居功多者当以南丰曾氏为最。惜其用力尚未深至，仅寓先后于各类之中，而未能通体为之编年。后之注家不明斯旨，肆意颠乱，无复旧貌。是故以注释而论，固后来居上。若言编次，则后不如前也。今传李集各本实无善者。不得已而求其次，则好古当取缪本，求解当取王本。"是哉斯言！

　　张佳又记：王琦辑注《李太白全集》（全三册），中华书局1977年版。前二十五卷略依萧士赟《分类补注李太白诗》次第，杂文四卷略依郭云鹏本次第，以缪曰芑本参订并加注释，又汇辑《拾遗》一卷，合三十卷，为旧注本之集大成者。杭世骏《序》云："足以发太白难显之情，而抉三家未窥之妙。"可以说，王琦辑注《李太白全集》是旧本中的集大成者，瞿蜕园等注本、郁贤皓注本、安旗注本等大多依凭的是王琦的编年与注释，并加了一些小的修补与完善。宋红霞《清代学者王琦的生平经历及注释学成就》（载《聊城大学学报》2013 年第 2 期）对此有所发覆，并可知王琦集注《李太白全集》《李长吉歌诗》并协助赵殿成完成《王右丞集笺注》中的佛典掌故，花了三十年的时间，在中国古籍注释学史上占有一席之地。"一注可以敌千家"，《李太白全集》三十六卷与《李长吉歌诗汇解》，有《四库全书存目丛书》集部据北京大学图书馆藏清乾隆年间王氏宝笏楼刻本影印。

九家集注杜诗 三十六卷

宋郭知达编。知达，蜀人。前有自序，作于淳熙八年。又有曾噩重刻序，作于宝庆元年。噩据《书录解题》作字子肃，闽清人。凌迪知《万姓统谱》则作字噩甫，闽县人。庆元中尉上高，复迁广东漕使，与陈振孙所记小异。振孙与噩同时，迪知所叙又与序中结衔合。未详孰是也。宋人喜言杜诗，而注杜诗者无善本。此书集王洙、宋祁、王安石、黄庭坚、薛梦符、杜田、鲍彪、师尹、赵彦材之注，颇为简要。知达《序》称，属二三士友随是非而去取之。如假托名氏、撰造事实，皆删削不载。陈振孙《书录解题》亦曰："世有称《东坡事实》者案当作《老杜事实》，随事造文，一一牵合，而皆不言其所自出。且其词气首末出一口，盖妄人伪托以欺乱流俗者。书坊辄钞入集注中，殊败人意。"此本独削去之云云。与《序》相合，知其别裁有法矣。振孙称噩刊版五羊漕司，字大宜老，最为善本。此本即噩家所初印，字画端劲而清楷，宋版中之绝佳者。振孙所言，固不为虚云。

【胡玉缙补正】陆氏《仪顾堂续跋》云："噩，字子肃，福建闽县人，绍熙四年进士，尉上高，转监行在惠民局云云，见陈宓《复斋集·运判曾公墓志》，《万姓通谱》以为字噩甫固误，《书录解题》以为闽清人亦误。"玉缙案："当作《老杜事实》"，洪迈《容斋随笔》云："蜀本刻杜集，以《老杜事实》为东坡所作，遂以入注，殊误后生"云云。瞿氏《目录》有宋刊残本《门类增广十注杜工部诗》，云："不著何人编辑。卷首题'前剑南节度参谋宣义郎检校尚书工部员外郎赐绯鱼袋杜'一行，各家书目俱未著录。"玉缙案：此本用《老杜事实》不及郭编，唯郭引王洙说，实亦假托，晁公武《郡斋读书志》云："自王原叔后，学者喜诵杜诗，世有为之注者数家，率皆浅鄙可笑，有托原叔名者，其实非也。"陆氏《仪顾堂题跋·影宋钞王洙本杜诗跋》云："南渡后，原叔孙祖宁又刻于浙中，见

《中州集》卷二。原叔未尝注杜诗，观王淇后记可知，今通行本《九家注》、《千家注杜诗》，所采王原叔注，实元祐间秘阁校对邓忠臣字若思者所作，见《中州集》卷二引吴激彦高说。浙本前有王祖宁序，备言其祖未尝注杜诗，与《读书志》及吴彦高说合。"

【张佳补记】检读张忠纲、赵睿才、綦维、孙微编著《杜集叙录》，齐鲁书社2008年版，第80页，可知郭知达编《新刊校定集注杜诗》刊刻年代、背景与源流，《叙录》胜于《提要》，盖所遍睹于此。《杜集叙录》提及，洪业《杜诗引得序》"疑郭本乃删削《门类增广十注杜工部诗》而成"，欲引申之须考聂巧平复旦大学博士论文《宋代杜诗学》（导师王水照）和魏景波四川大学博士后出站报告《宋代杜诗学史》（导师祝尚书）。《九家集注杜诗》，上海古籍出版社《杜诗引得》收入；南宋宝庆中曾噩刻郭知达《新刊校定集注杜诗》，中华书局1983年影印版。

黄氏补注杜诗 三十六卷

宋黄希原本，而其子鹤续成之者也。希，字梦得，宜黄人，登进士第，官至永新令。尝作春风堂于县治，杨万里为作记，今载《诚斋集》中。鹤，字叔似，著有《北窗寓言集》，今已久佚。希以杜诗旧注每多遗舛，尝为随文补缉，未竟而殁。鹤因取椠本集注，即遗稿为之正定。又益以所见，积三十余年之力，至嘉定丙子，始克成编。书首原题《补千家集注杜工部诗史》，所列注家姓氏，实只一百五十一人。注中征引，则王洙、赵次公、师尹、鲍彪、杜修可、鲁訔诸家之说为多。其他亦寥寥罕见。而当时所称伪苏注者，乃并见采缀。盖坊行原有千家注本，鹤特因而广之，故以《补注》为名。其郭知达《九家注》、蔡梦弼《草堂诗笺》视鹤本成书稍前，而注内无一字引及。殆流传未广，偶未之见也。书中凡原注各称"某曰"，其补注则称"希曰""鹤曰"以别之。大旨在于案年编诗，故冠以《年谱辨疑》，用为纲领。而诗中各以所作岁月注于逐篇之下，使读者得考见其先后出处之大致。其例盖始于黄伯思。后鲁訔等踵加考订，至鹤父子而益推明之，钩稽辨证，亦颇具苦心。其间牴牾不合者，如《赠李白》一首，鹤以为开元二十四年游齐、赵时作。不知甫与白初未相见，至天宝十四载白自供奉被放后，始相遇于东都。观甫《寄白二十韵》诗所云"乞归优诏许，遇我宿心亲"者，是其确证。鹤说殊误。又《郑驸马宅宴洞中》一首，鹤谓与《重题郑氏东亭》诗皆在河南新安县作。不知《长安志》有"莲花洞"，在神禾原郑驸马之居，即诗所云洞中，并不在新安，不可与东亭混而为一。又《高都护骢马行》，鹤以为天宝七载作，考高仙芝《平小勃律》后，以天宝八载方入朝，诗中有"飘飘远自流沙至"语，则当在八载而非七载。又《遣兴》诗"赫赫萧京兆"句，鹤以京兆为萧至忠，不知至忠未尝官京兆尹，诗中所指当是萧炅。又《喜雨》一首，鹤谓永泰元年所作，考诗末甫自注"浙右多盗贼"语，正指宝应元年袁晁之乱，诗当作于是年，时甫方在梓阆间，故有巴人之句，鹤说非是。似此者尚数十条，皆为疏于考核。又《题兴》诗皆无明文，不可考其年月者，亦牵合其一字一句，强为编排，殊伤穿凿。然其考据精核者，后来注杜诸家亦往往援以为证。故无不攻驳其书，而终不能废弃其书焉。

【胡玉缙补正】《四库全书总目提要补正》：陆氏《仪顾堂续跋》元椠二十五卷本《跋》云："建安蔡氏梦弼亦在姓氏中，《集注》曾采及，惟郭知达注不及一字耳。"玉缙案：二十五卷，为徐居仁就黄本为之分门编类，乃别一本。

【张佳补记】张忠纲、赵睿才、綦维、孙微编著《杜集叙录》，齐鲁书社 2008 年版，第 94 页，以三页纸篇幅述黄氏父子生平及刊刻背景、源流，董理甚密，可补《四库提要》所言之疏。

张佳又记：莫砺锋云："黄鹤本的最大优点就是它的编年，注明某一首杜诗作于什么年月，虽然其他注本也有编年，但黄鹤本是最详尽的，也是宋本中最准确的。我没有做过统计，但我读的时候感觉现在我们有五分之四的杜诗编年是从黄鹤本来的，是以黄鹤本为根据的。"详见莫砺锋《杜甫诗歌讲演录》，广西师范大学出版社 2007 年版，第 69 页。杜诗编年，始于北宋黄伯思，至南宋鲁訔再到黄鹤，经三阶段而渐完善，黄鹤领其高地。

集千家注杜诗　二十卷

不著编辑人名氏。前载王洙、王安石、胡宗愈、蔡梦弼四序，所采不满百家，而题曰"千家"。盖务诩摭拾之富，如魏仲举《韩柳集注》亦虚称"五百家"也。其句下篇末诸评，悉刘辰翁之语。朱彝尊谓梦弼所编入。然梦弼所撰，本名《草堂诗笺》，其自序内标识注例甚详，与此本不合。宋荦谓杜诗评点自刘辰翁始，刘本无注，元大德间有高楚芳者，删存诸注，以刘评附之。此本疑即楚芳编也。辰翁评所见至浅，其标举尖新字句，殆于竟陵之先声。王士祯乃比之郭象注《庄》，殆未为笃论。至编中所集诸家之注，真赝错杂，亦多为后来所抨弹。然宋以来注杜诸家鲜有专本传世，遗文绪论，颇赖此书以存。其筚路蓝缕之功，亦未可尽废也。

【胡玉缙补正】《四库全书总目提要补正》：杨氏《楹书偶录》有元本《集千家注批点杜工部诗集》二十卷，谓："《天一阁书目》著录是书，有大德七年（1303）庐陵刘将孙序云：'先君子须溪先生，每浩叹学诗者各自为宗，无能读杜诗者，高楚芳类粹刻之，复删旧注之无稽者、泛滥者，特存精确必不可无者，求为序以传。是本净其繁芜，可以使读者得于神，而批评标掇，足使灵悟，固《草堂集》之郭象本矣。楚芳于是集用力勤，去取当，校正审，贤他本草草藉吾家名以欺者甚远，相之者吾门刘郁云。'而《提要》仅据宋荦之言，疑为高楚芳所编，又谓'前载王洙、王安石、胡宗愈、蔡梦弼四序'，而不及将孙，是当时采进者乃明人覆本，盖明刻如玉几山人、长洲许自昌等本甚多，皆无将孙序也。此本以《年谱》冠首，目录及卷一前标题'须溪先生刘会孟评点'，皆明刻所无，惟将孙序亦阙失者，则俗贾割去欲充宋椠耳。是书专主须溪评点，故楚芳删附诸注，仅存其半，殊未若《分类集千家注》本之详，然《分类》本所采须溪语绝寥寥，正宜合观，亦读杜诗者所不容废也。"据此，则是书为楚芳编、将孙序甚明，王士祯所见本同，故袭其说而比之郭象注《庄》，

《提要》本无此序，宜其所言之未尽当也。至《简明目录》不作疑词，直云元高楚芳编矣。《分类》本者，即吴氏《拜经楼藏书题跋记》所称"《集千家注杜诗》二十五卷"，前题东莱徐居仁编次，临川黄鹤补注，后记皇庆壬子余志安刻于勤有堂，首列集注姓氏，自昌黎韩氏迄庐陵刘氏辰翁，未知视楚芳本何如者？《四库》未收，别有黄氏《补注杜诗》三十六卷，非即《分类》本。总之，高本以刘评为主，徐本以黄注为主而续有附益也。瞿氏《目录》有元刊批点本，丁氏《藏书志》有明刊批点本，瞿、丁两氏并有元刊徐本。

【张佳补记】检读张忠纲、赵睿才、綦维、孙微编著《杜集叙录》，齐鲁书社 2008 年版，第 105 页，可知《集千家注批点杜工部诗集》二十卷，为宋刘辰翁批点，元高楚芳编辑，则四库馆臣之疑可释。高崇兰（1255—1308），字楚芳，吉州庐陵人，为刘辰翁门人。《杜集叙录》并引杨守敬《日本访书志》云："《集千家注杜诗》二十卷，文集二卷，元椠元印本。首有元大德癸卯刘将孙序；次目录，前题'须溪先生刘会孟评点'；次附录及各家序跋；又'须溪总论'；次'年谱'。以下惟卷一题'会孟评点'，余卷并无之。据将孙序知此本为高楚芳所编，盖楚芳删次各家之注，而附以会孟之评点也。其诗亦分类编次，而与鲁訔、黄鹤本皆不尽合。"笔者张佳又考万曼《唐集叙录》，河南大学出版社 2008 年版，第 164 页："岛田翰云：'《集千家注分类杜工部诗》二十五卷，宋东莱徐居仁所辑纂编次，而临川黄希及其子鹤所补注也。鹤之补注，在就居仁排纂千家注本，取父及己说补续之，非谓取他说补居仁所未及收。而其二十卷本，即元高楚芳就千家注本，间加删略，又附之以其师刘辰翁评批者也。是说也，予读内府之书，然后始得之矣。'按徐居仁门类本二十五卷，集千家注本三十六卷，岛田氏误以为千家注本为徐居仁排纂，是未细读《直斋书录解题》。总之，徐居仁门类本和集千家注本本来是两个系统，由于黄希父子的补注，书坊把这两个本子合在一起，成为集千家注分类补注的本子，后来高楚芳又加上刘会孟的评点，删削集注，成为集千家注批点本。中间增减删补，又有许多不同的版本，从南宋到明中叶，成为杜集中最复杂的一个系统，但多半出之于书肆之手，学非专门，甚多讹舛。"值得参考。宋末刘辰翁弟子高楚芳（1255—1308）编《集千家注批点杜工部诗》，又名《集千家注杜诗》，或题《刘辰翁批点杜诗》，翻刻不绝如缕，是所有《集千家》注本之祖本，周采泉说它"远胜于黄鹤、蔡梦弼各家注"，搜罗更富，批点尤精；去伪存真，并校正了罗履泰《须溪评点选注杜工部诗》的编刻失误，别裁有据，并在成书后亲得刘辰翁父子校刻，成为风行之善本。收诗 1420 余首，以《游龙门奉先寺》诗为首篇，以《过洞庭湖诗》为尾篇，集注家近百人，而以黄鹤、蔡梦弼、王洙三家注为主，且多录宋人诗话、笔记，具有非常重要的文献价值。

杜诗捃　四卷

　　明唐元竑撰。元竑，字远生，乌程人，万历戊子举人。明亡，不食死，论者以首阳饿夫比之。是编乃其读杜诗时所札记。所阅盖"千家注"本，其中附载刘辰翁评，故多驳正辰翁语。自宋人倡"诗史"之说，而笺杜诗者遂以刘昫、宋祁二书，据为稿本。一字一句，务使与纪传相符。夫忠君爱国、君子之心、感事忧时，风人之旨，杜诗所以高于诸家者，固在于是。然集中根本不过数十首耳。咏月而以为比肃宗，咏萤而以为比李辅国，则诗家无景物矣。谓纨绔下服比小人，谓儒冠上服比君子，则诗家无字句矣。元竑所论，虽未必全得杜意，而刊除附会、涵咏性情，颇能会于意言之外。其中如"白鸥没浩荡"句，必抑苏轼而申宋敏求。"宛马总肥秦苜蓿"句，正用汉武帝离宫钟苜蓿事，而执误本春苜蓿事以为不对汉嫖姚。又往往喜言诗谶，尤属不经。然大旨合者为多，胜旧注之穿凿远矣。

　　【张佳补记】元竑《杜诗捃》，详见张忠纲、赵睿才、綦维、孙微编著《杜集叙录》，齐鲁书社 2008 年版，第 207 页。梳理杜诗学文献，以此书为最新最全。亦可参綦维山东大学博士论文《金元明杜诗学研究》，导师张忠纲。

杜诗详注　二十五卷

　　清朝仇兆鳌撰。兆鳌，字沧柱，鄞县人，康熙乙丑进士，官至吏部侍郎。是书乃康熙三十二年兆鳌为编修时所奏进。凡诗注二十三卷，杂文注二卷。后以逸杜、咏杜、补杜、论杜为附编上下二卷。其总目自二十八卷以下，尚有仿杜、集杜诸卷，皆有录无书，疑欲续为而未成也。每诗各分段落，先诠释文意于前，而征引典故列于诗末。其中摭拾类书，小有舛误者。如注"忘机对芳草"句，引《高士传》"叶干忘机"，今《高士传》无此文。即《太平御览》所载嵇康《高士传》几盈二卷，亦无此文。又注"宵旰忧虞轸"句，不知二字本徐陵文，乃引《左传》注"旰食"，引《仪礼》注"宵衣"。考之郑注，"宵"乃同"绡"，非"宵且"之宵也。至吟杜卷中载徐增一诗，本出其《说唐诗》中。所谓"佛让王维作，才怜李白狂"者，盖以维诗杂禅趣，白诗多逸气，以互形甫之谨严。兆鳌乃改上句为"赋似相如逸"，乖其本旨。如此之类，往往有之，皆不可据为典要。然援据繁复，而无千家诸注伪撰故实之陋习。核其大局，可资考证者为多，亦未可竟废也。

　　【胡玉缙补正】《四库全书总目提要补正》：陈僖《竹林答问》云："其分段辑注多不合诗意，且尊杜太过，凡律诗失调之句，必改易平仄以迁就之，有一句改至三四字不复可读者，穿凿之病，殆所不免。"

　　【张佳补记】吴淑玲《仇兆鳌及〈杜诗详注〉研究》，河北大学博士论文，2005 年，导师韩成武。专书研究盖以此始。笔者张佳 2009 年上半年撰成《杜诗仇注籀读记微》仿陈垣《通鉴胡注表微》例，以注释学研究角度切入，深入考究杜诗仇注，虽狗尾续貂，亦敝帚自珍矣，刊于《杜甫研究学刊》2011 年第 3、4 期。20 世纪 30 年代有《杜少陵集详注》石印本，1933 年商务印书馆出书，列入"国学基本丛书简编"；《杜少陵集详注》，三册，文学古籍刊行社 1955 年版；《杜诗详注》（全 5 册），中华书局 1979 年点校整理本，程毅中、冀勤等人主持点校；《杜诗详注》影印本，浙江大学出版社 2016 年版，共 78 万字，32 开，平装定价 450 元，列入"四部要籍选刊"系列丛书，影印精良，后来居上。

王右丞集笺注　二十八卷

　　唐王维撰，国朝赵殿成注。殿成，字松谷，仁和人。王维集旧有顾起经分类注本，但注诗而不及文，诗注亦间有舛漏。殿成是本，初定稿于雍正戊申，成书于乾隆丙辰。钩稽考订，定为古体诗六卷，近体诗八卷，皆以元刘辰翁评本所载为断。其别本所增及他书互见者，则为外编一卷。其杂文则厘为十三卷，并为笺注。又以王缙《进表》、代宗批札、唐书本传世系遗事及同时唱和、后人题咏为一卷，并之于首。以诗评、画录、年谱为一卷，缀之于末。其年谱亦本传世系之类，后人题咏亦诗评画录之类，而一置于后、一置于前，编次殊为未协。又集外之诗既为外编，其论画诸篇亦集外之文，疑以传疑者而混于文集，不复分别。体例亦未划一。然排比有绪，终较他本为精审。其笺注往往捃拾类书，不能深究出典。即以开卷而论，"阊阖"字见《楚辞》，而引《三辅黄图》。"八荒"字见《淮南子》，而引章怀太子《后汉书注》。"胡床"字见于《世说新语》"桓伊戴渊"事，而引张端义《贵耳集》。"朱门"字亦见于《世说新语》支遁语，而引程大昌《演繁录》。"双鹊"字白用古诗"愿为双黄鹊"语，而引谢维新《合璧事类》。"绝迹"字见于《庄子》，而引曹植《与杨修书》。皆未免举末遗本。然与顾注多所订正。又维本精于佛典，顾注多未及详，殿成以王琦熟于三藏，属其助成，亦颇补所未备。核其品第，固犹在顾注上也。

　　【胡玉缙补正】《四库全书总目提要补正》：瞿氏《目录》有影钞宋本《王右丞文集》十卷，云："旧为述古堂藏本，遵王氏谓出宋时麻沙本，而'山中一半雨'，不作'一夜雨'，足徵其本之佳。"又有校宋本《王摩诘集》十卷，云："宋本与今本异者，五言绝句中《太平词》至《闺人赠远》十五首，列第一卷末作王涯诗；在七言十五首后，七言绝句中《献寿词》至《秋夜曲》十五首，列第一卷末，亦作王涯诗，在《寄崇梵僧》

后。又《与卢员外象过崔兴宗林亭诗》后，有卢象、王缙、裴迪、崔兴宗同作诗四首，今本阙之。"玉缙案：赵殿成所见凡四家，未及此本。陆氏《仪顾堂题跋·宋本十卷跋》云："卷六末有跋云：'韦苏州诗，韵高而气清，王右丞诗，格老而味长，虽皆五言之宗匠，然互有得失，不无优劣。以标韵观之，右丞远不逮苏州，至其词不迫切而味甚长，虽苏州亦不及也。'凡七十余字，为元以后刊本所无。卷五《送梓州李使君》'山中一半雨'，不作'山中一夜雨'，与《敏求记》所记宋本同，惟卷二《出塞作》脱廿一字。"玉缙案：顾广圻《思适斋集》有《王摩诘集跋》，称"蜀本不如建昌本之善，题《摩诘集》者蜀本，题《王右丞集》者建昌本"，兹从略。

【张佳补记】王维集的版本研究，可参考陈耀东《王维集知见录》，收其《唐代文史丛考》中，浙江教育出版社 2004 年版，第 308 页；陈铁民《王维集版本考》，附录于陈铁民《王维集校注》末，中华书局 1997 年版，第 1380 页。

张佳又记：王维集古注本，按葛兆光先生在《古诗文要籍叙录》中的说法，有明代顾可久《王右丞诗注说》六卷，世称"句吴本"，顾起经《类笺唐王右丞集》十四卷，世称"武陵本"，且后者胜于前者。而赵殿成《王右丞集笺注》二十八卷集其大成，葛师并举其在注释上三个特点，可见其一斑。"问题在于考辨"（详见葛兆光《古诗文要籍叙录》，中华书局 2005 年版，第 267 页）六字一针见血，辨伪之学兴焉。万曼也说道，"赵殿成本诗集叙次，已全失宋本面目""至于字句间的差谬，更是所在多有"（详见万曼《唐集叙录》，河南大学出版社 2008 年版，第 70 页），二者互为补足。赵殿成《王右丞集笺注》，上海古籍出版社 1998 年版，王运熙代序，叶葱奇校后记。王维集今注本，有杨文生《王维诗集笺注》，四川人民出版社 2003 年版；而陈铁民《王维集校注》（全四册），中华书局 1997 年版，集注本之大成，其编年尤其不易，且详加注释，附评论资料于后，考索误收、考辨真伪为他本所不及，补赵殿成注本之所未尽。陈铁民《王维诗真伪考》，载《文史》第 23 辑，辨之甚详，极见功力。

高常侍集　十卷

　　唐高适撰。适，《唐书》作渤海人。其集亦题曰《渤海集》。《河间府志》据其《封邱县》诗"我本渔樵孟诸野"句，又《初至封邱》诗有"去家百里不得归"句，定为梁宋间人。然集中《别孙沂》诗题下又注"时俱客宋中"，则又非生于梁宋者。《志》所辨，似亦未确。考唐代士人多题郡望，史传亦复因之，往往失其里籍。刘知几作《史通》极言其弊，而终不能更。适集既无定词，则亦阙疑可也。其集，《唐志》作十卷，《通考》又有集外文一卷，诗一卷。此本从宋本影钞，内廓字阙笔，避宁宗嫌名，当为庆元以后之本。凡诗八卷，文二卷，其集外诗文则无之。考明人所刻适集，以《太平广记》高锴侍郎墓中之狐妖绝句"危冠高髻楚宫妆，闲步前庭趁夜凉。自把玉簪敲砌竹，清歌一曲月如霜"一首，并载入之，芜杂殊甚。又《九日》一诗，见宋程俱《北山集》，毛奇龄选唐人七律亦误题适作。此本不载，较他本特为精审。第十卷中，有《贺安禄山死表》，称臣得河南道及诸州牒，皆言逆贼安禄山苦痛而死，手足俱落，眼鼻残坏。则禄山竟以病死，与史载李猪儿事迥异。盖兵戈云扰，得诸传闻之故也。

　　【胡玉缙补正】《四库全书总目提要补正》：丁氏《藏书志》有明刊本十卷，云："四库本七绝无《听张立本女吟》一首，七律无程俱所作《重阳》一首，此皆有之，《天禄琳琅》所收者即此本也。"

　　【张佳补记】孙钦善《高适集版本考》，载《文献》第十一辑；张锡厚《敦煌本高适诗集考述》，载《文献》1995 年第 4 期。今注本二种：刘开扬《高适诗集编年笺注》，中华书局 1981 年版，首开是集编年之体，且涉是集重出与辨伪研究，如第 211、269 页，盖不枚举；孙钦善《高适集校注》，上海古籍出版社 1984 年版，不独补刘氏注本之未逮与舛误，且诗文合注，乃概其全。至于年谱，以周勋初《高适年谱》最为称善。

孟浩然集　四卷

　　唐孟浩然撰。浩然事迹，具《新唐书·文艺传》。前有天宝四载宜城王士源序，又有天宝九载韦滔序。士源《序》称："浩然卒于开元二十八年，年五十有二。凡所属缀，就辄毁弃，无复编录。乡里购采，不有其半，敷求四方，往往而获。"今集其诗二百一十七首，分为四卷。此本四卷之数，虽与序合，而诗乃二百六十二首，较原本多四十五首。洪迈《容斋随笔》尝疑其《示孟郊诗》时代不能相及。今考《长安早春》一首，《文苑英华》作张子容，而《同张将军蓟门看灯》一首，亦非浩然游迹之所及，则后人窜入者多矣。士源《序》又称诗或阙逸未成，而制思清美，及他人酬赠，咸次而不弃。而此本无不完之篇，亦无唱和之作。其非原本，尤有明征。排律之名，始于杨宏《唐音》，古无此称。此本乃标排律为一体。其中《田家元日》一首、《晚泊浔阳望香炉峰》一首、《万山潭》一首、《渭南园即事贻皎上人》一首，皆五言近体，而编入古诗。《临洞庭》诗旧本题下有"献张相公"四字，见方回《瀛奎律髓》，此本亦无之，显然为明代重刻，有所移改。至序中"丞相范阳张九龄等与浩然为忘形之交"语，考《唐书》，张说尝谪岳州司马，集中称张相公张丞相者，凡五首，皆为说作。若九龄则籍隶岭南，以曲江著号，安得署曰范阳？亦明人以意妄改也。以今世所行别无他本，姑仍其旧录之，而附订其舛互如右。

　　【胡玉缙补正】《四库全书总目提要补正》：瞿氏《目录》有明刊本，云："宋本作上、中、下三卷，以意分类，不标名目，诗凡二百十首，此出后人重编，较多四十五首。"玉缙案：二百一十七与二百十不同，盖原序作二百十也。

　　【葛兆光·唐集琐记】今存《孟浩然集》主要有宋刻本（有 1935 年无锡杨氏秋草斋影印黄丕烈跋南宋刻本）、元初刻《须溪先生批点孟浩然集》、明活字本（有《湖北先正遗书》影印本）、明刻四卷本（有《四部丛刊》影印本、《四库全书》钞本、《四部备要》排印本）、汲古阁刻本等。而宋、元、明三代刻本，越后出篇目越多，宋本只二百一十二首，元刻《须溪先生批点孟浩然集》已增至二百三十二首，而明代各本则更增至二百六十余首，显然，这里面已羼入不少伪作，《四库全书总目》所指出的《同张将军蓟门看灯》便是一例。张佳案：葛先生此文，1983 年 3 月写于北京大学，发表在《文献》第 22 辑，书目文献出版社 1984 年版，第 9 页。

【张佳补记】孟浩然集今注本，就笔者张佳读书所见者，凡六种：游信利《孟浩然集笺注》，台湾学生书局 1979 年版；李景白《孟浩然诗集校注》，巴蜀书社 1988 年版；徐鹏《孟浩然集校注》，人民文学出版社 1989 年版；曹永东《孟浩然诗集笺注》，天津古籍出版社 1990 年版；赵桂藩《孟浩然集注》，旅游教育出版社 1991 年版；佟培基《孟浩然诗集笺注》，上海古籍出版社 2000 年版。徐鹏、佟培基二本犹为称善，各擅其长。徐本长于校注，悉出校记，补前注之失；而佟本尤长于考证，诸如史地、人物、系年，皆穷其本末，后出转精，且佟本于孟集收诗重出互见之考证，其精审为他本所无。佟培基《孟浩然诗集笺注》以今见孟集最早刊本宋蜀刻《孟浩然诗集》为校勘底本，参校众本，按原卷帙编次，以存蜀刻旧椠。佳所读孟集，以佟注本为最善。

常建诗　三卷

案：唐常建，不知其字，其里贯亦无可考。据陈振孙《书录解题》知为开元十五年进士，终于盱眙尉而已。诗家但称曰常尉，从其官也。《唐书·艺文志》载常建诗一卷。此本三卷，乃毛晋汲古阁所刊云，不知何人类而析之。据《书录解题》作于宋末，尚称一卷，则元明人所分矣。殷璠《河岳英灵集》，去取至为精核。肃、代之间，所录仅二十四人，以建为冠，载诗仅二百三十四首，而建诗居十五首，其《序》称："刘桢死于文学，左思终于记室，鲍照卒于参军，常建亦沦于一尉，深用悲惋。"又称其"松际露微月，清光犹为君""山光悦鸟性，潭影空人心"诸句，而尤推《吊王将军墓》一篇，以为善叙悲怨，胜于潘岳。今观其诗，凡五十七首，所与赠答者，率莫考其姓氏。其中最知名者，唯王昌龄一人。而仅有《宿其隐居》一篇，为招与张贲共隐，则非为宦途寂寞，守道无营。即唱和交游，亦泊然于名场声气之外。不然则李白与昌龄最契，高适、王之涣等亦与昌龄"旗亭画壁"，同作俊游，建亦何难因缘牵附，以博一时之誉哉？其人品如是，则诗品之高，固其所矣。其诗自殷璠所称外，欧阳修《题青州山斋》亦极赏其"曲径通幽处，禅房花木深"之句，称欲效其语，久不可得。然全集之中，卓然与王、孟抗行者，殆十之六七，不但二人所称也。洪迈《万首绝句》别载建《吴故宫》一首，此集不载，语亦不类。迈所编，舛误至多，不尽足据。今亦不复增入焉。

【胡玉缙补正】《四库全书总目提要补正》：丁氏《藏书志》有明刊本二卷，云："建，长安人，《提要》所辨'曲径通幽处'，谓欧集及《西溪丛语》误作'竹径'，此本原诗固作'竹径通幽'，不误也，余可证俗本之误者尚廿余字。"

【余嘉锡辨证】《四库提要辨证》嘉锡案：《书录解题》卷十九及《通考·经籍考》引陈氏语，均作开元十四年进士，盖传写之误，《提要》

据《郡斋读书志》卷十七改为十五年是也。《唐志》于《常建诗》下但注曰："肃、代间人，《唐诗纪事》卷三十一除录其诗外，了无一事，则建之生平，诚不易详。"然《唐才子传》卷二云："建，长安人，开元十五年与王昌龄同榜登科。大历中，授盱眙尉，仕颇不如意，遂放浪琴酒，往来太白、紫阁诸峰，有肥遁之志。尝采药仙谷中，遇女子遍体毛绿，自言是秦时宫人，亡入山来，食松叶，遂不饥寒，因授建微旨，所养非常。后寓鄂渚，招王昌龄、张偾同隐，获大名当时。集一卷，今传。"则建之里贯出处，犹有可考，但其叙事亦不能无误。建以开元十五年登第，至大历中始授盱眙尉，前后相距已四十余年，虽仕途蹭蹬，亦不至于此。殷璠选《河岳英灵集》，以建为首，璠书作于天宝十一载，已言常建沦于一尉，则其解褐授盱眙尉，当在开元、天宝之间，非大历中也。建尝招王昌龄、张偾同隐，集中有《宿王昌龄隐居》及《鄂渚招王昌龄、张偾》二诗。考《新唐书·文艺传》，昌龄还乡里，为刺史闾丘晓所杀，而晓亦以至德二年载为张镐所杖死。建归隐后，及与昌龄游，则其罢官亦在天宝中矣。

嘉锡又案：《西溪丛语》卷上云："常建有《题破山寺后院》诗云：'竹径通幽处，禅房花木深'，余观《又玄集》《唐诗类选》《唐文粹》，皆作'通'。熙宁元年，欧阳永叔受青，题庙宇后山斋云'竹径遇幽处'。有以樗杜石本往河内，以示邢和叔，始未见得，亦颇疑其误，及见碑，反覆味之，亦以为佳，竟不知别有所本耶，抑永叔自改之耶？古人用一字，亦不苟也。"姚宽之所辨，但谓"遇幽处"本作"通幽处"耳，未尝言"竹径"亦当作"曲径"也。考《河岳英灵集》《文苑英华》《唐文粹》，及《吴郡图经续记》《冷斋夜话》《郡斋读书志》《李庄简光集》《竹庄诗话》《容斋随笔》，均作"竹径通幽处"。《苕溪渔隐丛话》卷二十凡三引此句，亦皆如此。《提要》乃据建集，改作"曲径"，抑何过信汲古阁本之甚耶？丁国钧《荷香馆琐言》卷上云："宋刻本《常建集》，'竹径通幽处'，不作'曲径'。明刻《破山兴福寺志》四卷，系程孟阳辑，所列建诗，亦作'竹径'，与宋本合。"然则自宋及明，凡引此诗，无作"曲径"者。且考《欧阳文忠集》卷七十三《题青州山斋》仍作"竹径通幽处"，与姚宽所引欧阳语不同。《提要》谓修集作"遇"，岂其所据乃别本欤？吴可《藏海诗话》谓破山寺常建诗刻，乃是"一径遇幽处"，与姚宽所见者又异，但亦不作"曲径"，"曲"字为毛刻之误，审矣。

【张佳补记】常建诗集，《新唐书·艺文志四》著录《常建诗》一卷，

《郡斋读书志》《直斋书录解题》并著录《常建集一卷》,《遂初堂书目·别集类》著录《常建集》不言卷数,《文献通考·经籍考五八》著录《常建诗》一卷,《宋史·艺文志七》著录《常建集》一卷,《国史经籍志》卷五著录《常建诗》一卷。今传《常建诗集》二卷,凡五十七首,《天禄琳琅丛书》有影宋本。又有《常建诗集》三卷,亦五十七首,并附录一卷,有毛氏汲古阁刊《唐六名家集》本,《四库全书》加以采录。

张佳又记:刘慧敏《常建诗集版本源流考述》,河南大学硕士论文,2005 年,导师吴河清。

储光羲集　五卷

　　案：陈振孙《书录解题》载储光羲诗五卷，唐监察御史、鲁国储光羲撰。与崔国辅、綦毋潜皆同年进士。天宝末，任伪官，贬死。《唐书·艺文志》储光羲政论下注曰："兖州人，开元进士及第。又诏中书、试文章、历监察御史。安禄山反，陷贼自归。"与振孙所叙爵里相同，而任伪官事已小异。又《包融集》条下注曰："融与储光羲皆延陵人，与丁仙芝等十八人皆有诗名。殷璠汇次其诗号曰《丹阳集》。"则并其里籍亦异，自相矛盾，莫之详也。《唐志》载其集七十卷。是集前有顾况序，亦称所著文篇、赋论七十卷。辛文房《唐才子传》称其又有《九经分疏义》二十卷，与所作政论十五卷并传。今皆散佚。存者唯此诗五卷耳。其诗源出陶潜，质朴之中有古雅之味。位置于王维、孟浩然间，殆无愧色。殷璠《河岳英灵集》称其"削尽常言，得浩然之气"，非溢美也。

　　【李裕民订误】《四库提要订误》（增订本）：按：储光羲里贯，唐人有两说。一、顾况《监察御史储公集序》、殷璠《河岳英灵集》作"鲁国"；二、林宝《元和姓纂》卷二作润州人，殷璠以储诗入《丹阳集》。《新唐书·艺文志》亦有兖州、延陵二说。证之储诗"纷吾家延州"（《贻王侍御出台掾丹阳》）、"家近华阳洞"（《游茅山五首》），茅山在延陵县东南二十五里（《元和郡县志》卷二五），华阳洞在茅山上，知光羲应为延陵人，兖州为其祖籍。光羲于开元十四年（726）中进士，又诏中书试文章，解褐为冯翊尉，继为汜水尉（《元和姓纂》卷二）、安宜尉（《大酺得长字韵》）、下邽尉（《送丘健至州敕放作》自注）。辞官归乡，后隐居终南，官太祝、监察御史。安禄山反，"陷贼归国"（《登秦岭作》自注），至德二载（757），系狱（《狱中贻姚张薛李郑柳诸公》），后遇赦（《晚霁中园喜赦作》），卒葬金坛庄城东村（光绪《金坛县志》卷九）（详见黄进德《储光羲贯润州延陵考》，《中华文史论丛》1980 年第 2 辑；陈铁民

《储光羲生平事迹考辨》,《文史》第 12 辑)。

【张佳补记】储光羲文集,由其嗣储溶于代宗大历年间编成,王缙序之,后因缙遭贬而顾况重序之,称"其文篇赋论凡七十卷"。《新唐书·艺文志四》著录《储光羲集》七十卷,惜已佚。至南宋,《郡斋读书志》《直斋书录解题》均仅著录《储光羲集》五卷,此五卷本为诗集,为后来储集之祖本。《宋史·艺文志七》著录《储光羲集》二卷,《文献通考·经籍考五八》著录《储光羲集》五卷。明陈第《世善堂藏书目录》卷下著录《储光羲集》五卷、又《诗》五卷,此后诸家著录,如《爱日精庐藏书志》《善本书室藏书志》《天禄琳琅书目续编》等皆明活字本,均著录为五卷。《四库全书》据内府藏本采录。

次山集　十二卷

唐元结撰。结事迹具《新唐书》本传。结所著有《元子》十卷，李商隐为作序。《文编》十卷，李纾为作序。又《猗玕子》一卷，并见于《唐志》，今皆不传。所传者唯此本，而书名、卷数皆不合。盖后人摭拾散佚而编之，非其旧本。观洪迈所记二十国事，如方国、圆国、言国、相乳国、无手国、无足国、恶国、忍国、无鼻国、触国之类，见于《容斋随笔》者，此本皆无之。则其佚篇多矣。结，性不谐俗，亦往往迹涉诡激。初居商馀山，自称季，及逃离猗玕洞，称猗玕子。又或称浪士，或称聱叟，或称漫叟，为官或称漫郎，颇近于古之狂。然制行高洁，而深抱悯时忧国之心。文章戛戛自异，变排偶绮靡之习。杜甫尝和其《舂陵行》，称其"可为天地万物吐气"。晁公武谓其文如古钟磬，不谐俗耳。高似孙谓其文章奇古，不蹈袭。盖唐文在韩愈以前，毅然自为者，自结始。亦可谓耿介拔俗之姿矣。皇甫湜尝题其《浯溪中兴颂》曰："次山有文章，可惋只在碎。然长于指叙，约结有余态。心语适相应，出句多分外。于诸作者间，拔戟成一队。"其品题亦颇近实也。

【胡玉缙补正】《四库全书总目提要补正》：瞿氏《目录》有明刊本《漫叟文集》十卷，拾馀、续拾馀一卷，云："陈直斋谓'《次山集》有蜀本、江本，蜀本有自序及拾遗，江本拾遗文分载十卷中，有李商隐序'，又戴剡源谓永州本删去《浪翁观化》、《恶圜》、《恶曲》、《出规》、《处规》、《订司乐氏》等十四篇，此明初刻本，疑出自蜀本，惟《中兴颂》不列拾遗，与直斋所言微有不合。卷四《朝阳岩下歌》'朝阳洞口寒泉清'句下，正德时湛甘泉刻本，脱去'零陵城郭夹湘岸，岩洞幽奇当郡城，荒芜自古人不见'三句，此本有之。"丁氏《藏书志》有明刊本《元次山文集》十二卷，云："与《四库全书》所载同，其实十一卷注曰《拾遗》，十二卷注曰《拾遗补》，是原编仍旧十卷也。"李慈铭《桃华圣解庵日记》丙集三八云："次山首变六朝之习，昔人推为韩、柳、若、蚡，然其命题结体时堕小说，后来晚唐、五季，以古文名者，往往俚率短陋，专务小趣，沿至宋明，遂为山林恶派，追原滥觞，实由次山。盖骈俪之弊，诚多芜滥，而音节有定，始终必伦，雕饰铺陈，不能率尔，既破偶为单，化整为散，古法尽亡，恶札日出。次山惟《容州谢上》诸表，《送谭山人归云阳序》，又记铭小品，间有可观，然状景述情，较之子厚之记永州，何止大小巫之殊哉！《虎蛇颂》、《化虎论》等，不讳'虎'字，以肃、代时太祖已祧，至他文屡用'渊'、'民'，则宋以后传写者所臆测妄改也。"

【张佳补记】元结文集，《新唐书·艺文志三》著录《元子》十卷，又《艺文志四》著录《文编》十卷、《箧中集》一卷，《崇文总目》卷五著录《元子编》二十卷，《郡斋读书志》著录《元子》十卷、《文编》十卷，《直斋书录解题》卷十六著录《元次山集》十卷。今除《文编》（即《元次山集》）十卷、《箧中集》一卷尚存外，余皆亡佚。今传《元次山文集》十卷，为明正德十二年（1517）湛若水校、郭勋刊本。又《唐漫叟文集》十卷，明初刊本，万曼《唐集叙录》云："据洪迈《容斋随笔》所言，与《元子》重出十四篇者，江州本也，戴表元所谓永州本无此十四篇，当出自蜀本。瞿氏所藏明初刻本《漫叟文集》则未必出自蜀本，然与直斋所言江州本也不合，当为后人汇编重刻，非原来次第矣。"（详见万曼《唐集叙录》，河南大学出版社2008年版，第181页）。另有十二卷本，以清黄义校刊本为精，《四库全书》加以采录。

张佳又记：今有孙望校点《元次山集》十卷，以《四部丛刊初编》本为底本，众校他本，校勘颇为精审。孙望《元次山年谱》，中华书局1962年版，胡小石题签，考见元结生平始末，可谓结穴。

颜鲁公集　十五卷

唐颜真卿撰。真卿事迹，具《唐书》本传。其集见于《艺文志》者，有《吴兴集》十卷，又《庐州集》十卷、《临川集》十卷，至北宋皆亡。有吴兴沈氏者，采缀遗佚，编为十五卷，刘敞为之序。但称沈侯，而不著名字。嘉祐中，又有宋敏求编本，亦十五卷，见于《馆阁书目》。江休复《嘉祐杂志》极称其采录之博。至南宋时，又多漫漶不完。嘉定间，留元刚守永嘉，得敏求残本十二卷，失其三卷，乃以所见真卿文别为补遗，并撰次年谱附之，自为后序。后人复即元刚之本分为十五卷，以符沈、宋二本之原数。沿及明代，留本亦不甚传。今世所行乃万历中真卿裔孙允祚所刊，脱漏舛错，尽失其旧。独此本为锡山安国所刻。虽已分十五卷，然犹元刚原本也。真卿大节，炳著史册，而文章典博庄重，亦称其为人。集中《庙享议》等篇，说礼尤为精审。特收拾于散佚之余，即元刚所编亦不免阙略。今考其遗文之见于石刻者，往往为元刚所未收。谨详加搜辑，得《殷府君夫人颜氏碑铭》一首、《尉迟迥庙碑铭》一首、《太尉宋文贞公神道碑侧记》一首、《赠秘书少监颜君庙碑碑侧记》《碑额阴记》各一首、《竹山连句诗》一首、《奉使蔡州诗》一首、皆有碑帖现存。又《政和公主碑》残文、《颜元孙墓志》残文二篇，见江氏《笔录》。《陶公栗里诗》见于《困学纪闻》。今俱采出，增入补遗卷内。至留元刚所录《禘祫议》其文既与《庙享议》复见，而篇末时议者举然云云，乃《新唐书·陈京传》叙事之辞，亦非真卿本文。又《干禄字书序》乃颜元孙作，真卿特书之刻石，元刚遂以为真卿文，亦为舛误。今并从刊削焉。后附《年谱》一卷，旧亦题元刚作。而谱中所列诗文诸目，多集中所无，疑亦元刚因旧本增辑也。元刚，字茂潜，丞相留正之子，官终起居舍人。

【胡玉缙补正】《四库全书总目提要补正》：孙星衍《廉石居藏书记》云："都穆《序》云：'《颜鲁公集》有二：予家藏旧本，凡十五卷，人间

所传，又有宋留元刚本，视予家者十五而阙其三，止十二卷，其本有文公
《补遗》及《年谱》、《行状》，皆予家所无，而予家自《政和公主碑》至
《颜夫人碑》十首，又元刚之所未有，今借为编订。'云云，是本都氏所
私定也，《四库》所收即此本，疑脱都氏《序》，故疑为元刚本也。"吴氏
《绣谷亭薰习录》云："宋时本有二：一、嘉祐中宋敏求集，见《馆阁书
目》；一、刘敞序称吴兴沈侯编，并十五卷。及留元刚永嘉刻本后序，又
谓敞所序十二卷即宋敏求所集，陈氏有辨，见《经籍考》，其《年谱》、
《拾遗》皆元刚所益也。今本吴郡都穆改编，嘉靖中，毗陵安民泰刻，旧
以诗居首，今则首奏议而表次之，碑铭次之，书序与记又次之，诗终焉，
卷仍旧数，详穆后序，前有杨一清序。案：炼师女冠之称，鲁公有《赠吴
炼师诗》，晏公《类要》引入女道士类，自宋以降，皆作道流通称，识者
未可沿其误也。"

【李裕民订误】《四库提要订误》（增订本）：按：留元刚乃留正之孙，
非子也。其父留恭，字伯礼，正之长子，历官知绍兴、广州。《八闽通
志》卷六七有传。元刚，开禧元年（1205）中博学宏词科，赐同进士出
身（《宋会要》选举一二之二五），次年为起居舍人。嘉定元年（1208）
为秘阁校理，二年除太子舍人兼国史院编修官、实录院检讨官（《南宋馆
阁续录》卷九），迁直学士院。三年，兼太子侍讲，除起居舍人，以母忧
去（《宋中兴学士院题名录》）。七年（1214），以朝请郎、直显谟阁知温
州（弘治《温州府志》卷八），在任为《颜鲁公集》作补遗、编《年
谱》。为官精敏，勤恤民隐（《八闽通志》）。加直宝文阁、知赣州，在任
建玉岩亭（《永乐大典》卷九二六三）。嘉定十一年八月，为言者所劾，
罢归（《宋会要》职官七三之五二）。著有《云麓集》（《八闽通志》）。
《全宋词》收其作词一首。《全宋诗》册五五页三四四五八收其诗七首。
又《提要》说到留元刚作后序，而四库本却将它删去，以致《提要》与
书互相不能照应。

【张佳补记】岑仲勉《唐集质疑》有《颜鲁公世系表》，详见岑氏
《唐人行第录·外三种》中华书局 2004 年版，第 395 页。

宗玄集　三卷

唐吴筠撰。筠，字贞节，华阴人，隐于南阳。天宝中召至京师，请为道士，居嵩山，复求还茅山，东游会稽。往来天台、剡中，与李白、孔巢父酬唱。大历中卒。弟子私谥曰宗玄先生。《新旧唐书》皆载隐逸传。此本为浙江鲍氏知不足斋所钞，末有跋云，收入《道藏》中，世无别本。然《文献通考》云吴筠《宗玄先生集》十卷，前有权德舆《序》，列于别集诸人之次。则当时非无传本。此跋题戊申岁，不著年号，疑作于《通考》前也。卷首权德舆《序》称太原王颜类遗文为三十卷，后又有《吴尊师传》，亦德舆撰，乃言文集二十卷，均与《文献通考》称十卷者不合。考德舆《序》，称四百五十篇，而此本合诗、赋、论，仅一百十九篇，则非完书矣。又《旧书》筠本传云："鲁中儒士也。"《新书》本传云："华州华阴人。"德舆序称华阴人，而传又云鲁儒士。《序》称受正一法于冯尊师，上距陶弘景五传。《传》又云受正一法于潘体元，乃冯之师。亦相乖刺。考《旧书·李白传》称天宝初客游会稽，与道士吴筠隐于剡中，而《传》乃言"禄山将乱，求还茅山，既而中原人乱，江淮多盗，乃东游会稽，与诗人李白、孔巢父诗篇酬和。"不知天宝乱后，白已因永王璘事流夜郎矣，安能与筠同隐？此《传》殆出于依托。《序》又称筠卒于大历十三年，后二十五岁乃序此集，其年为贞元十九年，德舆于贞元十七年知礼部贡举，明年真拜侍郎。故是年作序，系衔云礼部侍郎，其文与史合。而《金丹九章经》前又载筠《自序》一篇，题元和戊戌年作，戊戌乃元和十三年，距所谓先生化去之年又隔四十年。后且云元和中游淮西，遇王师讨蔡贼吴元济，避乱东岳，遇李谪仙，授以《内丹九章经》，殆似吃语。然则此《序》与《传》同一伪误矣。据《新旧书》皆有元纲三篇语，则卷末所附《玄纲论》三篇，自属筠作。至《内丹九章经》，核之以《序》，伪妄显然。以流传已久，姑并录之，而辨其牴牾如右。

【张佳补记】吴筠集，乃其卒后由王颜所裒辑为三十编，权德舆序之。《新唐书·艺文志四》著录《吴筠集》十卷，《直斋书录解题·别集类上》著录《吴筠集》十卷，《文献通考·经籍考五八》著录《宗玄先生集》十卷，《宋史·艺文志七》著录《吴筠集》十一卷，惜皆亡佚。今传《宗玄先生文集》三卷，有明正统刻《道藏》本，《四库全书》据鲍氏知不足斋钞本收录，题《宗玄集》三卷。

杼山集　十卷

　　唐僧皎然撰。案：《唐书·艺文志》，皎然，字清昼，湖州人。谢灵运十世孙。居杼山，颜真卿为刺史，集文士撰《韵海镜源》，预其论著。贞元中，取其集藏集贤御书院，刺史于頔为序。此集卷数与《唐志》合，頔序亦存。盖犹旧本。前有赞宁所为《传》，盖自《高僧传》录入。末有集外诗，则毛晋所补辑也。皎然及贯休、齐己皆以诗名。今观所作，弱于齐己而雅于贯休。在中唐作者之间，可厕末席。集末附载杂文数篇，则聊以备体，非其所长矣。别本附刊杼山《诗式》一卷。案：《唐志》，昼公《诗式》《诗评》皆载文史类中，不附本集。今亦析出，别录著焉。

　　【胡玉缙补正】《四库全书总目提要补正》：吴氏（焯）《绣谷亭薰习录》云："诗卷及《僧录》皆云皎然名画，頔序云'字清昼'，又頔《郡斋寄赠诗》注云：'早名皎然，晚字画。'頔与同时，应无误。独集中每自称昼，似又不应人皆书名，己独书字也。"玉缙案：当是晚名画，字清昼。

　　【张住补记】皎然集十卷，贞元九年于頔编而序之，《新唐书·艺文志四》著录《皎然诗集》十卷、《诗式》五卷、《诗评》三卷，《直斋书录解题》卷一九著录《吴兴集》一卷，又卷二二著录《诗式》五卷、《诗议》一卷，《通志·艺文略八》著录《诗式》五卷、《诗评》三卷。今传《昼上人集》十卷，为傅增湘双鉴楼藏影宋精钞本，《四部丛刊初编》据以影印。另有《杼山集》十卷，有明钞本和汲古阁刻《唐三高僧诗》本，《四库全书》予以采录。

刘随州集　十一卷

　　唐刘长卿撰。长卿，字文房，河间人。姚合《极玄集》作宣城人。莫能详也。开元二十一年登进士第。官终随州刺史。故至今称曰"刘随州"。是集凡诗十卷，文一卷。第二卷中《送河南元判官赴河南勾当庙税充百官俸钱》诗不书"勾"字，但注曰"御名"，盖宋高宗名构，当时例避同音，故勾字称御名。则犹从南宋旧本翻雕也。然编次丛脞颇甚，诸体皆以绝句为冠，中间古体近体亦多淆乱。如"四月深涧底，桃花方欲燃。宁知地势下，遂使春风偏。"四句，第四卷中作《晚桃诗》，前半首乃《幽居八咏上李侍郎》之一，而第一卷又割此四句为绝句，题曰《入百丈涧见桃花晚开》，是二者必有一伪也。旧原有外集一卷，所录仅诗十首，而《重送》一首已见八卷中，又佚去题中"裴郎中贬吉州"六字。《次前溪馆中作》一首，已见二卷中。《赠袁赞府》一首，已见九卷中，而又误以题下所注"时经刘展平后句"为题，并轶"时经"二字。《送裴二十七端公诗》亦见二卷中。《哭李宥》一首，亦见九卷中。《秋云岭》《洞山阳》《横龙渡》《赤沙湖》四首，即四卷中《湘中纪行》十首之四，又讹"秋云岭"为"云秋岭"，"洞山阳"为"山阳洞"。《寄李侍郎行营五十韵》一首，已见七卷，又佚其题首"至德三年"等二十四字。不知何以舛谬至此。盖宋本亦有善不善，不能一一精核也。今刊除《入百丈涧见桃花晚开》一首，其外集亦一并刊除，以省重复。长卿诗，号"五言长城"，大抵研炼深稳，而自有高秀之韵。其文工于造语，亦如其诗。故于盛唐、中唐之间，号为名手。但才地稍弱，是其一短。高仲武《中兴间气集》病其"十首以后，语意略同"。可谓识微之论。王士祯《论诗绝句》乃云"不解雌黄高仲武，长城何意贬文房"？非笃论也。

　　【李裕民订误】《四库提要订误》（增订本）：按刘长卿诗《落第赠杨侍御兼拜员外仍充安大夫判官赴范阳》，安禄山拜御史大夫在天宝六载，此时刘尚未中进士。李肇《国史补》卷下："天宝中，则有刘长卿、袁咸用分为朋头。"朋头为诸生之头，可见天宝中刘未为进士当属事实。开元二十一年登进士说不可信（参见傅璇琮《刘长卿事迹考辨》）。

关于刘长卿生平事迹，《提要》语焉不详，旧说多误。傅璇琮文考其至德年间任长洲尉，三年（758）正月摄海盐令（《至德三年春正月时谬蒙差摄海盐令闻王师收二京因书事寄上浙西节度使李侍郎中丞行营五十韵》）。二月，因事陷狱，贬为潘州南巴尉。上元二年（761）北返。大历五年（770）后任转运判官、知淮西鄂岳转运留后。大历八年至十二年，因吴仲孺的诬害贬为睦州司马。建中二年（781），为随州刺史。兴元元年（784）至贞元元年（785），离开随州，贞元七年（791）春以前卒。

需略作补充的是刘任长洲尉的具体时间。刘《祭阎使君文》"祭于故睦州刺史阎公之灵""长卿昔尉长洲，公为半刺，一命之末，三年伏事"。考《严州图经》卷一："阎钦爱，至德二载（757）十一月十日自苏州别驾拜。"所谓"半刺"，即指苏州别驾之职，刘与阎相交三年，指天宝十四载（755）至至德二载，刘任长洲尉即在此时。

【张佳补记】刘长卿集，《新唐书·艺文志》著录《刘长卿集》十卷，《郡斋读书志》《通志·艺文略八》著录同上，《直斋书录解题》卷十六著录《刘随州集》十卷，注云："建昌本十卷，别一卷为杂著。"可知是集两宋流传为十卷本，宋末始有十一卷本行世。今存刘长卿集版本复杂，依赵荣蔚《唐五代别集叙录》第155页所云，可分三个系统：其一为宋蜀刻本《刘文房集》十卷，诗九卷、文一卷，《新唐书·艺文志》《郡斋读书志》著录即此。其二为明铜活字本《刘随州集》十卷，按体类编次，皆其诗作，张金吾、莫友芝、丁丙均著录。其三为明弘治十一年临洮太守李君纪刊本《刘随州文集》十一卷，外集一卷，乃据南宋本翻刻，收入《丛书集成初编》。张佳案：《四库提要》称其"从南宋旧本翻雕"，则知其所采录为第三个版本系统。

张佳又记：日本汉学家、早稻田大学教授高桥良行《刘长卿集传本考》与《日本现存刘长卿集解题》两篇力作，（载蒋寅编译《日本学者中国诗学论集》，凤凰出版社2008年版，第83—112页），《刘长卿传本考》线条梳理刘长卿集自唐至清之编集与流传，可谓至精至密，《日本现存刘长卿集解题》考索八种日藏版本，域外文献弥足珍贵；陈顺智《刘长卿集版本考述》，载《文献》2001年第1期。今注本，则有储仲君《刘长卿诗编年笺注》（中华书局 1996 年版），杨世明《刘长卿集编年校注》（人民文学出版社 1999 年版），两种皆善，各有其长。储书考索名物史事，探讨诗文背景，尤致力于系年；杨书详梳典故，扬长避短，校与注兼擅。

韦苏州集　十卷

　　唐韦应物撰。应物，京兆人。《新旧唐书》俱无传。宋姚宽《西溪丛话》载，吴兴沈作喆为作《补传》，称"应物少游太学，当开元天宝间，充宿卫。扈从游幸，颇任侠负气，兵乱后，流落失职，乃更折节读书。由京兆功曹，累官至苏州刺史、太仆少卿，兼御史中丞，为诸道盐铁、转运，江淮留后。年九十余，不知其所终。"先是嘉祐中王钦臣校定其集，有序一首，述应物事迹与《补传》皆合。唯云以集中及时人所称推其仕宦本末，疑止于苏州刺史。考《刘禹锡集》有《苏州举韦中丞自代状》，则钦臣为疏略矣。《李观集》有《上应物书》，深言其褊躁。而李肇《国史补》云"应物性高洁，鲜食寡欲，所居焚香扫地而坐"。二说颇异。盖狷洁之过，每伤峭刻，亦事理所兼有也。其诗七言不如五言，近体不如古体。五言古体源出于陶，而镕化于三谢，故真而不朴，华而不绮。但以为步趋柴桑，未为得实。如"乔木生夏凉，流云吐华月"，陶诗安有是格耶？此本为康熙中项絪以宋椠翻雕，即钦臣所校定。首赋，次杂拟，次燕集，次寄赠，次送别，次酬答，次逢遇，次怀思，次行旅，次感叹，次登眺，次游览，次杂兴，次歌行，凡为类十四，为篇五百七十一。原《序》乃云"分类十五"，殊不可解。然字画精好，远胜毛氏所刻四家刻本，故今据以著录。其毛本所载拾遗数首，真伪莫决，亦不复补入焉。

　　【胡玉缙补正】《四库全书总目提要补正》：陆氏《藏书志》有明覆宋乾道刊本十卷，有王钦臣序，沈作喆《补传》。又有明弘治刊本十卷，《拾遗》一卷，亦有王序、沈传。杨氏《楹书偶录》有宋本十卷，谓"卢抱经《群书拾补》所校是集宋本，与此俱合，惟卢本有《拾遗》三叶，其目云：'熙宁丙辰校本添四首，绍兴壬子校本添三首，乾道校本添一首'，此本俱无之，想刻时在前，尚未经辑补，二者均以王钦臣序冠首，次沈作喆所撰《补传》。"据此，则宋本均有沈传，何为转引姚书，岂项本独缺此《传》

钦？杨氏又云："作喆字明远云云，《天禄琳琅书目》著录，盖即此本，乃纂辑诸臣引顾瑛《玉山名胜集》，以明远为元人。遂入之元版书中，未免负此古本矣。"玉缙案：《天禄》本之为宋为元不可知？唯引《名胜集》以沈为元人，是则不学耳。吴氏《绣谷亭薰习录》云："《蔡宽夫诗话》谓禹锡所举别是一人，赵与时《宾退录》辨之特详，今观集中自罢郡后不复有诗，足证蔡说之足据。"钱大昕《养新录》十二云："韦应物贞元二年由左司郎中出为苏州刺史，而刘禹锡集中有大和六年《除苏州举韦应物自代状》，宋叶少蕴、胡元任已疑其非一人，而沈作喆撰《韦传》，合而一之，篇末虽亦有疑词，而终未敢决。近世陈少章景云据白乐天于元和中谪江州后贻书元微之，于文盛称韦苏州诗，又言'当苏州在时，人亦未甚爱重，必待身后人始贵之'，则是时苏州已殁，而刘状又在此书十年以后，则其所举必别是一人矣。乐天守苏日，梦得以诗酬之云：'苏州刺史例能诗，西掖今来替左司。'言白之诗名，足继左司耳，非谓实代其任也，沈传谓'贞元二年补外，得苏州刺史，久之，白居易自中书舍人出守吴门，应物罢郡，寓郡之永定佛寺。'则误甚矣。白公出守在长庆间，距贞元初垂四十年，岂有与韦交代之理乎？大昕案：乐天刺苏，在宝历元年，陈以为在长庆间亦误。"又卷十四亦云："作喆联合为一篇，终虽有疑词，然失史家矜慎之义。"李慈铭《荀学斋日记》：辛集上四九云："分类十四，王记作十五，字误。古赋只《冰赋》一首，诗五百七十首，寄赠最多，分上下卷，歌行亦分两卷，末附《拾遗诗》八首，亦宋人所校补也。"胡仔《渔隐丛话》十五引《蔡宽夫诗话》云："《刘禹锡集》中有大和六年举自代一状，然应物《温泉行》云：'北风惨惨投温泉，忽忆先皇巡幸年。身骑厩马引天仗，直至华清列御泉'。则尝逮事天宝间也，不应犹及大和，恐别是一人，或集之误。"胡仔曰："《苏州集》有《燕李录事诗》云'与君十五侍皇闱，晓拂炉烟上玉墀'，又《温泉行》云：'出身天宝今几年，顽钝如锤命如纸'，余以《编年通载》考之，天宝元年至大和六年计九十一年，应物于天宝间已年十五，及有出身之语，不应能至大和间也。蔡宽夫云：'刘禹锡所举别是一人'，可以无疑。"

【余嘉锡辨证】《四库提要辨证》嘉锡案：姚宽《西溪丛语》虽尝考订韦应物事迹，但并未载沈作喆《补传》，其文实载于赵与时《宾退录》卷九，明刊本《韦苏州集》多附刻焉。《提要》盖从明本见之，而误以为《丛语》也。《宾退录》载有作喆自注，举其出处甚详，自苏州刺史以前，皆据集中之诗，至称其大和中以太仆少卿兼御史中丞，为诸道盐铁转运、江淮留后，年九十余，则本之于刘禹锡《苏州举韦中丞自代状》。传末有子沈子曰："昔应物当开元、天宝宿卫仗内，为郎、刺史于建中，以迄贞元，而文宗大和中刘禹锡乃以故官举之，计其年九十余，而犹领转输剧职，应物何寿而康也。然自吴郡以后，不复有诗文见于录者，岂亡之耶？使应物而无死，其所为不当止此。以应物为终于吴郡之后，则禹锡之所举，老犹无恙也，盖不可得而考也。"则作喆已自疑之矣。故姚宽考应物历官年岁，虽多与补传相合，而其末云："至为苏州刺史，计其年五十余，以集中事及时人所称，考其仕官如此，得非遂止于苏耶？"则仍是王钦臣之说，宽盖不信应物大和间尚在也。《苕溪渔隐丛话》前集卷十五："《蔡宽夫诗话》云：'苏州诗律深妙。白乐天辈固皆尊称之，而行事略不见唐史为可恨。刘禹锡集中有大和六年举自代一状，然应物《温泉行》云"北风惨惨投温泉，忽忆先皇巡幸年。身骑厩马引天仗，直至华清列御前。"则尝逮事天宝间也，不应犹及大和，恐别是一人，或集之误。'苕溪渔隐曰：《苏州集》有《燕李录事》诗云：'与君十五侍皇闱，晓拂炉烟上玉墀。'又《温泉行》云：'出身天宝今几年，顽钝如锤命如纸'，余以《编年通载》考之，天宝元年至大和六年计九十一年，应物于天宝间已年十五，及有出身之语，不应能至大和间也。蔡宽夫云：'刘禹锡所举别是一人'，可以无疑矣。"是则韦中丞之非韦苏州，宋人早有定论，《提要》犹撷拾弃余，反以王钦臣为疏略，何其不考之甚也。钱大昕《十驾斋养新录》卷十二云："韦应物，贞元二年由左司郎中出为苏州刺史，而刘禹锡集中有大和六年除苏州举韦应物自代状，宋叶少蕴、胡元任已疑其非一人，而沈作喆撰韦传，合而一之，篇末虽亦有疑词，而终未敢决。近世陈少章景云据白乐天于元和中谪江州后贻书元微之，于文盛称韦苏州诗，又言当苏州在时，人亦未甚爱重，必待身后，人始贵之，则是时苏州已殁，而刘状又在此书十年以后，则其所举，必别是一人矣。乐天守苏日，梦得以诗酬之云：'苏州刺史例能诗，西掖今来替左司。'言白之诗名足继左司耳，非谓实代其任也。沈传谓贞元二年补外得苏州刺史，久之，白居易自中书舍人出守吴门，应物罢郡，寓郡之永定佛寺，则误甚矣。白公出守在长庆间，距贞元初垂四十年，岂有与韦交代之理乎？"原注云：大昕案乐天刺苏州，在宝历元年，陈以为在长庆间，亦误。今按陈景云所引之白乐天《与元微之书》，见于《旧唐书·白居易传》《白氏长庆集》卷四十五题作《与元九书》。沈作喆《补传》称白居易尝语元稹曰："韦苏州歌行，才丽之外，深得讽谏之意。而五言尤为高远雅淡，自成一家。"其言即出于此书。《南宫诗话》（即《蔡宽夫诗话》）所谓"苏州诗律深妙，白乐天辈皆尊称之者"，亦指此书言之也。乃于其下文"苏州在时，人亦未甚爱重，必待身后，人始贵之"数语，慢不留意，直至景云，始用以断苏州之卒年，考证之学，后密于前，往往如此。然亦视其学识何如耳，若《提要》此篇所考，则并不及宋人矣。余又案：《白氏长庆集》卷六十八《吴郡诗石记》云："贞元初，韦应物牧苏州。"《补传》以为贞元二年，盖为近之。其罢郡不知在何年，考《旧唐书·德宗纪》云："贞元四年秋七月乙亥，以苏州刺史孙晟为桂州刺史、桂管观察使。"孙晟盖即代应物者，则应物治苏，不过一二年，即已去官，安得迟至宝历初，与白居易相交代耶？应物罢郡后，有《寓居永定精舍》《永定寺喜辟强夜至》《野居》数篇，此后踪迹不复见于诗，疑其不久即卒，故《唐书·宰相世系表》及《元和姓纂》卷二叙其仕履，止于苏州刺史。《李观集》卷四《上苏州韦使君书》亦只称为郎中，其未尝兼御史中丞，尤未为盐铁转运、江淮留后，亦明矣。王钦臣《序》所言，确不可易，余故详考之，以与陈氏之说相为辅翼云。

【张佳补记】陈沆《诗比兴笺》卷三《韦应物诗笺》云："韦诗何必笺？为辨宋吴兴沈作喆补传新旧《唐书》之传，而实则大谬也；为唐有两韦应物，一盛唐，一中唐，沈氏误合为一人，至使后人据《李观文集》所讥褊躁之韦应物指为左司，编韦诗者，亦遂皆入之中唐，何以知人论世，故辨之而笺也。韦公诗集终于苏州，自罢守以后，更无一字，盖不久旋卒。故唐人称之者，但曰韦左司、韦苏州，此卒于贞元初年之明证。若如沈氏《补传》，去苏以后，尚为太仆寺卿、兼御史中丞，为诸道盐铁转运、江淮留后，何以集中一字不及？且沈氏所据者，以刘禹锡《赠白居易诗》云：'苏州刺史例能诗，西掖今来替左司'，遂谓韦以贞元二年补外得苏州刺史，久之，白居易自中书舍人出守吴门，应物罢郡，二人相为交代。又据刘禹锡集中有大和六年除苏州，《举中丞韦应物自代状》，遂谓后此复为御史中丞。不知白之刺苏，在敬宗宝历元年，去贞元初凡四十载，岂有韦守苏州，久至四纪之理！乐天元和中谪江州时，《与元微之书》已云：'韦苏州诗，当其在时，人未甚爱重，必待身后，人始贵之。'此韦已久殁之证。其云'幸有文章替左司'者，盖言诗名足与相继，非前后任交代之谓也。况刘之举状，又在是书十年以后，尚得谓是一人乎？
且韦公生于开元，仕于天宝，屡见于诗，如云'建中即藩守，天宝为侍
臣'，如云'出身天宝今几年'、'忽忆先皇游幸年'，如云'与君十五侍
皇闱，雪下骊山沐浴时'。又建中四载《寄诸弟》诗云：'弱冠逢世难，
二纪犹未平'，又云'少事武皇帝，无赖恃恩私'，此皆在天宝末年已弱
冠之证。若七十载而至宝历元年与乐天交代，则已九十余岁矣。再逾八
载，而至文宗太和六年为禹锡所举，则已百岁矣，后此尚有盐铁转运、江
淮留后之任，不在百余岁外乎？沈氏亦知其难通，乃臆造为'年九十余
岁，不知所终'之说，遁辞显然。故宋嘉祐中王钦臣校定韦集序云：'以
诗中及时人所称，推其仕宦本末，疑止于苏州刺史。'可谓要言不烦。而
纪文达作《四库书目》，反据沈传以驳其疏略；且引《李观集》中《上应
物书》，深讥其褊躁。夫韦以贞元二年刺苏，不久罢归，寻卒。而李观贞
元八年始举进士，岂及见韦公而上书讥之哉？以冲淡近道（《朱子语
录》）、高洁寡欲（李肇《国史补》）之左司，而以与褊躁无文之盐铁转
运、江淮留后合为一人，不几于杀人之曾参、乱齐之宰我乎！唐有两王
维、王缙，两陈子昂，皆异时同名。而钱大昕《养新录》则并谓有两刘
眘虚同时，一为诗人，举宏词科，行大；一为刘知几之子迅，善史学，行
五。今以时代、官阀、文章、性情邈不相涉之人，而强薰莸使同器，且以
盛唐冲远之音，而编于元和、长庆间，亦何以徵诗教之升降，心声之本末
乎？后之选唐诗者，宜列韦于盛唐，以正误列中唐之失。"

　　张佳又记：韦集今注本两种：孙望《韦应物诗集系年校笺》，中华书
局 2002 年版；陶敏、王友胜《韦应物集校注》，上海古籍出版社 1998 年
版。陶敏、王友胜《韦应物集校注》（增订本）一册又于上海古籍出版社
2011 年 9 月出版，第二版，共 56 万字，共 682 页，列入"中国古典文学
丛书"。孙望编年本成书较早，重在系年与搜辑资料，排比史料，以史地
钩沉、编年考证见长。陶敏校注本后出，不独发覆考证韦诗所涉人名及其
关系，且详加校注，摭拾典故与背景，各擅其长。孙望本体例，于"校
记"与"笺评"致力尤多，而详其编年，以《四部丛刊》影印明嘉靖华
云刻本《韦江州集》为校勘底本，韦诗自洛阳县丞至苏州刺史依次编年。
陶敏本体例，校、注、评三位一体，而详其注释，以北京图书馆藏南宋刻
书棚本《韦苏州集》十卷、补遗一卷为校勘底本，诗文合注，辨伪诸什
则附录于后。佳兼而读之，平议注本之得失，有如是。

毗陵集　二十卷

　　唐独孤及撰。及，字至之，洛阳人，官至司封郎中、常州刺史。卒谥曰"宪"。事迹具《唐书》本传。权德舆作《及谥议》称其"立言遣词，有古风格。浚波澜而去流宕，得菁华而无枝叶。"皇甫湜《谕业》亦称"及文如危峰绝壁，穿倚霄汉，长松怪石，颠倒岩壑。"王士禛《香祖笔记》则谓"其序记尚沿唐习，碑板叙事，稍见情实。《仙掌》《函谷》二铭、《琅琊溪述》、《马退山茅亭记》、《风后八阵图记》是其杰作，《文粹》略已载之。"颇不以湜言为然。考唐自贞观以后，文士皆沿六朝之体，经开元、天宝，诗格大变，而文格犹袭旧规。元结与及始奋起前除，萧颖士、李华左右之。其后韩柳继起，唐之古文遂蔚然极盛。斫雕为朴，数子实居首功。《唐实录》称韩愈学独孤及之文，当必有据。特风气初开，明而未融耳。士禛于筚路蓝缕之初，责以制礼作乐之事，是未尚论其世也。集为其门人安定梁肃所编，李舟为之序。凡诗三卷，文十七卷。旧本久湮。明吴宽自内阁钞出，始传于世。其中如《景皇帝配天议》《郭知运、吕諲等谥议》皆粹然儒者之言，非徒以词采为胜，不止士禛所举诸篇。至《马退山茅亭记》乃柳宗元作，后人误入及集。士禛一例称之，尤疏于考证矣。又《文苑英华》载有及贺、敕二表，《代独孤将军让魏州刺史表》《为崔使君让润州表》《代于京兆请停官侍亲表》，《唐文粹》有《招北客文》，凡六篇，集内皆无之。案：贺、敕表所云诛夷大憝、清复阙廷，及归过罪己、降去鸿名，并德宗兴元时事。及没于大历十二年，已不见。《招北客文》，《文苑英华》又以为岑参之作。彼此错互，疑莫能详。今姑依旧本阙载焉。

　　【张佳补记】岑仲勉《唐集质疑》有《独孤及系年录》系其生平简谱二十五条，史料钩稽自垂拱三年迄大和元年，考见其生卒与世系如是。详见岑氏《唐人行第录·外三种》，中华书局 2004 年版，第 381 页。

　　《毗陵集》，有上海古籍出版社影印本，收入"四库唐人文集丛刊"。宋蜀刻本，亦存。又：刘鹏、李桃《毗陵集校注》，辽海出版社2007年版，共52万字，蒋寅审订；赵望秦《毗陵集点校前言及独孤及年谱》，陕西师大硕士论文，1985，导师黄永年，共90页；郭树伟《独孤及研究》，中州古籍出版社2011年版，对其成书研究也有相关综合考证，足资参考。

萧茂挺文集　一卷

　　唐萧颖士撰。颖士，字茂挺，颖川人，梁鄱阳王之裔。世系俱载其《赠韦司业书》中。开元二十三年举进士，对策第一。天宝初，官秘书正字，以搜括遗书、淹久不报劾免。寻召为集贤校理，忤李林甫，调广陵参军。韦述荐为史馆待制，又忤林甫，免。林甫死，调河南府参军。安禄山反，颖士走山南，源洧辟掌书记。后为扬州功曹参军，复弃官去，遂客死于汝南。事迹具《新唐书·文艺传》。颖士尝作《伐樱桃赋》以刺林甫，《唐书》本传讥其褊。而晁公武《读书志》则称其"每俯临于萧墙，奸回得而窥伺"之句，为知几先见唐书，贬之为非。今考颖士当禄山宠盛之时，尝与柳并策其必反，既而言验，乃诣河南采访使郭纳言献策守御，纳言不能用。禄山别将攻南阳，山南节度使源洧欲遁，颖士力持之，乃坚意据贼。永王璘尝召之，不赴。而举宰相崔圆书，请先防江淮之乱，既而刘展又果叛。其才略志节，皆过于人，不但如晁氏之所云。文章根柢，固不仅在学问之博奥也。颖士文章与李华齐名，而颖士尤为当代所重。李邕负一代宿望，而《进芝草表》假手颖士，则其推挹可知。《唐志》载颖士《游梁新集》三卷、文集十卷，《宋志》仅载文集十卷，而《游梁新集》已佚。此本前有曹溶名字二印，盖其所藏。仅赋九篇、表五篇、牒一篇、序五篇、书五篇，史称其《与崔圆书》，今集中不载。《书录解题》所云柳并《序》，今亦佚之。又后人钞撮《文苑英华》《唐文粹》诸书而成，非复十卷之旧矣。然残膏剩馥，犹足沾溉，正不必以不完为歉也。

　　【张佳补记】萧颖士文集，原十卷，门人柳并序之。后因散佚，其子萧存重编，李华序之。《新唐书·艺文志四》著录《游梁新集》三卷，又《集》十卷，《崇文总目》卷五著录《萧颖士文集》十卷，《遂初堂书目》著录《萧颖士集》不言卷数，《郡斋读书志》著录《萧颖士集》十卷，

《直斋书录解题》卷十六著录《萧功曹集》十卷，《宋史·艺文志七》《文献通考·经籍考五八》并著录《萧颖士集》十卷，《国史经籍志》卷五著录《游梁新集》三卷，又《集》十卷。惜其均不存。今传《萧茂挺文集》一卷，《四库全书》乃据明末抄本采录。

李遐叔文集　四卷

　　唐李华撰。华，字遐叔，赵州赞皇人，累中进士宏词科。天宝中迁监察御史、徙右补阙。安禄山反，华为贼所得，伪署凤阁舍人。贼平，贬杭州司户参军。李岘表置幕府，擢吏部员外郎。以风痹去官，卒。《新旧唐书》俱载入文苑传中。《旧唐书》称华有文集十卷，独孤及《序》则称"自监察以前十卷，号为前集，其后二十卷为中集"，卷数颇不合。马端临《经籍考》不列其目，则南宋时原本已亡。此本不知何人所编，盖取《唐文粹》《文苑英华》所载，裒集类次，而仍以及《序》冠之，有篇次而无卷目。今厘为四卷，著之于录。华遭逢危乱，污辱贼庭，晚而自伤，每托之文章以见意。如权皋铭云"淈而不滓，瑜而不瑕"，元德秀铭云："贞玉白华，不缁不磷"，四皓铭云："道不可屈，南山采芝，竦慕元风，徘徊古祠"，其悔志可以想见。然大节一亏，万事瓦裂，天下不独与之论心也。至其文词绵丽，精彩焕发，实可追配古之作者。萧颖士见所著《含元殿赋》，以为在景福之上，灵光之下，虽友朋推挹之词，亦庶几乎近之矣。集中原有卢坦之、杨烈妇二传，检勘其文，皆见于李翱集中。当由误采，今并从刊削焉。

　　【张佳补记】李华文集，《旧唐书》本传载"有文集十卷"，《新唐书·艺文志四》著录《李华前集》十卷、《中集》二十卷，《崇文总目》卷五、《宋史·艺文志七》并著录《李华集》二十卷，《国史经籍志》卷五著录与《新唐志》同。然《郡斋读书志》《直斋书录解题》《文献通考·经籍考》均不见著录，或宋时其集已佚。今传《李遐叔文集》四卷，丁氏《善本书室藏书志》二四有精钞本著录，云："文集佚于南宋，马端临《经籍考》不列其目，此本后人取《文粹》、《文苑英华》诸书编集，仍冠独孤及序于首。向不分卷，馆臣以其诠序颇备，析为四卷，当时书多讹字，吴尺凫焯校正之。"乃知此四卷为四库馆臣所析。

钱仲文集　十卷

唐钱起撰。起，字仲文，吴郡人。天宝中举进士，官至考功郎中。大历以还，诗格初变，开、宝浑厚之气，渐远渐漓，风调相高，稍趋浮响。升降之关，十子实为之职志。起与郎士元，其称首也。然温秀蕴藉，不失风人之旨。前辈典型，犹有存焉。其集，《唐志》作一卷，晁公武《读书志》作二卷。今本十卷，殆后人所分。其中凡古体诗皆题曰"往体"。考陆龟蒙《松陵集》亦以古体为"往体"。盖唐代诗集标目，有此二名。偶然异文，别无他义。又集末《江行绝句》一百首，胡震亨《唐音统签》以为本钱珝之诗，误入起集，有考辨甚详。然旧本流传，相沿已久，且珝固起孙，即附录祖集之末，亦无不可。故今仍并存之焉。

【胡玉缙补正】《四库全书总目提要补正》：胡仔《渔隐丛话后集》云："《夷白唐小集》云：'钱起《考功诗》，世所藏本皆不同，宋次道旧有五卷，王仲至续为八卷，号为最完。'然如'牛羊山上小，烟火隔云深'、'鸟道挂疏雨，人家残夕阳'、'穷通恋名主，耕桑亦近郊'、'长乐钟声花外尽，龙池春色雨中深'，此等句皆当时相传为警句，而八卷尤之，知其所遗多矣。"据此，则宋时有八卷本。

【余嘉锡辨证】《四库提要辨证》嘉锡案：起，《新唐书·文艺传》附见《卢纶传》中，《郡斋读书志》卷十七，用以叙其仕履，而《提要》从之。《旧唐书·钱徽传》云："父起，天宝十载登进士第，大历中位终尚书郎。"《提要》盖未之考，故不能举其登第之年。

嘉锡又案：起集除《唐志》《读书志》著录外，《崇文总目》《通志·艺文略》均作一卷，《宋史·艺文志》作十二卷，唯《直斋书录解题》作十卷，且云"蜀本作前后集十三卷。"《苕溪渔隐丛话》后集卷十七引《夷白堂小集》云："钱起考功诗，世所藏本皆不同，宋次道旧有五卷，王仲至续为八卷，号为最完，然如'牛羊山上小，烟火隔云深'、

'鸟道挂疏雨,人家残夕阳'、'穷通恋名主,耕桑亦近郊'、'长乐钟声花外尽,龙池春色雨中深',此等句皆当时相传为警句,而八卷无之,知其所遗多矣。"鲍慎由所举诸联,乃《中兴间气集》所盛称者,今十卷中皆有之,当为最完之本。尝试论之,钱起诗集在两宋时当有四本,二卷者盖即一卷本所分,五卷、八卷者各为一本,此三本皆不传。十卷之本,既为慎由所未见,盖其出最后,当为南宋人所重编。陈振孙言蜀本作十三卷,而不言文字有异,当即一本,编次不同耳。《宋志》作十二卷,疑系传写之误,《提要》谓后人分二卷为十卷,未必然也。

【张佳补记】钱起诗集,《新唐书·艺文志四》《崇文总目》卷五著录《钱起诗》一卷,《郡斋读书志》著录《钱起诗》二卷,《直斋书录解题》卷十九著录《钱考功集》十卷,记云:"蜀本作前后集十三卷。"考鲍慎由《夷白堂小集》云:"钱起《考功诗》,世所藏本皆不同,宋次道旧有五卷,王仲至续为八卷,号为最完。"(参见胡仔《苕溪渔隐丛话后集》卷一七引)则知十三卷之蜀本,当由宋次道、王仲至本而来;而十卷本乃由南宋人重编。《宋史·艺文志七》著录《钱起诗》十二卷,《百川书志》卷十四著录《钱起集》十卷,然传世刻本,未见宋元旧椠著录。《四库全书》所收之《钱仲文集》十卷,共四百二十六首,系以内府藏本采录。

张佳又记:今注本有王定璋《钱起诗集校注》,浙江古籍出版社 1992 年版。又有台湾学者阮廷瑜《钱起诗集校注》,台北新文丰出版公司 1996 年版;台湾学者谢海平《钱起事迹及其诗系年考述》,近于钱起年谱,致力于编年,尤以考证见长。王定璋《钱起集校注》精装本,浙江古籍出版社 2015 年版,列入"浙江文丛",共 42.1 万字,后出转精。

华阳集　三卷

唐顾况撰。况，字逋翁，海盐人，至德二年进士。德宗时官秘书郎，迁著作郎，贬饶州司户参军。晚年退居茅山，自号华阳真逸。集有皇甫湜《序》，称为三十卷，《读书志》作二十卷，《书录解题》唯载其诗集，云本十五卷，今止五卷。其本今皆不传。此本乃明万历中况裔孙名端哀其诗文，成三卷。末附况子非熊诗十余首。《文苑英华》《唐文粹》中尚有况诗四首，非熊诗一首，皆未收入，尚未为赅备也。非熊诗有父风，长庆中登第，大中间为盱眙簿，亦弃官隐茅山。《酉阳杂俎》记况作《殇子诗》，旦夕悲吟，其子之魂闻之，因再生为况子，即非熊也。其事怪诞不足信。《本事诗》又载况"红叶题诗"事，尤属不经。其所题诗亦猥鄙不足传，皆好事者为之也。旧本所有，姑存之以为谈助云耳。

【张佳补记】顾况文集，《华阳集》二十卷初为其子顾非熊所编，皇甫湜序之。《新唐书·艺文志四》著录《顾况集》二十卷，《崇文总目》卷一一著录《顾况文集》十九卷，《郡斋读书志》著录《顾况文集》二十卷，《直斋书录解题》卷十九著录《顾况集》五卷，注云："集本十五卷，今止五卷，不全。"《宋史·艺文志七》著录《顾况集》十五卷，均已亡佚。今传《顾华阳集》三卷，为明万历中顾端所辑，分体编次，《四库全书》加以采录。

张佳又记：王启兴、张虹《顾况诗注》，上海古籍出版社1994年版，以上海古籍出版社影印《全唐诗》顾况诗四卷本为底本校注。又有赵昌平校编《顾况诗集》，江西人民出版社1983年版，亦以《全唐诗》为参校底本，不注只校，存其完帙。顾易生有《顾况与顾况集》一文，探讨其生平及编集情况，详陈八种版本说明，详见《顾易生文史论集》，复旦大学出版社2002年版，第199页。唯顾先生所拟撰之《顾况集校注》，至今未梓于世。王、赵二本以《全唐诗》本为底本，考虑未周，他日必有重做之必要。冯淑然《顾况及其诗歌研究》（光明日报出版社 2014 年版）第六章专谈《顾况诗文著录与版本考述》，尤详于明清版本传刻谱系，可以一览。

翰苑集　二十二卷

唐陆贽撰。贽事迹具《唐书》本传。案：《艺文志》载贽《议论表疏集》十二卷，又《翰苑集》十卷，常处厚纂。陈振孙《书录解题》载《陆宣公集》二十二卷，中分《翰苑》《膊子》为二集，其目亦与史志相同。唯晁公武《读书志》所载乃只有奏议十二卷，且称旧有《膊子集》五卷、《议论集》三卷、《翰苑集》十卷。元祐中苏轼乞校正进呈，改从今名。疑是裒诸集成此书，与史志目录全不相合。今考尤袤《遂初堂书目》所列，实作《翰苑集》。而钱曾《读书敏求记》载所见宋椠大字本二十二卷者，亦作《翰苑集》。则自南宋以后，已合议论表疏为一集，而总题以翰苑之名。公武所见乃元祐本，恐非全册。而今世刊行贽集，亦有题作《陆宣公奏议》者，则又沿《读书志》而失之者也。宋祁作贽传赞，称其论谏数十百篇，讥陈时病，皆本仁义，炳炳如丹青，而惜德宗之不能尽用。故《新唐书》例不录排偶之作，独取贽文十余篇，以为后世法。司马光作《资治通鉴》尤重贽议论，采《奏疏》三十九篇。其后苏轼亦乞以贽文校正进读。盖其文虽多出于一时匡救规切之语，而于古今来政治得失之故，无不深切著明，有足为万世龟鉴者，故历代宝重焉。贽尚有诗文别集十五卷，久佚不传。《全唐诗》所录仅存《试帖诗》三首，及《语林》所载逸句。然经世有用之言，悉具是书。其所以为贽重者，固不必在雕章绘句之末矣。

【胡玉缙补正】《四库全书总目提要补正》：瞿氏《目录》有校宋本《陆宣公集》二十二卷，云："凡制诰十卷、奏草七卷、中书奏议七卷，与权序《翰苑集》卷数合，犹出自旧本也。"陆氏《藏书志》有元刊本二十二卷，其《仪顾堂续跋》云："前有权德舆《翰苑集序》，次苏轼等进奏议劄子，次至大辛亥历一鹗序，卷一至十制诰，卷十一至十六奏草，卷十七至二十二中书奏议，一至卷十版心刻'苑几'，十一至廿二版心刻

'奏儿'，皆有字数、刻工姓名，苏东坡等所进札子题曰'本朝名臣'，此从宋本翻雕之证。"丁氏《藏书志》有明本，云："制诰十卷，八十五篇；奏草七卷，三十二篇；奏议七卷，二十四篇。"钱大昕《养新录》云："《陆宣公集》，廿二卷，制诰十，奏草六，中书奏议六，前有权德舆序，后载元祐八年五月七日苏轼等札子。其书遇'构'字小书太上御名，'慎'字小书御名，若先代讳但缺笔而已，盖乾道、淳熙间椠本，钱遵王所见大字本即此也。权序所述三项名目，与此刻同，惟奏草、中书奏议皆作七卷，疑转写误六为七耳。《唐书·艺文志》所载《翰苑集》十卷，即制诰，其云《议论表疏集》十二卷，即奏草与中书奏议，验其目录，无不吻合，若晁氏所载《奏议》十二卷，则元祐经进之本，止取后十二卷，不及制诰也。权序虽标《翰苑》之名，而《中书奏议》实非翰苑之作，则此题《宣公集》者为得之。权公《序》文绝不云《翰苑集》，殆刊书者录权序于《翰苑集》之首，后来并为一集，沿此名而不悟其非，故略为辨证之。"玉缙案：瞿《目》校宋本识语与标目卷数不合，盖沿权序之误，元翻宋本苏劄题"本朝名臣"，似亦宋时坊本。惟钱、瞿、丁、陆诸人所见皆不作《翰苑集》，钱氏谓"《中书奏议》，实非翰苑之作"，一语破的，而《提要》不能于此辨别，反以《翰苑集》之名为是，疏矣。李慈铭《桃华圣解庵日记》壬集一四云："《陆宣公文集》，为制诰十卷，奏草六卷，中书奏议六卷，雍正间年羹尧进呈本。道光丁未，耆英刻于广东，又增辑二卷。"

权文公集　十卷

　　唐权德舆撰。德舆，字载之，天水人，初辟河南幕府，历中书门下平章事。事迹具《唐书》本传。德舆尝自纂制集五十卷，杨凭序之。其孙宪又编其诗文为五十卷，杨嗣复序之。今制集已佚，文集亦久无传本。此本乃明嘉靖二十年杨慎得之于滇南，仅存目录及诗赋十卷。刘大谟序而刻之，又删其无书之目录。德舆文集遂不可考。惟《文苑英华》及《唐文粹》中时时散见耳。考王士祯《居易录》载《权文公集》五十卷，注曰诗赋十卷、文十卷、碑铭八卷、论二卷、记二卷、集序三卷、赠送序四卷、策问一卷、书二卷、疏表装五卷、祭文三卷，称无锡顾宸藏本，刘体仁之子凡写之以贻士祯者。然则德舆全集，康熙中犹存，不识何以今所存者皆杨慎之残本。第士祯所注卷目，以数计之，乃八十卷，与五十卷之说不合。又不识其何故也。

　　【胡玉缙补正】《四库全书总目提要补正》：杨氏《楹书偶录》有旧钞本《文集》五十卷、《摭遗》一卷、《附录》一卷，谓："乾隆间大兴朱竹君得旧钞全本，彭文勤公从朱文正公假之，亲为校勘，寸嘉靖丙寅重付剞劂，此本乃孙渊如先生所藏，当与朱本同出一源。惟新刻本版式俗劣，校尤草略，如卷一先赋后诗，故目录卷一后标题'赋诗'二字，新刻竟倒作'诗赋'。又目录每题自为一行，新刻则分作两重，遇题目字多者任意芟削，几不成语。又卷中'一作云云'者甚多，固未必尽是，然存之足资参考，且原书所有，应从其朔，而新刻悉经刊落，不识何以舛误乃尔？微特非朱本之旧，恐并失彭校之真矣。此本尚存庐山面目，卷末从《文苑英华》、《文粹》、《古今岁时杂咏》、《全芳备祖》、《万首绝句》、《全唐诗》搜辑集中所无者，为《摭遗》一卷。又集新旧《唐书》本传、韩昌黎墓碑、杨于陵、李直方、王仲舒、萧籍祭文，并采《唐书·艺文志》、《郡斋读书志》、《直斋书录解题》、《经籍志》、《居易录》，《四库全书总目》著录是集语及明刻本杨慎序、刘大谟跋，为附录一卷。《附录》之目，尚是渊翁自书，当即渊翁所撷录，故朱本无之，毋因其已有刻本而忽视之。"据此，则《诗文集》五十卷尚有传本，新刻虽草略，当胜此十卷本也。

韩集举正　十卷

宋方崧卿撰。崧卿，莆田人。孝宗时尝知台州军事。是书后有淳熙己酉崧卿自跋，称"右《昌黎先生集》四十卷、外集一卷、附录五卷、《增考年谱》一卷，复次其异同为《举正》十卷"。陈振孙《书录解题》所载同，而多外钞八卷，其注称"《年谱》，洪兴祖撰，莆田方崧卿增考，且撰《举正》以校其同异，而刻之南安"。外集但据嘉祐刘煜所录二十五篇，而附以石刻联句诗文之遗见于他集者。及葛峤刻柳文，又以大庚韩郁所编注诸本号外集者，并考疑误、辑遗事共为外钞刻之。然则外钞非方氏书，特葛氏刻柳集以配韩，因而增入，故崧卿跋不之及也。据自跋与陈氏所录，则此书盖与文集、外集、附录、年谱并刻。此本唯有《举正》，盖所存只此也。十卷之末，又有《外集举正》一卷，而跋中不及，陈氏亦不及核其原刻，不标卷第，殆即附之十卷中欤？自朱子因崧卿是书作《韩文考异》，盛名所掩，原本遂微。越及元明，几希泯灭。此本纸墨精好，内桓字阙笔，避钦宗讳；敦字全书，不避光宗讳，盖即淳熙旧刻，越五百载而幸存者。殆亦其精神刻苦，足以自传，故苦有呵护其间，非人力所能抑遏欤？阎若璩号最博洽，其《潜邱札记》中不知李浙东为谁，称得李翱全集，或可以考。今观此本第六卷，《代张籍书》下，明注为李逊。且引《旧书》本传，逊以元和五年刺浙东，九年召还，此《书》作于六七年间云云，则若璩亦未见此本，可称罕见之笈。其名曰《举正》，盖因郭京《易举正》之旧，见首篇之自注。《考异》删去此条，遂莫知其命名之义。其于改正之字用朱书，衍去之字以圆圈围之，增入之字以方圈围之，颠倒之字以墨线曲折乙之，体例亦似较《考异》为明晰。所据碑本凡十有七。所据诸家之书，凡唐令狐澄本、南唐保大本、秘阁本、祥符杭本、嘉祐蜀本、谢克家本、李昞本，参以唐赵德文录朱白《文苑英华》姚铉《唐文粹》参互钩贯，用力亦勤。虽偏信阁本，是其一失，宜为朱子所

纠。然司马迁因《国策》作《史记》，不以《史记》废《国策》；班固因
《史记》作《汉书》，不以《汉书》废《史记》。倪思尝集《国策》《史
记》《汉书》之同异，纂为二书，今其《班马异同》犹有传本。然则虽有
《考异》，不妨并存。此书以备参订，亦何必坚持门户，尽没前人著作之
功乎？《书录解题》又曰："《韩昌黎集》四十卷，外集十卷，朱侍讲以方
氏本校定。凡异同定归于一，多所发明。外集皆如旧本，独用方本益大颠
三书。"今考《外集举正》所列，自《海水诗》至《明水赋》，二十五篇
之数俱全，无所谓大颠三书者，亦无所谓石刻联句诗文之遗于他集者。不
知《考异》所据何本。此亦千古之大疑，姑阙所不知可矣。

　　【胡玉缙补正】《四库全书总目提要补正》：瞿氏《目录》有影钞宋本
十卷、《外集举正》一卷、《叙录》一卷，《提要》不及《叙录》，未知
何故？

　　【李裕民订误】《四库提要订误》（增订本）按：崧卿（1113—
1194），字季申，隆兴元年进士，教授越州，干办湖广总领所公事，添差
淮西安抚司属官，知信州上饶县，通判明州。淳熙二十一年（1185）知
南安军，政最一路。绍熙元年，诸司合奏，擢知吉州。提点广东刑狱，移
广西转运判官，复移京西，绍熙五年卒。聚书四万，尝续《横浦集》，补
《襄阳志》，校正《韩昌黎集》，撰《韩诗编年》（见叶适《水心文集》卷
一九《京西运判方公神道碑》，《周文忠公集》卷七一《方君崧卿墓志
铭》）。《提要》所云"孝宗"时知"台州"，当为"光宗"时知"吉州"
之误。

　　【张佳补记】宋方崧卿著、刘真伦汇校《韩集举正汇校》，凤凰出版
社 2007 年版。一册在手，不独得见旧帙，且广征善本，汇其全校，程功
颇伟。

原本韩文考异　十卷

宋朱子撰。其书因韩集诸本互有异同，方崧卿所作《举正》虽参校众本，弃短取长，实则唯以馆阁本为主，多所依违牵就。即《南山有高树》诗之“婆娑弄毛衣”，传安道所举为笑端者，亦不敢明言其失去。是以覆加考订，勒为十卷。凡方本之合者存之，其不合者一一详为辨证。其体例，本但摘正文一二字大书，而所考夹注于下，如陆德明《经典释文》之例，于全集之外别行。至宋末王伯大，始取而散附句下，以其易于省览。故流布至今，不复知有朱子之原本。其间伪脱窜乱，颇失本来。此本出自李光地家，乃从朱子门人张洽所校旧本翻雕，最为精善。第一卷末有洽补注一条，称《陪杜侍御游湘西两寺》诗“长沙千里平”句，“千里”当作“十里”，言亲至岳麓寺见之，方氏及朱子皆未知。又第四卷末洽补注一条，辨《原性》一篇，唐人实作“性原”，引杨倞《荀子注》所载全篇，证方氏《举正》不误，朱子偶未及考。又第七卷末有洽补注一条，辨《曹成王碑》中“抟力”句卒之义，皆今本所未载。其字为徐用锡所校，点画不苟。然光地没后，其版旋佚，故传本颇少。此本犹当日之初印，毫无刓阙，尤可贵也。

【胡玉缙补正】《四库全书总目提要补正》：瞿氏《目录》有校宋本《昌黎先生文集》四十卷，外集十卷，云：“核与方崧卿所云杭本者一一吻合，疑即祥符杭本，朱子所云监本是也。每卷前俱载题目，其字句异处，与朱子《考异》所云‘或作’者合，而《考异》所载尚未全。如《石鼎联句诗序》‘自衡山来’，山下注蔡作岳；‘长颈而高结’，注‘介甫本无高字’；‘子为我书吾句’，下注‘蔡无吾句二字’；‘诗旨有似讥喜’，诗下注‘介甫作思’；‘喜思益苦’，思下注‘旧本吟’；‘刘把笔吾诗’云云，下注‘蔡进士把笔则又高吟’；联诗云云‘又似无足’，似下注‘蔡作惊’；‘植此傍路坑’，傍下注‘王作过’；‘徒持坚重性’，重下注‘一作贞’；‘全胜瑚琏贵’，胜下注‘旧本服’，此皆可备参核，而未及举者，其余尚多，不胜数也。篇次与《考异》本同，惟《赠河阳李夫人苦寒歌》二首，列正集第七卷末，不入外集中，为稍异耳。”陈澧《东塾集·书伪韩文公与大颠书后》云：“韩文公以谏迎佛骨贬潮州，而与僧大颠来往，此实公之过也，宋人遂伪作公与大颠三书刻于石。欧阳永叔《集古录》云：‘其以《系辞》为《大传》，谓著山林与著城郭无异等语，宜为退之之言，其后书吏部侍郎潮州刺史则非也，退之自刑部侍郎贬潮州，流俗但知为韩吏部，谬为附益尔’，欧公既知其官衔之谬而不知其书之伪，殊不可解。岂有以真迹刻石而附益其官衔四字者乎？朱子《韩文考异》云：‘当时既谪刺远州，未必更带侍郎旧官’，亦以其官衔为附益也，《大传》及山林城郭之语，岂必韩公乃能言之耶？《考异》又云：‘最后一书，实有不成文理处，或是旧本亡佚，僧徒所记不真，致有脱误。’又云：‘决为韩公之文，非他人所能作’，朱子之语，尤不可解。旧本既亡佚，但以后人所记不真者刻之，犹可决为韩公之文非他人所作乎？朱子又引洪氏《辨证》云：‘吴源明曰：徐君平见介甫不喜退之，故作此文’，方氏又云：‘周端礼曰：徐安国自言年二十三四时戏为此’，但君平字安道，而方云安国，未知便是君平否耳？此朱子引吴、周二说，既有作伪者姓名，惟安道、安国两字不同，则犹为疑词，其意仍谓非他人所作耳。然人有两字者甚多，朱子字元晦，亦字仲晦，何疑之有？韩公与孟简述与大颠来往事云：‘与之语虽不尽解，要自胸中无滞碍，以为难得’，所谓与之语虽不尽解者，韩公与大颠语，大颠不甚解也；胸中无滞碍者，大颠无滞碍也，此文义甚明，朱子则以大颠之语韩公虽不尽解，亦岂不足暂空其滞碍之怀，此尤于文义不合矣。总之，责韩公不当与大颠来往则可，必欲以伪为真，则虽欧公、朱子，不能掩后人眼目也。”玉缙案：《考异》据方崧卿《举正》本重加考订，《举正》本无大颠三书，《提要》已以为大疑，恐是朱子益之，欧阳云：“宜为退之之言”，尚是悬揣，朱子云：“决为韩公之文”，则已坐实，其所以必以伪为真者与《纲目》书扬雄为莽大夫同意，盖在争道统耳。

【张佳补记】莫砺锋先生对朱熹的《韩文考异》有相当专深的研究，涉及韩文版本的选择、朱熹的“外证”与“内证”互用的校勘方法，及《韩文考异》体现的学术思想。详见莫砺锋《朱熹文学研究》，南京大学出版社 2000 年版，第七章。另，莫教授在此书第一章第四节《朱熹重要文学著作考释》中对《韩文考异》的研究同样精彩，对《韩文考异》的成书年代、撰述宗旨、版本系统等深入剖析，有理有据。详见莫砺锋《朱熹文学研究》，南京大学出版社 2000 年版，第 23—36 页。

别本韩文考异　四十卷

　　宋王伯大编。伯大，字幼学，号留耕，福州人，嘉定七年进士。理宗朝官至端明殿学士，拜参知政事。事迹具《宋史》本传。伯大以朱子《韩文考异》于本集之外，别为卷帙，不便寻览，乃重为编次。离析《考异》之文，散入本集各句之下，刻于南剑州。又采洪兴祖《年谱辨证》、樊汝霖《年谱注》、孙汝听解、韩醇解、祝充解为之音释，附于各篇之末，厥后麻沙书坊以注释缀于篇末，仍不便检阅，亦取而散诸句下。盖伯大改朱子之旧第，坊贾又改伯大之旧第，已全失其初。即卷首题《朱文公校昌黎先生集》，凡例十二条者，勘验其文，亦伯大重编之凡例，非朱子《考异》之凡例。流俗相传，执此为朱子之本，实一误且再误也。据李光地翻刻宋版《考异》跋，此本之舛讹遗漏，不一而足。盖屡次重编，不能一一清整，势所必然。然注附句下，较与文集别行者，究属易观。今录光地所刻十卷之本，以存旧式。仍录此本，以便参稽。自宋以来，《经典释文》《史记索隐》均于原书之外，别本各行。而监本《经》《史》仍兼行散入句下之本，是其例矣。

　　【胡玉缙补正】《四库全书总目提要补正》：陆氏《藏书志》载宋麻沙本，《外集》后、《遗文》前有《集传》一卷，明正统本、万历本并同。成化本正集二十卷、外集五卷，亦有《集传》一卷。

五百家注音辩昌黎先生文集　四十卷

　　宋魏仲举编。仲举，建安人。书前题庆元六年刻于家塾，实当时坊本也。首列评论、诂训、音释，诸儒名氏一篇，自燕山刘氏迄颍人王氏，共一百四十八家。又附以新添集注五十家、补注五十家、广注五十家、释事二十家、补音二十家、协音十家、正误二十家、考异十家，统计只三百六十八家，不足五百之数。而所云新添诸家，皆不著名氏。大抵虚构其目，务以炫博，非实有其书。即所列一百四十八家，如皇甫湜、孟郊、张籍等皆同时唱和之人。刘昫、宋祁、范祖禹等亦仅撰述唐史，均未尝诠释文集。乃引其片语，即列为一家，亦殊牵合。盖与所刊五百家注柳集，均一书肆之习气。然其间如洪兴祖、朱子、程敦厚、朱廷玉、樊汝霖、蒋璨、任渊、孙汝听、韩醇、刘崧、祝充、张敦颐、严有翼、方崧卿、李樗、郑耕老、陈汝义、刘安世、谢无逸、李朴、周行已、蔡梦弼、高元之、陆九渊、陆九龄、郭忠孝、郭雍、程至道、许开、周必大、史深大等，有考证音训者，凡数十家。原书世多失传，犹赖此以获见一二，亦不可谓非仲举之功也。朱彝尊称此书尚有宋椠本在长洲文氏，后归李日华家。正集之外，尚有外集十卷、别集一卷，附《论语笔解》十卷。此本只四十卷，而外集、别集不与焉。盖流传既久，又有所阙佚矣。

　　【胡玉缙补正】《四库全书总目提要补正》：丁氏《藏书志》有宋庆元刊本文集四十卷，外集十卷，附《评论诂训音释诸儒名氏》一卷、《昌黎先生序记碑铭》一卷、《韩文类谱》十卷。云："《天禄琳琅书目》宋版集部载有二部：一本正集四十卷，外集十卷，引用书目一卷，诸儒名氏一卷，韩文类谱七卷；一本多《昌黎先生序传碑记》一卷、《看韩文纲目》一卷、别集一卷、《论语笔解》十卷，文集后序五篇而无《韩文类谱》。两部亦皆有阙补，是一书多寡不同，实因宋椠辗转流传，全璧为难耳。仲举名怀忠，殆麻沙坊肆之领袖也。"据此，则彝尊所称本亦非完本，仲举为怀忠之字,《提要》不举其名亦不合通例。李慈铭《籀诗斠笙迕之室日记》八云:"阅韩文公《顺宗实录》,此书世多贬议,其叙次王叔文事,形容丑状,尤非体裁,伾、文之事,自范文正首开昭雪之端,国朝田氏雯、冯氏景、何氏焯、全氏祖望、陈氏祖范、王氏鸣盛皆力为湔洗,而王氏辨之尤至,其事已明。文公当日既徇时情,又衔私恨,故虽交契如柳州亦直著其罪,于梦得亦然。此犹以刘、柳同在谪遣,无可隐也,李景让、吕温皆时之闻人,未尝在'八司马'之列,而必追原党始,著其幸免,是亦不可以已乎?盖文公固端人而急功名,俗儒而能文章者也。"玉缙案:此说颇于诸人有关系,特录之。王懋竑、方楘如亦有辨。张宗泰《鲁岩所学集·书容斋续笔四卷后》云:"洪氏谓'郑权为岭南节度使,韩文公作序以送其行,称其贵而能贫,而许其为仁者,而权实因郑注得节钺,既至镇,尽辇公家珍宝以酬私恩,乃贪邪之人耳。'予谓文公失言尚不止此,文公于于頔,称其'抱不世之才,文武惟其所用',乃考《新唐书》本传,则横暴少恩,倔强犯命之人也;谓李实'赤心事上,忧国如家',考之本传,则怙权作威,诸恶毕备之人也。宰相赵憬,陆宣公引之执政,而憬反党附裴延龄以挤之,文公一再上书门下,颂之为仁人,誉之为君子,不知当时果有见于其人之贤而称述之耶?抑以有所求于若辈而操笔不暇持择耶?予故并次其失以见知人之不易,并以见士君子思以文章垂世,勿以言语轻相假借,致遗后人口实也。"

【张佳补记】 章学诚《〈韩文五百家注〉书后》云:"向使专门治韩之书,如丛书之例,盖刻其全而次附本集之后,三百余家姓氏,凡有言议涉于韩者,悉采无遗,而附于逐篇之后,岂不蔚然大观者?凡辑书之体,约则欲其极精,广则欲其极备,精以明专家之长,而备以待采择之便,二者交资而不可偏废者也。若标明博大而按实颇疏,君子无所取也。"详见万曼《唐集叙录》,河南大学出版社 2008 年版,第 228 页。章氏评论,极有针对性,故补记于此。

东雅堂韩昌黎集注　四十卷

　　不著撰人名氏，唯卷末各有东吴徐氏刻梓家塾小印。考陈景云《韩集点勘书后》曰："近代吴中徐氏东雅堂刊韩集，用宋末廖莹中世彩堂本。其注采建安魏仲举《五百家注》本为多。间有引他书者，仅十之三。复删节朱子单行《考异》，散入各条下，皆出莹中手也。莹中为贾似道馆客，事见《宋史·似道传》。"徐氏刊此本，不著其由来，殆深鄙莹中为人，故削其名氏并开版年月也云云。今考此本，前列重校凡例九条，内称庙讳一条，确为宋人之语，景云之说为可信。知此本为莹中注也。景云又自注此文曰："东雅堂主人徐时泰，万历中进士，官工部郎中。"今考明进士题名碑，万历甲戌科有徐时泰，长洲人，盖即其人矣。

　　【胡玉缙补正】《四库全书总目提要补正》：陆氏《藏书志》载徐氏刊本，尚有遗文一卷、集传一卷。丁氏《藏书志》亦有遗文。

　　【张佳补记】章学诚《东雅堂校刻韩文书后》，见于《校雠通义·外编》，谓此本"约既不精，增又不尽，所求非其所用，所志非其所为，世传以为佳本，相与矜之，诚不知其何所取也。"又云"此书于韩隼虽未为至，而刻厥精良，欵识古雅，置之案间，摩挲宝玩，盖亦不可少之物也。"详见万曼《唐集叙录》，河南大学出版社2008年版，第231页。东雅堂本，乃明万历中徐时泰就世彩堂本覆刻，丁丙言此本与原本毫发无差，《四部备要》即据以校刊。

韩集点勘　四卷

　　国朝陈景云撰。景云有《通鉴胡注举正》，已著录。是编取廖莹中世彩堂所注韩集，纠正其误，因汇成编。卷首注曰："校东雅堂本，以廖注为徐时泰所东雅堂所翻雕也。"末有景云自跋，称"莹中粗涉文义，全无学识。其博采诸条，不特遴择失当，即文义亦多疏舛。"今观所校，考据史传、订正训诂、删繁补阙，较原本实为精密。如《别知赋》之"一旦为仇"，证以《尔雅》；《元和圣德诗》之"麻列"，证以李白《梦游天姥》诗；《城南联句》之"疆甽"，证以《周礼》郑注；《梁国公主挽歌》之"厌翟"，证以《毛诗》郑笺；《师说》之句读，证以《经典释文》；《送韩侍御序》之所治，证以魏文帝《与吴质书》；《祭李使君文》之"惊透"，证以扬雄《方言》、左思赋；《乌氏庙碑》之"立议"，证以《汉书》颜注；《太原郡公神道碑》之"耆事"，证引王安石文；《刘统军墓志》之"父讼"，证以《汉书·段颍传》；《太傅董公行状》之"其子"，乃证以《唐书·李万荣传》。以至《郾城联句》之"㖡嗼"，证以李藩传；《进学解》之守正当为宗王，证以《新唐书》及《文粹》。皆援据精确。他如引《赤藤杖歌》，证"南宫不止称礼部"；引《唐志》"五岳四渎令"，证"庙令老人"；引德宗祔庙、高宗已祧，证讳辨之治字，亦具有典据。而于时事辨别尤详，可称善本。唯《尸子》先见《公羊传》，而云出《汉书》，稍为疏漏。又《次潼关先寄张十二阁老》诗，忽参宋人谐谑一条，非唯无预于校雠，乃并无预于韩集，殊乖体例耳。

　　【胡玉缙补正】《四库全书总目提要补正》玉缙案：陈据王象之《舆地纪胜》云："中山在溧水县，山出兔，豪为笔最精"，以证《毛颖传》之中山指此，俞樾《读昌黎先生集》，则引马永卿《嫩真子》所称《右军经》云"惟赵国豪中用"以阐之，讥陈为异说，其文颇详核，不备录。

诂训柳先生文集　四十五卷

　　唐柳宗元撰，宋韩醇音释。醇，字仲韶，临邛人，其始末未详。宗元集为刘禹锡所编。其后卷目增损，在宋时已有四本。一则三十三卷，为元符间京师开行本，一则曾丞相家本，一则晏元献家本，一则此四十五卷之本，出自穆修家，云即禹锡原本。案：陈振孙《书录解题》曰："刘禹锡作序，称编次其文为三十二通。退之之《志》若祭文附第一通之末。今世所行本皆四十五卷，又不附志文，非当时本也。"考今本所载禹锡《序》，实作四十五通，不作三十二通，与振孙所说不符。或后人追改禹锡之序，以合见行之卷数，亦未可知。要之，刻韩柳集者，自穆修始。虽非禹锡之旧第，诸家之本亦无更古于是者矣。政和中，胥山沈晦取各本参校，独据此本为正，而以诸本所余者别作外集二卷，附之于后，盖以此也。至淳熙中，醇因沈氏之本，为之笺注，又搜葺遗佚，别成一卷，附于外集之末。权知珍州事王咨为之序。醇先作《韩集全解》，及是又注柳文，其书盖与张敦颐《韩柳音辨》同时并出，而详博实过之。魏仲举《五百家注》亦多引其说。明唐觐《延州笔记》尝摘其注《南齐云碑》，不知"汧城凿穴之奇"句本潘岳《马汧督诔》，是诚一失。然不以害其全书也。

　　【胡玉缙补正】《四库全书总目提要补正》：案《增广注释音辩柳集》本，载乾道三年陆之渊序，称"《柳州内外集》凡三十三通"，是潘纬音义，尚非四十五卷之本，今本所载禹锡序，为后人追改无疑。其曰三十三通，殆以所附之韩愈志文、祭文为一通欤？李慈铭《受礼庐日记》中八七云："二王、八司马之事，千载负冤，成败论人，可为痛哭，子厚终身摧抑，见于文辞者若不胜其哀怨，而绝不归咎叔文，若《牛赋》、《吊苌弘文》、《吊乐毅文》诸作，意皆为叔文发，盖深痛其怀忠而死，雅志不遂，虽与中朝当事者言，亦但称之曰罪人，曰负罪者，终未尝显相诋斥，至

《与许孟容书》，则几讼言其冤矣。古人此等处自不可及，而世无特识，多为昌黎《顺宗实录》所压，虽欧阳文忠、宋景文、司马文正尚皆不免，可叹也夫！"

【张佳补记】岑仲勉《唐集质疑》曰："《柳河东集》（世彩本），除集注所疑所辨者外，内集中犹有可疑之作。顷见宝章阁影刊（光绪十三年）宋乾道永州本《柳柳州外集》一卷，傅孟真斯年题语云：'韩集源流，今犹可考，柳集则三十卷之旧，不可知矣。此卷之存，犹足证南宋刻本之作四十五卷者，南宋人所辑，其中当有非柳文而滥收妄取者也。凡外集几皆是定本既成后所辑，或非作者所原收，或竟后人所误传，列之别集，以当补遗，尚不乱真面，若杂入本集，后人何以识其朔乎？世彩堂本盖刻工之雄，非纂定之善也。'余按《渭南集》二七《跋柳柳州集》云：'此一卷集外文，其中多后人妄取他人之文冒柳州之名者，聊且裒类于此，子京；此三十一字宋景文公手书，藏其从孙晟家，然所谓集外文者，今往往分入卷中矣。'今观此外集一卷，凡诗文四十五首，世彩堂收入内集者三十四首，外集者八首，未收入者三首。"详见岑仲勉《唐人行第录·外三种》，中华书局2004年版，第415页。

柳宗元集的权威新注本，尹占华《柳宗元集校注》（全10册），中华书局2013年版，列入"中国古典文学基本丛书"。汇集各家旧注，并补充新注，辑入佚文，搜罗至富，比20世纪70年代末吴文治整理本又上了一个新台阶，体现了新时代的新水平。

增广注释音辩柳集　四十三卷

旧本题宋童宗说注释、张敦颐音辩、潘纬音义。宗说，南城人，始末未详。敦颐有《六朝事迹》，已著录。纬，字仲宝，云间人。据乾道三年吴郡陆之渊《序》，称为己丑年甲科，官潊山广文。亦不知其终于何官也。之渊《序》但题《柳文音义》，序中所述，亦仅及韩仿、祝充《韩文音义》传柳氏释音，不及宗说与敦颐。书中所注，各以童云、张云、潘云别之，亦不似纬自撰之体例。盖宗说之注释、敦颐之音辩，本各自为书，坊贾合纬之音义，刊为一编，故书首不以《柳文音义》标目，而别题曰《增广注释音辩唐柳先生集》也。其本以宗元本集、外集合而为一、分类排次，已非刘禹锡所编之旧。而不收王铚《伪龙城录》之类，则尚未谨严。其《音释》虽随文诠解，无大考证，而于僻音难字，一一疏通，以云详博则不足，以云简明易晓以省检阅篇韵之烦，则于读柳文者亦不为无益矣。旧有明代刊本，颇多讹字。此本为麻沙小字版，尚不失其真云。

【胡玉缙补正】陆氏《藏书志》有宋刊本四十三卷、年谱一卷、别集二卷、外集二卷、附录一卷，并载之渊《序》云·"《柳州内外集》凡二十三通"，知《音义》本止三十三卷。其案语云："每叶二十六行，每行二十三字，小字双行。"知即麻沙本，疑《提要》所见为不全本，谓本集、外集合而为一，亦与此异。张氏《藏书志》有元刊本，无年谱，丁氏《藏书志》有明依宋刊黑口本同。又有元刊小字本，无年谱、外集。又陆氏《藏书志》有钞本唐卢肇《文标集》，并载宋绍兴庚辰袁州教授南城童宗说序，是宗说官袁州教授也。

【李裕民订误】《四库提要订误》（增订本）按：潘纬原名玮，绍兴十五年（1145）进士甲科后改名（绍熙《云间志》卷中），乾道时典教舒州。乾道三年（1167），撰《柳文音义》。淳熙四年（1177）为监察御史（《宋会要·选举》一一之三三、崇儒一之四二）。五年正月，点检试卷

（《宋要会·选举》二二之三）。六年二月，为将作监（《宋会要·选举》二一之二），七月，奏论州县之弊在科扰病民（《宋会要·职官》四二之六〇）。八年（1181）八月，以朝散郎知镇江府（嘉定《镇江志》卷一五），九月，上言置闸溉民田事（《宋会要》食货六一之一二六）。九年三月，改知台州（嘉定《镇江志》卷一五）。但据嘉定《赤城志》卷九载，淳熙七年十二月至九年八月，知台州府者为唐仲友，继任者为史弥正。谓潘纬知台州当有误，或许"台州"为"吉州"之误，也可能是改除他官，或者突然去世，俟考。观其事迹，不仅有文才，亦颇长于吏事。

五百家注音辨柳先生文集　二十一卷

　　宋魏仲举编。其版式广狭、字画肥瘠，与所刻五百家注昌黎集纤毫不爽。盖二集一时并出也。前有评论、训诂，诸儒姓氏，亦不足五百家。书中所引，仅有集注、有补注、有音释、有解意，及孙氏、童氏、张氏、韩氏诸解。此外罕所征引，又不及韩集之博。盖诸家论韩者多，论柳者较少，故所取不过如此。特姑以五百家之名，与韩集相配云尔。书后外集二卷、新编外集一卷，乃原集未录之文，其二十五首。附录二卷，则罗池庙牒及崇宁、绍兴加封诰词之类，而《法言注》五则亦在其中。又附以《龙城录》二卷、序传碑记共一卷、后序一卷，而柳文纲目文安礼《年谱》则俱冠之卷首。其中如《封建论》后附载《程敦夫论》一篇。又扬雄《酒箴》、李华《德铭》、屈宋《天问》、刘禹锡《天论》之类，亦俱采掇附入。其体例与韩集稍异。虽编次丛杂，不无繁赘，而旁搜远引，宁冗毋漏，亦有足资考订者。且其本椠锲精工，在宋版中亦称善本。今流传五六百年，而纸墨如新，神明焕发，复得与昌黎集注先后同归。

　　【胡玉缙补正】《四库全书总目提要补正》：瞿氏《目录》有宋刊残本，云：“魏仲举编，原书四十五卷，今存第十六卷至二十一，第三十七卷至四十一”云云。玉缙案：《四库》本原书亦四十五卷，而只存二十一卷，《提要》未之言，足以疑误后学。

　　【张佳补记】北宋之柳集流传，共计七本：一为穆修本，即四十五卷刘梦得编本，即临安富氏连州本；一为京师本，即三十三卷京师阎氏本；一为晏殊本，此即经范偲镂版之所谓蜀本，另外两种就是沈晦所说的曾丞相家本和李石说的范才叔家藏旧本。加上《崇文总目》著录的三十卷本和沈晦的四明新本，大抵北宋都凡七本。柳集的编辑校订工作，在北宋大体完成。南宋对柳集的整理，多半偏重于音释注解。绍兴丙子年（1156）新安张敦颐首先作《柳文音释》，绍兴三十二年（1162）建安严有翼《柳文切正》继出，后南城童宗说又作《柳文音释》，乾道三年（1167）云间潘纬作《柳文音义》，淳熙丁酉（1177）临邛韩醇作《柳文诂训》，等等。《新刊五百家注音辨唐柳先生文集》，宋魏怀忠（仲举）集注，庆元六年与《新刊五百家注音辨昌黎先生文集》并刊。详见万曼《唐集叙录》，河南大学出版社 2008 年版，第 242—248 页。

刘宾客文集　三十卷

　　唐刘禹锡撰。《唐书·刘禹锡本传》称为彭城人，盖举郡望，实则中山无极人。是编亦名《中山集》，盖以是也。陈振孙《书录解题》称原本四十卷，宋初佚其十卷。宋次道裒其遗诗四百七篇、杂文二十二首为外集，然未必皆十卷所佚也。禹锡在元和初，以附王叔文被贬，为八司马之一。召还之后，又以咏《玄都观桃花》触忤执政，颇有轻薄之讥。然韩愈颇与之友善，集中有《上杜黄裳书》，历引愈言为重。又外集有《"子"刘子》自传一篇，叙述前事，尚不肯（笔者张佳案：音义同肯）诋谍叔文。盖其人品与柳宗元同。其古文，则恣肆博辨，于昌黎、柳州之外，自为轨辙。其诗，则含蓄不足，而精锐有余，气骨亦在元白上。均可与杜牧相颉颃，而诗尤矫出。陈师道称苏轼诗初学禹锡，吕本中亦谓苏辙晚年令人学禹锡诗，以为用意深远、有曲折处。刘克庄《后村诗话》乃称其诗多感慨，唯"在人虽晚达，于树似冬青"十字差为闲婉，似非笃论也。其杂文二十卷、诗十卷，明时曾有刊版，独外集世罕流传，藏书家珍为秘笈。今扬州所进钞本，乃毛晋汲古阁所藏，纸墨精好，犹从宋刻影写。谨合为　编，著之十录，用还其卷目之旧焉。

　　【胡玉缙补正】《四库全书总目提要补正》：李慈铭《孟学斋日记》乙集中三五云："中山序记诸文，简洁刻炼，于韩、柳外自成一子。其《祭昌黎文》，谓'子长于笔，我长于论，以矛御盾，卒莫能困'，王伯厚笑其不自量，未为知言。"

　　【张佳补记】宋椠刘集，元明以来未见著录，黄丕烈得一宋刊残卷本四卷，后归瞿氏铁琴铜剑楼，其《藏书目录》卷十九著录。此宋椠刘集，民国初年在日本重见天日，董康以珂罗版影印，《四部丛刊》亦据以影印。此为平安福井氏崇兰馆藏书，大正二年（1913）日本人内藤虎影印本《跋》云："宋椠《刘梦得集》三十卷，外集十卷，盖为东山建仁寺旧藏。相传千光国师入宋时所赍归。近年寺主僧天章，以方外之身，勤苦主事，并能词翰，名著士林。明治初退居西崦妙光寺，因带此书而去，既为凶奴所殪，藏书散佚，此书遂归崇兰馆。据陈振孙《书录解题》称《刘宾客集》原四十卷，宋初佚其十卷，宋次道裒其遗诗四百七篇、杂文二十二首为外集，卷数篇目与此本吻合。今通行本杂文二十卷，诗十卷，出于明刻。卷第既已不同，所录诗文，并有佚夺。又表笺各篇，有通行本存年月而此本失录、此本有年月而通行本刊落者。其余异文，多不胜举，且此本先文后笔，仍是六朝以来集部体制。若通行本先文后诗，经明刻恣改耳。外集十卷，《天禄琳琅书目》前编录汲古阁影宋本，后编又录元刻本，并称稀见。此本则正、外两集完好无缺，宋氏所裒，直斋所录，忽获睹于数百载后，可称艺林奇宝也。"详见万曼《唐集叙录》，河南大学出版社2008年版，第258页。秘笈珍本，宋椠善本，重见天壤间，岂不为之欣喜耶？

张佳又记：刘禹锡集今注本，凡三家：瞿蜕园《刘禹锡集笺证》，上海古籍出版社1989年版；蒋维崧、赵蔚芝、陈慧星、刘聿鑫《刘禹锡诗集编年笺注》，山东大学出版社1997年版；陶敏、陶红雨《刘禹锡全集编年校注》，岳麓书社2003年版。瞿蜕园笺证本博通经史，尤对历代官职和典章制度深有所得，故在笺证中能针对每一作品之具体情况，从写作时代、当代史实、本事、题意，加以阐述，广征博引，颇多发明，对诗文中人名、地名、典故也有较详尽笺释；其书以结一庐本《刘宾客集》为底本，用十多种本子作校勘，是迄今校勘最精的一种本子。蒋维崧本于注释或有可商，于编年则用力颇多。陶敏编年校注本则合众家之长，集诸本之善，匡前注之未逮，考诸家之未备，发系年、注释、考证、汇辑、辨伪之覆，不为蛇足，差可百密，至为精审。

吕衡州集　十卷

　　唐吕温撰。温，字和叔，一字化光，河中人，贞元十四年进士，官至刑部郎中，兼侍御史，后谪道州刺史，徙衡州，卒。事迹具《唐书》本传。刘禹锡编次其文，称断自《人文化成论》至《诸葛武侯庙记》为上篇。此本先诗赋，后杂文，已非禹锡编次之旧。又第六卷、第七卷志铭已阙数篇。卷末有孱守居士《跋》云："甲子岁，从钱氏借得前五卷，戊辰从郡中买得后三卷，俱宋本。第六、第七二卷均之阙如。因取《英华》、《文粹》照目写入，以俟得完本校定。"又云："第二卷《闻砧》以下十五首，宋本所无，照陈解元棚本钞入。"孱守居士，常熟冯舒之别号，盖舒所重编也。温，亦八司马之党。当王叔文败时，以使吐蕃幸免，其人品本不纯粹。而学《春秋》于陆淳、学文章于梁肃，则授受颇有渊源。集中如《与族兄皋书》，深有得于六经之旨；《送薛天信归临晋序》，洞见文字之源；《裴氏海昏集序》，论诗亦殊精邃；《古东周城铭》，能明君臣之义，以纠左氏之失。其《思子台铭序》谓"遇一物可以正训于世者"，秉笔之士未尝阙焉，其文章之本可见矣。惟《代尹仆射度女为尼表》可以不存，而《诸葛武侯庙记》以为有才而无识，尤好为高论，失之谬妄。分别观之可矣。

　　【胡玉缙补正】《四库全书总目提要补正》：顾广圻《思适斋集》是集后序云："敦甫太史校刻《吕衡州文集》，六、七两卷，出正、嘉时旧钞，独为完善，如卷六之《韦武碑》，卷七之《河东郡君志》，举世莫传者也，诚足本矣。此外如《文苑英华》三百十六卷《和李使君早秋城北亭》，三百十七卷《题从叔园林诗》，集所未见，今恐失真，皆不取入。缘《英华》撰人姓名，每有转写舛错，故六百十三卷《为信安王进写圣容真图表》，载《曲江集》第八卷中，当开元末年作，远在和叔未生之前，题下必本云张九龄，而今《英华》乃云吕温，难于尽信可知也。其六百三十八卷，《代李中丞荐道州刺史吕温状》，题下云'温自作'，盖又采诸他书，亦不以取入。至字句是非，别具考证，不复赘。"张氏《藏书志》有旧钞本十卷，后附柳宗元《诔》。陆氏《藏书志》有影写宋刊本十卷，冯巳苍校，并载冯手跋。杨氏《楹书偶录》、丁氏《藏书志》均有此本，盖辗转传钞，非一本矣。杨氏又有缺首三卷之旧钞十卷本。丁氏又有旧钞校本，载顾广圻《跋》云："《衡州集》前五卷，系吴方山旧钞本，后五卷，从正、嘉时旧钞本补全，篇目次第，与冯巳苍本悉同，且第六、第七两卷独全。中如《韦武神道碑》、《柳夫人志》，则举世莫传，此本有之，可称秘笈矣。"王士禛《蚕尾文续》是书跋云："温于诗非所长，赞颂等时有奇逸之气，如史所称《凌烟阁功臣赞》、《张始兴画像赞》及集中《三受降城》、《古东周城》、《望恩台》、《成皋》诸碑铭，皆有可传者，惟《武侯庙记》，持论颇谬。"李慈铭《桃华圣解庵日记》云："和叔之文，当时拟之左邱、班固，诚非其伦，然根柢深厚，自不在同时刘梦得、张文昌下。其文如《三受降城碑铭》、《古东周城铭》、《成皋铭》、《酹王景略文》、《凌烟阁功臣颂》、《狄梁公传赞》、《张荆州画像赞》，置之韩、柳集中亦为高作，其他书表，多有可观，议论亦甚平正，此以见'八司马'中固多君子，其气势格律皆出于学问，自非元宾辈所可及也。"

【张佳补记】吕温文集，为刘禹锡编而序之。《新唐书·艺文志四》著录《吕温集》十卷，《郡斋读书志》著录《吕温集》十卷，记云："今集先赋诗，后杂文，非禹锡本也。"《直斋书录解题》卷十六著录《吕衡州集》十卷，《宋史·艺文志七》著录《吕温集》十卷，惜宋椠久不传于世。《读书敏求记》卷四著录《吕和叔文集》十卷，记云："和叔集，绛云楼宋椠本缮写。"今传吕温文集十卷，当有三个版本系统：一为常熟冯舒本，题《吕衡州集》，《四库全书》据以采录；后有孱守居士（冯舒号）跋；一为常熟瞿氏铁琴铜剑楼藏述古堂影绛云楼宋抄本，题《唐吕和叔集》，《四部丛刊初编》据以影印，万曼《唐集叙录》，河南大学出版社2008年版，第273页，"似是最完整的本子，但讹误仍不少"。一为道光年间秦恩复校刻本，题《吕衡州文集》，《丛书集成初编》据以影印，后有顾千里《吕衡州集考证》一卷。详见赵荣蔚《唐五代别集叙录》，中国言实出版社2009年版，第261页，析其版本源流。赵荣蔚又有《吕温年谱》，三秦出版社2003年版，较刘德重《吕温生平事迹考辨》（《文史》第27辑）更加深入，烛照其一世生平可谓详矣。

张司业集　八卷

唐张籍撰。籍，字文昌，和州人，贞元十五年进士，官至国子司业。事迹附载《唐书·韩愈传》中。籍以乐府鸣一时，其骨体实出王建上。后人概称"张王"未为笃论。韩愈称"张籍学古淡，轩鹤避鸡群"，谅矣。其文，惟《文苑英华》载《与韩愈》二书，余不概见。相其笔力，亦在李翱、皇甫湜间。视李观、欧阳詹之有意铲雕，亦为胜之。昌黎集有《代籍上李淛东书》称以盲废。然集中《祭退之诗》称"公比欲为书，遗约有修章。令我署其末，以为后事程"则愈没之时，籍犹执笔作字，知其目疾已愈。世传盲废者非也。其集为张洎所编。洎《序》称"自丙午至乙丑，相次缀辑，得四百余篇"。考丙午为南唐李昪昪元元年，当晋开运三年，乙丑为宋乾德二年，盖洎搜葺二十年始成完本，亦云勤矣。陈振孙《书录解题》云："张洎所编籍诗，名《木铎集》，凡十二卷，近世汤中季庸以诸本校定为《张司业集》八卷，刻之平江。"此本为明万历中和州张尚儒与张孝祥《于湖集》合刻者。尚儒称购得河中刘侍御本，又参以朱兰嵎太史金陵刊本，得诗四百四十九首，并录《与韩昌黎书》二首，订为八卷，则已非张洎、汤中之旧。然其数不甚相远，似乎无所散佚也。

【**胡玉缙补正**】《四库全书总目提要补正》：陆友仁《吴中旧事》云："《新唐书》载'张籍，和州乌江人'，而张洎作《张司业诗序》云'籍，苏州吴郡人'，二者无可考证，今乌江有张司业宅，则疑传载为是。余以诗集考之，有《赠陆畅诗》云：'共踏长安街裹尘，吴州独作未归身。胥门旧宅今谁住？君过西塘与问人。'由是可知籍吴人无疑矣。抑亦尝寓乌江耶？"玉缙案：《韩愈集》中有《张中丞传后叙》，亦云吴郡张籍。丁氏《藏书志》有明刊本八卷，云："籍，字文昌，苏州吴郡人也。"未知何据？又云："汤中本八卷，近席氏刻者即是也。此亦八卷本，卷一五言古诗、七言古诗，卷二五言律诗，卷三五言排律，卷四七言律诗，卷五五言绝句，卷六七言绝句，卷七乐府，卷八杂诗联句。后有跋云：'辛酉岁，移告家居，因合历阳、盱江及汤侍讲本校之，得其乐府、古风、近体诗共七十九首，录于毗陵蒋氏刊本后，错字亦稍为正之。'惜不署名，或名列前序已失也。是蒋氏本初止六卷，因增入乐府等诗而为八卷。"据此，则席本即汤本，而张本外又别有八卷本。

【余嘉锡辨证】《四库提要辨证》嘉锡案：张籍，两《唐书》均附见于《韩愈传》，《旧书》不言其里贯，《新书》谓为和州乌江人。《唐诗纪事》《郡斋读书志》《唐才子传》诸书皆从之。惟《书录解题》卷十九《张司业集》条下云："汤中季庸考订其为吴郡人。"既有此一说，则无论其是否，皆所当辨，《提要》竟置之不言，盖惮于考索耳。今案席启寓刻本《张司业集》，张洎《序》后有《跋》一篇，不署姓名，盖即汤中所作，其略曰："按《唐史》所载，司业为和州乌江人，而王荆公诗乃云'苏州司业诗名老'，二说异同。然考之《昌黎集·张中丞传后序》云：'元和二年，愈与吴郡张籍同阅家中旧书'，则信其为吴人矣。但《与孟东野书》，又有'张籍在和州居丧，家甚贫'之语，当是司业生于吴，而尝居于和，故《唐史》误以为和人也。司业诗中《寄苏州白使君》云：'登第早年同座主，题诗今日是州民。'盖用晋人简帖中二字，韦苏州所谓'敬共尊郡守，笺简具州民'是也。故司业以此施之乐天。至其《寄和州使君刘梦得》则云'送客频过沙口店，看花多上水心亭'，不过纪其尝所宴游之地，而无复敬恭桑梓之意矣。即此二诗观之，益信司业之为吴人，而《唐史》之说不必惑云。"自《新唐书》既行以后，无以张籍为吴人者，故朱长文《吴郡图经续记》、范成大《吴郡志》皆无籍姓名，及汤中之说出，学者始稍稍折而从之。如《韩文五百家注》卷二《此日足可惜一首赠张籍》下引集注云："籍字文昌，吴郡人。"又卷十三《张中丞传后叙》下引孙汝听曰："张籍，苏州吴人。"是也。亡友高阆仙步瀛尝疑其无确证，见于《唐宋文举要》甲编卷五。余案元陆友仁《吴中旧事》卷一曰："《新唐书》载张籍，和州乌江，而张洎作《张司业诗序》云，籍，苏州吴郡人，二者无可考证。今乌江县有张司业宅，则疑传载为是。余因以诗集考之，有《赠陆畅》诗云：'共蹋长安街里尘，吴州独作未归身。胥门旧宅今谁在？君过西塘与问人。'由是可知籍吴人无疑矣，抑亦尝寓乌江耶？"陆氏盖未见汤中之跋，故以为无可考证，然其所引《赠陆畅》诗，则固确凿可凭，足补汤氏之阙矣。余谓张籍之为吴人而尝侨寓和州，此在《张中丞传后叙》中固有明文可考，不必别求证据也。《叙》于篇首即称吴郡张籍，其后又云：“张籍曰：有于嵩者，少依于巡。籍大历中于和州乌江县见嵩，嵩时年六十余矣，籍时尚小，粗问巡、远事，不能细也。”是则籍为吴郡人，小时尝寓乌江，昌黎所叙，原自分明，诸家于篇末一节，鲜有注意及之者，盖忽而不之察耳。昌黎《与孟东野书》，注以为贞元十六年三月作，籍以十五年登第，而其明年犹在和州居丧，盖以家贫，未能返里也。陆友仁谓乌江县有张司业宅，考《舆地纪胜》卷四十八和州古迹云：“张籍宅，在城通淮门里报恩光孝禅寺，父老传唐张水部宅基也。又有书堂山，在乌江一里，旧传张籍读书处。”若此说可信，则籍之旧宅在和州者当有两处，一在乌江，乃其小时读书之所；一在历阳，疑其居丧之时即寓于此，然不得因是便为和州人也。陆畅者，吴郡人，《昌黎集》卷五有《送畅归江南》诗，略云：“践此秦关雪，家彼吴州云。”知其即家于吴。籍因其归而念及胥门旧宅，足见其祖居故在苏州。《王建集》卷四有《送张籍归江东》诗，则籍亦非终身不归乡里者，安得为乌江人耶？宋祁修《新唐书》时，误以《张中丞传后叙》之吴郡张籍为称其郡望，如昌黎韩愈之比，遂据其篇末之言，以为和州吴江人，不知籍言大历中于和州吴江县见于嵩，正可见其非乌江人耳。如第以乌江有张司业宅为证，则历阳亦有张籍宅，籍果为何县人耶？明王鏊《姑苏志》卷三十一第宅门、卷五十四人物门，均据籍《送陆畅》诗，以籍为吴人；乾隆《一统志》卷五十六苏州人物内，亦收入张籍。是籍之里贯，早有定论，作《提要》者何不一考欤？

嘉锡又案：《唐书·艺文志》《崇文总目》《通志·艺文略》均有《张籍诗集》七卷，此不知何人所编，疑在张泊之前。《唐才子传》卷五云：“籍有集七卷传十世。”盖姑承《唐志》之旧，未必其本元时尚在也。《宋史·艺文志》则作《张籍集》十二卷，当即张泊所编之《木铎集》耳。然泊所编辑，亦非一本。《郡斋读书志》卷十七云：“《张籍诗集》五卷，张泊为之编次。”《书录解题》卷十九云：“《张籍集》三卷，川本作五卷。”又云：“《木铎集》十二卷，张泊所编。钱公辅名《木铎集》，与他本相出入，亦有他本所无者。”考张泊《序》云：“自丙午岁，迄乙丑岁，相次缉缀，仅得四百余篇，藏诸箧笥，馀更俟博访，以广其遗阙云耳。”是泊原欲陆续搜访以求完善，故其所编，遂有数本，其作五卷或三卷者，初编之本也，盖即乾德乙丑以前所缀辑；其作十二卷者，续编之本也，所谓博访以广遗阙者，后为钱公辅所得，名之为《木铎集》，以别于他本，非张洎所自名也。《提要》引之而删去"钱公辅"三字，非也。《解题》又云："《张司业集》八卷，附录一卷，汤中季庸以诸本校订，且考订其为吴郡人，魏峻叔高刻之于平江，续又得《木铎集》，凡他本所无者，悉附其末。"则《司业集》乃汤中所校定重编，魏峻为之刻行时，又取《木铎集》中逸诗附入之。今通行诸本即出于此。第明刊各本多所窜乱，唯康熙间席启寓刻《百名家集》本，独能不失宋刻之旧耳。《提要》引《解题》语不全，无以见斯集之源流，故详著之如此。

【张佳补记】张籍集今注本，凡三种：陈延杰《张籍诗注》，长沙商务印书馆1938年版，系为草创，注释简略；徐澄宇《张王乐府注》，上海古典文学出版社1957年版，合注张籍、王建"即事名篇、无复依傍"之中唐新乐府；李冬生《张籍集注》，黄山书社1989年版，后出转精。新出注本有徐礼节、余恕诚《张籍集系年校注》（全三册），中华书局2011年版，共90万字，列入"中国古典文学基本丛书"，为最精之注本。旧刊本影印则有《张司业诗集》，扬州广陵书社2015年版，上下册。

张佳又记：版本研究，有焦体检《张司业集版本源流考》，河南大学硕士论文，2002年，导师齐文榜。

皇甫持正集　六卷

　　唐皇甫湜撰。湜，睦州人，持正其字也，元和元年进士。解褐为陆浑尉，仕至工部郎中。卞急使气，数忤同省，求分司。裴度特爱之，辟为东都判官。其集，《唐志》作三卷，晁公武《读书志》作六卷，杂文三十八篇，与今本合。《唐书》本传载湜为度作《光福寺碑文》，酣饮援笔立就，度赠车马绘彩甚厚。湜曰："吾自为顾况集《序》，未尝许人。今碑字三千，一字三缣，何遇我薄耶？"高彦休《唐阙史》亦载是碑，并记其字数甚详。盖实有是作，非史之谬。然此本仅载况集《序》，而碑文已佚，即《集古》《金石》二录已均不载。此碑殆唐末尚存，故彦休得见，五代兵燹，遂已亡失欤？足证此本为宋人重编，非唐时之旧矣。其文，与李翱同出韩愈，翱得愈之醇，而湜得愈之奇崛。其《答李生三书》，盛气攻辨，又甚于愈。然如编年、纪传、《论孟子、荀子言性论》，亦未尝不持论平允。郑玉《师山遗文》有《与洪君实书》曰："所假皇甫集，连日细看，大抵不惬人意。其言语叙次，却是著力铺排，往往反伤工巧，终无自然气象。其记文中又多叶韵语，殊非大家数云云。"盖讲学之家，不甚解文章体例，持论往往如斯，亦不足辨也。集中无诗，洪迈《容斋随笔》尝记其《浯溪》一篇，以为风格无可采。陆游跋湜集，则以为自是杰作，迈语为传写之误。今考此诗为论文而作。李白集之"大雅久不作"一篇、苏轼集之"我虽不工书"一篇，即是此格，安可全诋？游之所辨是也。游集又有一《跋》，谓"司空图论诗，有皇甫祠部文集外所作，亦为遒逸之语，疑湜亦有诗集。"又谓"张文昌集无一篇文、李习之集无一篇诗，皆诗文各为集之故。"其说则不尽然。三人非漠漠无闻之流，果别有诗集、文集，岂有自唐以来都不著录者乎？

　　【胡玉缙补正】《四库全书总目提要补正》：瞿氏《目录》有旧钞本，云："以钱遵王藏本校过，世传毛刻本多脱讹，如《东还赋》'尼父聘蔡、陈一'下，脱去'困身于王者一固穷兮圣人思九州之博大胡自陷于'二十一字。《送邱儒赴举序》'一人不知子也'句下，脱去'他人知子一门不容子也'十字。钱本皆不阙，卷末补写《陶母碑》一篇。" 郑珍《巢经巢文集·跋韩诗读皇甫湜公安园池诗书其后首》云："此诗大意谓人生百年内，当留心于大者、远者，无复流连光景，费无益之心思耳。刘贡父、叶石林谓湜持正不能诗，劝使不作，并是臆谈，持正诗今存三篇，何尝非诗人吐属，特全集失传耳。"

【余嘉锡辨证】《四库提要辨证》嘉锡案：湜，《旧书》无传，《新书》附《韩愈传》后，大抵取之高彦休《唐阙史》。《提要》此节，即用本传，参以晁公武《读书志》，而增损其词。如传言求分司东都，留守裴度辟为判官，《读书志》改为裴度辟东都判官，《提要》从之，又自以意增"特爱之"三字，此大不可也。湜从度后，度能容其狂傲，固是爱才，至未辟用之前，据《唐阙史》云："湜为郎南宫，忤同列，求分务温洛，时相允之。值伊瀍仍岁歉食，正郎困悴且甚，尝因积雪，门无辙迹，庖突无烟，晋公时保厘洛宅，人有以为言者，由是卑辞厚礼，辟为留守府从事。"由是观之，度所以辟湜者，怜其贫耳，卑辞厚礼，待士之常，非独施于湜也。今云裴度特爱之，此史所未言，作《提要》者何以知之乎？且以唐制言之，当称东都留守判官，今从《读书志》称为东都判官，未审何府之判官耶？《司空图集》卷二称湜为皇甫祠部，湜《题浯溪石》诗，署衔侍御史、内供奉，本传皆不载。案：今所见影宋刻及汲古阁本，皆六卷，三十八篇，然其第五卷有《睦州录事参军厅壁记》一首，列入本卷目录，而卷首总目遗之，实三十九篇也。晁氏所言，疑亦但数总目耳。毛晋跋仍云："今总集六卷，凡三十八篇。"《提要》复言之如此，皆未细读全书也。案：姚范《援鹑堂笔记》卷三十三谓湜生于大历十二年丁巳，卒于大和四年庚戌，得年不过五十三四，以合居易"不得人间寿"之句，其实即使湜卒于大和八九年，仍不满六十，犹不得谓之寿也，何必四年耶？余因考湜之事迹，而得姚氏之说，恐后人不察，复据之以疑《新唐书》，故辨之如此。至于《提要》因今本不载福先寺碑，以证非唐时之旧，亦有不尽然者。此集宋本虽分六卷，然只三十九篇，《唐志》作三卷，其文不应更少，盖宋本但分一卷为二耳，未必有所阙佚也。至《宋史·艺文志》著录作八卷，此则当是宋人重编之本。凡宋人重编之唐集，篇数往往增多，此集亦当如此，特不知福先寺碑一篇已否增入耳。光绪初，南海冯焌光重刻汲古阁本，从《全唐文》抄出五篇，《辍耕录》抄出一篇，为补遗一卷，附刻于后。余考《全唐文》卷六百八十五及六百八十六多出之五篇，其《履薄冰赋》见《文苑英华》卷三十九；《山鸡舞镜赋》见《英华》卷一百五；《鹤处鸡群赋》见《英华》卷一百三十八，皆确为湜作。但唐人应试之作，多不入集。如韩愈之《明水赋》、柳宗元之《披沙拣金》《迎长日》《记里鼓》三赋，皆在外集，是其显证，不得谓为本集之佚文。其多出之文，恐尚不止一篇，惜不得而见之矣。案：陆游《再跋皇甫先生文集后》，见《渭南文集》卷三十，所引司空图论诗，乃《表圣文集》卷二《题柳柳州集后》之语，其略曰："金之精魔，其声皆可辨也，岂清于磬而浑于钟哉！然则作者为文为诗，才格皆可见，当当善于彼而不善于此耶？愚尝览韩史部歌诗累百首，其驱驾气势若掀雷挟电，撑抉于天地之垠，物状其变，不得鼓舞，而徇其呼吸也。其次皇甫祠部文集外所作，亦为遒逸，非无意于深密，盖或未遑耳。"此下即盛称柳诗之深远，因言杜子美《祭房太尉文》、李太白《佛寺碑赞》，乃其歌诗；张曲江五言，亦其文笔；以明诗文之可以兼工。夫韩、柳齐名，图欲称柳之诗，故先赞韩以为之配，而其次即及于湜，其视湜亦不薄矣。夫曰文集外所作，则湜自宜有诗集，陆游之言，固非臆说，然图不直言《皇甫祠部诗集》，而必曰文集外者，以湜之诗未遑深密，究不及其文，世人多读其文，不知有诗集也，故以此晓之。图于诗所得甚深，为晚唐诗人之冠，而其称湜如此，然则湜于古文家中，其诗亦韩、柳之亚也。湜诗既不传，宋人皆不之见，刘攽、叶梦得之徒又未考司空图之说，皆以为湜不能诗，此亦无足深怪。洪迈幸得其《题浯溪石》一篇，而犹口风惜殊尤可米，是以陆游讥之曰："人之所见，恐不应如此，或是传写误耳。"其实迈语甚明，何尝写误，游盖以与迈同时，姑为之解免，非真以为字之误也。《提要》谓湜与张籍、李翱若有诗文集，岂得都不著录？夫李翱本不能诗，或未必有集，至于湜诗之有集，司空图言之甚明。张籍《与韩愈书》二篇，尚附愈集以存，其文甚高，岂得无集？然卒不传者，盖散亡甚早，故《唐志》不著于录。文章之传不传，自有幸有不幸，未可一概而论也。

【张佳补记】李天明《皇甫持正文集版本源流考》，河南大学硕士论文，2003年，导师齐文榜。

李文公集　十八卷

　　唐李翱撰。翱，字习之，陇西成纪人，凉武昭王暠之裔也。贞元十四年进士，官至山南东道节度使、检校户部尚书。事迹具《唐书》本传。其集《唐·艺文志》作十八卷，赵汸《东山存稿》有《书后》一篇，称"李文公集十有八卷，百四篇，江浙行省参政赵郡苏公所藏本。"与唐志合。陈振孙《书录解题》则云"蜀本，分二十卷，近时凡有二本，一为明景泰间河东邢让钞本，国朝徐养元刻之，讹舛最甚。此本为毛晋所刊，仍十八卷，或即苏天爵家本欤？"考阎若璩《潜邱札记》有《与戴唐器书》曰"特假《旧唐书》参考，李浙东不知何名，或李翱习之全集出，尚可得其人。然老矣，倦于寻访矣云云。"则似尚不以为足本，不知何所据也。翱为韩愈之侄婿，故其学皆出于愈。集中载《答皇甫湜书》，自称高愍女、杨烈妇，传不在班固、蔡邕下，其自许稍过。然观《与梁载言书》，论文甚详。至《寄从弟正辞书》谓"人号文章为一艺者，乃时世所好之文。其能到古人者，则仁义之词，恶得以一艺名之？"故才与学虽皆逊愈，不能熔铸百氏皆如己出，而立言具有根柢。大抵温厚和平、俯仰中度，不似李观、刘蜕诸人有矜心作意之态。苏舜钦谓"其词不逮韩，而理过于柳"诚为笃论。郑獬谓其"尚质而少工"，则贬之太甚矣。集不知何人所编，观其有《与侯高第二书》，而无《第一书》，知其去取之间，特为精审。惟集中《皇祖实录》一篇，立名颇为僭越。夫皇祖、皇考，文见《礼经》，至明英宗时始著为禁令，翱在其前，称之犹有说也。若《实录》之名，则六代以来已定为帝制，《隋志》所载，班班可稽；唐宋以来，臣庶无敢称者。翱乃以题其祖之行状，殊为不经。编集者无所刊正，则殊失别裁矣。陈振孙谓集中无诗，独载《戏赠》一篇，拙甚。叶适亦谓其不长于诗，故集中无传。唯《传灯录》载其《赠药山僧》一篇。韩退之《远游联句》记其一联。振孙所谓有一诗者，盖蜀本。适所谓不载诗者，盖即此本。毛晋跋谓"迩来钞本，始附《戏赠》一篇"，盖未考振孙语也。然《传灯录》一诗，得于郑州石刻。刘攽《中山诗话》云："唐李习之不能诗，郑州掘石刻，有郑州刺史李翱诗云云。"此别一李翱，非习之。《唐书》习之传不记为郑州，王深甫编习之集，乃收此诗，为不可晓。《苕溪渔隐丛话》所论亦同。惟王楙《野客丛书》独据僧录叙翱仕履，断其实尝知郑州，诸人未考。考开元寺僧尝请翱为钟铭，翱答以书曰："翱学圣人之心焉，则不敢逊乎知圣人之道者也。吾之铭是钟也，吾将明圣人之道焉，则于释氏无益。吾将顺释氏之教而述焉，则贻乎下之人甚矣，何贵乎吾之先觉也？"观其书语，岂肯向药山问道者。此石刻亦如韩愈《大颠三书》，因其素不信佛，而缁徒务欲言其皈依，用彰彼教耳。楙乃以翱尝为郑州信之，是知其一，不知其二也。至《金山志》载翱五言律诗一篇，全剿五代孙鲂作。则尤近人所托，不足与辨。叶梦得《石林诗话》曰："人之材力有限，李翱、皇甫湜皆韩退之高弟，而二人独不传其诗，不应散亡无一篇者。计或非其所长，故不作耳。二人以非所长而不作，贤于世之不能而强为之者也。"斯言允矣。

【胡玉缙补正】《四库全书总目提要补正》：张氏《藏书志》有成化乙未刊本，何宜《序》。案阎意疑李浙东为李翱，故欲得其全集，不知李浙东乃李逊，详《韩集举正》，《提要》此处不应不一及。

【余嘉锡辨证】《四库提要辨证》嘉锡案：《唐书·艺文志》所载《李翱集》实只十卷，不作十八卷，不知《提要》何以致误。其余诸家著录者，《崇文总目》卷六十作一卷，疑即欧阳修所得之五十篇。《直斋书录解题》卷十六作《李文公集》仍为十卷，其云蜀本分二十卷者，谓但每卷分而为二，其文实无所增也。《通志·艺文略》之《李翱集》二十卷，盖即蜀本。若《宋史·艺文志》之十二卷，则不知为何本，《宋志》多脱误，恐不足据。由是观之，翱集在唐、宋间虽有十卷、二十卷之分，其实并无异同，惟《郡斋读书志》之《李文公集》，独作十八卷，疑即二十卷之本，佚其二卷耳。阎若璩知其如此，故不以为足本，《提要》未曾细考，宜乎不知其所据矣。近人萧穆《敬孚类稿》卷六《跋潜邱札记》曰："观其《与戴唐器书》云云，盖徵君之意，以近世《李文公集》尚非完书故也。文公之集，今虽不免阙略，而李浙东之名明见于集中《故处士侯君墓志》中，其云李公逊刺衢州，请治信安，其观察浙东，又宰于剡，三县皆有政，是李浙东即李逊也。宋人方崧卿《韩集举正》第六卷《代张籍与李浙东书》下，明注为李逊，且引《旧书》本传，逊以元和五年刺浙东，九年召还，此书作于六七年间，云云。方氏《韩集举正》自朱子作《韩文考异》后，遂不甚行于世，徵君当未见此本。而《旧唐书》及李习之《侯高墓志》明明载之，徵君既云参考，均不应不见，何云参考李浙东不知何名耶？以此见前辈读书亦有粗疏，不免失之眉睫也。"今案若璩盖因读昌黎《代张籍与李浙东书》而不知其名，以书中有"近者阁下从事李协律翱到京师"之语，故欲求之翱之全集，不知即今本之内已有其名，不必他求，萧氏讥之是也。余考五百家注云："韩曰：中丞名逊，字友道，荆州石首人。元和五年八月，以逊兼御史中丞，充浙东观察使。"则只需一读此注，便可知其名，何庸复加参考？若璩岂以《韩文考异》及东雅堂本《韩集》均注为李巽，疑不能明，故须考之耶？然而其为考证亦疏矣。

　　嘉锡又案：《与侯高第一书》，盖在阙卷之内，此集之非足本，即此可证，未可以为精审也。《全唐文》自卷六百三十四至六百四十，皆录李翱文，其中有在集外者八篇，光绪时南海冯焌光刻本录为补遗一卷。余尝考之，《仲尼不历聘解》见《唐文粹》卷四十六，题姓名为盛均，本非翱作。《代李尚书进画马屏风状》见《文苑英华》卷六百四十一，虽题翱名而注曰集无。《断僧相打判》、《断僧通状判》见《云溪友议》卷下，虽是翱作，而随笔游戏之文未必入集。《秘书少监马君墓志》，本集有目无文，盖刻本脱去，见《英华》卷九百四十八。《辨邪箴》，不详所出，未知是翱作否。《八骏图序》，见《唐文粹》卷九十四，乃李观之文，亦见《李元宾集》卷二。《卓异记序》，见本书卷首，然《唐志》实题作陈翱，非习之也。计八篇之中，惟《进画马状》当是二十卷本之佚文，合之韩愈《欧阳生哀辞》所言詹之事，有李翱作传，而其文已佚，可见今本之非全书矣。

　　嘉锡又案：《隋志》所载，仅此三家，《提要》以为班班可稽，其实寥寥可数耳。魏晋之际，既乏先驱，陈隋相沿，复无嗣响，《提要》乃谓六代以来，已定为帝制，不识六代属于何时，定制见于何书也。逮至有唐，每一帝殂，辄撰实录，故《玉海》卷四十八称其起自萧梁，至唐而盛，谅哉斯言。赵宋而后，天泽之分益严，不假诫谕科条，而人自不敢名行状为实录，《提要》乃以此责翱，是何异以后汉之丞相，而案先零之盗苏武牛羊者乎？此盖四库馆臣知高宗素斤斤于名分，今见此文，有干帝制，苟不指出，惧被谯诃，故不得不深文巧诋以免诘责，而不知其说之不可通也。

嘉锡又案：韩愈《昌黎集》卷十九《送孟东野序》云："孟郊东野始以其诗鸣，从吾游者，李翱、张籍其尤也。三子者之鸣信善矣，抑不知天将和其声而使鸣国家之盛耶？抑将穷饿其身，思愁其心肠，而使自鸣其不幸耶？三子者之命则悬乎天矣。"此序以翱与孟郊、张籍并称，皆言其诗，非言其文也。若如刘攽、叶适之说，翱不能诗，则愈为妄言耶？《提要》此节为阁本所无，盖修《总目》时所增定。然其为说乃至谬，今条驳之于下。（从略）刘攽、胡仔不知翱曾为郑州刺史，王楙驳之，乃不引《旧书》而引僧录，皆失之眉睫之前。盖宋人以《新书》本朝所修，奉为正史，其于《旧书》，忽不加察，固不足怪，至清时已列入二十四史，《提要》欲考翱之出处，竟不肯一检《旧书》，宁非咄咄怪事？寻其致误之由，皆因急于成篇，遂草率将事，不肯用心寻检，以致谬误层出，动成笑柄，当天禄、石渠之任，而其著作如此，素餐之讥，殆难免矣。

【张佳补记】版本研究，有郝润华《李翱与〈李文公集〉》，载《西北师大学报》1992 年第 1 期；李光富《李翱著作年代及版本考》，载《四川大学学报》1996 年第 1 期。

欧阳行周集　十卷

唐欧阳詹撰。詹，字行周，泉州人，举进士，官至四门助教。事迹具《新唐书·文艺传》。其集，有大中六年李贻孙《序》，称"韩侍郎愈、李校书观、泊君并数百岁杰出。今观詹之文，与李观相上下，去愈甚远。盖此三人同年举进士，皆出陆贽之门，并有名声。"其优劣未经论定，故贻孙之言如此。然詹之文，实有古格，在当时纂组排偶者上。韩愈《为欧阳生哀辞》称许甚至，亦非过情也。《太原赠妓》一诗，陈振孙《书录解题》力辨函髻之诬。考《闽川名士传》，载詹游太原始末甚详。所载《孟简》一诗，乃同时之所作，亦必无舛误。又考邵博《闻见后录》载妓家至宋犹隶乐籍，珍藏詹之手迹，博尝见之。则不可谓竟无其事。盖唐宋官妓，士大夫往往狎游，不以为讶，见于诸家诗集者甚多，亦其时风气使然。固不必奖其风流，亦不必讳为瑕垢也。惟王士禛《池北偶谈》摘其《自诚明论》，谓"尹喜自明诚而长生，公孙宏自明诚而为卿，张子房自明诚而辅刘，公孙鞅自明诚而佐嬴"诸句，以为离经叛道，则其说信然。然宋儒未出以前，学者论多驳杂，难以尽纠，亦存而不论可矣。

【胡玉缙补正】《四库全书总目提要补正》：张氏及陆氏《藏书志》并有旧钞本十卷，并载何焯手跋云："从吴紫臣借得所收叶文庄公家钞本，校正数处。行周文，尚当为李元宾之亚，然其诸序，固未减梁补缺，特不宜于多尔。"又载顾千里手跋云："何校叶钞多杂糅，而何自下己意，语多不确，即如第五卷《韩城西尉厅》云：'列县出于千'，乃文集最妙处，《文苑英华》八百六、《文粹》七十三，于千上多五字，皆大误，《旧唐志》贞观十三年定簿县一千五百五十一，《新唐志》开元二十八年户部帐县千五百七十三，行周此记，作于贞元十五年，已非复贞观、开元之盛，其缺不得反有五千县之多甚明矣。宜据集删《苑》、《粹》衍字，而义门反以添集何耶？"玉缙案：此跋在集中。丁氏《藏书志》有万历刊本八卷，附录一卷，为徐渤所编，前有丙午曹学佺《序》云："太原函髻一节，议者未有定论，窃谓关试而后，薄游太原，先生未入仕也，即仕矣，而唐时未尝置禁也。他如《乐津北楼句》、《闻唱凉州诗》，皆因偶见录之，形诸讽咏，其以为钟情惑溺一恸而亡者，好事之谭也。韩之哀辞曰：'贞元八年春，与詹同登第，后詹数归闽，及十五年为助教，率徒伏阙，举余为博士'，如是，则先生仕之日少而归之日多，非恋恋于膝下，而二尊人者迫之使出耶？又安见其为溺于妇人女子之一郁逾年以死也？"玉缙案：此序明其仕之日少，归之日多，较《提要》尤名通，其所见非此本，故不引曹序耳。晁公武《读书志》讥其无德行，陈振孙《书录解题》以为非实，皆不得其说而为之辞者也。

【**余嘉锡辨证**】《四库提要辨证》嘉锡案：黄璞《闽川名士传》，其书久佚，此条乃《太平广记》卷二百七十四所引，《提要》贩稗得之，而没其所出，非著书之体也。函髻之事，辨之者不止一人，真德秀《西山文集》卷三十四《跋欧阳四门集》曰："嘉定己卯，郡士林彬之为余言四门之文之行，昌黎韩文公盖极称之，至黄璞为《闽中名士传》，乃记太原妓一节，观者疑焉。近岁黄君介、喻君良能皆尝为文以辨，谓宜登载编末，以澡千载之诬。余曰：四门之行，获称于昌黎，而见毁于黄璞，后之君子将惟昌黎是信乎，抑惟璞之惑乎？二君虽无言可也，不载之编末亦可也。"王应麟《困学纪闻》卷十七亦曰："欧阳詹之行，获称于昌黎，而见毁于黄璞记太原妓，黄介、喻良能为文以辨。"则辨之者盖自介与良能始。二人之文，今不可见。陈振孙《书录解题》卷十六曰："詹之为人，有《哀辞》可信矣，黄璞何人斯，乃有太原函髻之谤，好事者喜传之，不信愈而信璞，异哉！'高城已不见'之句，乐府此类多矣，不得以为实也。然'高城已不见'之诗，题云《途中寄太原所思》，盖亦有以召其疑也。"振孙之说，疑即取之介与良能耳。至于詹之诗本是否为所亲见，抑或得自传闻，则汝砺未之言，尤邵博所不知也，而《提要》乃谓妓家至宋犹藏詹之手迹，博尝见之，可谓大误。若夫信孟简之诗，以为必无舛误，则其说固自有见，吾无讥焉。韩愈所作《欧阳生哀辞》，称其大节而讳其小过，盖朋友之义，不得不然。诸家必信愈而驳黄璞，是以名之轻重为是非，亦匪持平之论也。

【**张佳补记**】欧阳詹文集，为其子价所编，李贻孙序之。《新唐书·艺文志四》、《郡斋读书志》并著录《欧阳詹集》十卷，《直斋书录解题》

卷十六著录《欧阳行周集》五卷，《宋史·艺文志七》著录《欧阳詹集》一卷，《徐氏红雨楼书目》卷四著录《欧阳詹四门集》十卷，《传是楼书目·集部别集》著录《欧阳行周集》八卷，《五十万卷楼群书跋文·别集类》著录《欧阳先生文集》十卷、附录一卷，记云："詹集有宋十卷本。"惜宋椠今已不传。今传《欧阳行周集》十卷，《四库全书》据明正德重刻本采录，《四部丛刊初编》亦据以影印。

李元宾文编　三卷

唐李观撰。观，字元宾，赵州赞皇人，李华之从子也。贞元八年登进士第，九年复中博学宏词科，官至太子校书郎。年二十九卒。事迹具《新唐书·文艺传》李华传内。韩愈为志其墓，文载《昌黎集》中。是集前三卷为大顺元年给事中陆希声所编，希声自为之序。后为外编二卷，题曰蜀人赵昂编。希声后至宰相，昂则未详其仕履。晁公武《读书志》称昂所编，凡十四篇。此本阙帖《经日上王侍御书》一篇，又时时有阙句阙字，盖辗转传写，脱佚久矣。观与韩愈、欧阳詹为同年，并以古文相砥砺。其后愈文雄视百世，而二人之集，寥寥仅存。论者以元宾早世，其文未极，退之穷老不休，故能独擅其名。希声之《序》则谓"文以理为本，而词质在所尚。元宾尚于词，故词胜于理。退之尚于质，故理胜其词。退之虽穷老不休，终不能为元宾之词。假使元宾后退之死，亦不及退之之质。"今观其文，大抵雕琢艰深，或格格不能自达其意，殆与刘蜕、孙樵同为一格，而熔炼之功或不及，则不幸早凋，未卒其业之故也。然则当时之论，以较蜕、樵则可，以较于愈则不及。希声之《序》为有见，宜不以论者为然也。顾当雕章绘句之时，方竞以骈偶斗工巧，而观乃从事古文，以与愈相左右，虽所造不及愈，固非余子所及。王士祯《池北偶谈》诋其与孟简吏部、奚员外诸书，如醉人使酒骂坐，抑之未免稍过矣。惟希声之《序》称其文"不古不今，卓然自作一体"，品题颇当。今并录之，以弁于篇首焉。

【**胡玉缙补正**】《四库全书总目提要补正》：顾广圻《思适斋集·新刊李元宾集后序》云："秦澹生太史刊家藏旧钞本《李元宾集》，合陆希声、赵昂所编凡五卷，并取《唐文粹》、《文苑英华》等所有而两家失载者，为《续编》一卷附其末，旧钞字句，每与《英华》所注'集作'吻合，洵称精本，而《续编》亦全据'集作'，俾并存其真。又于相传有误如云

'第五伦灵台中'，以章怀所引《三辅决录》注证之，实伦少子颉事，不复易伦为颉，恐此等乃元宾本文，转因更正而有臆改之嫌，庶从事铅椠者知所规则也夫。"李慈铭《桃华圣解庵日记》云："元宾之文，昌黎以故交，且早夭，因极称之，本非定论，后人无识，遂谓其才足与昌黎并，陆希声且谓其辞胜昌黎。今平心论之，元宾卒时，年仅二十九，其文崭然自异，不肯一语犹人，使假其年，正未可量。即其所传诸篇，如《项籍碑铭》、《古受降城铭》、《吊监察御史韩弇文》、《吊泾州王将军文》、《上宰相安边书》、《代李图南上苏州韦使君论戴察书》，其文皆有奇气，余篇大率意浅语枝，嚣而无实，又少年负气，急于自见，所沾沾者惟在科名，不止王阮亭所举与奚员外、孟简两书作使酒骂坐态也。《提要》以与孙樵、刘蜕并称，盖不及孙，差过于刘耳。"

【张佳补记】岑仲勉《唐集质疑》有"中唐四李观"条，依史考证出御史李观、元宾李观、参军李观、少府李观，重名李观者盖此四人。岑仲勉先生曰："总言之，御史观、参军观，赵郡之李也；少府观，赵郡而徙洛者也；元宾李观，陇西之李也，自《新传》乱其宗，于是后之人盲然和之，如《郡斋读书志》一七云：'右唐李观元宾也，华之从子。'谬说流传，千年不悟，吾焉能不呕呕辨之。"详见岑仲勉《唐人行第录·外三种》，中华书局2004年版，第378页。岑氏《唐集质疑》又有"李观疑年"条，考李观元宾贞元十年卒，正旧史之讹，详见此书，第430页。

孟东野集　十卷

　　唐孟郊撰。郊，字东野，武康人，贞元中举进士，官溧阳尉。事迹附载《新唐书·韩愈传》。愈集中《贞曜先生墓志铭》，即为郊作也。是集前有宋敏求《序》，称世传其集编，汴吴镂本五卷，一百二十四篇；周安惠本十卷，三百三十一篇；蜀人蹇濬所纂，凡二卷，一百八十篇。取韩愈赠郊句，名之曰《咸池集》。自余诸家所杂录，不为编帙，诸本各异。敏求总括遗逸，删除重复，分十四类编集，得诗五百一十一篇，又以杂文二篇附于后，共为十卷。此本卷数相符，盖敏求所编也。郊诗托兴深微，而结体古奥。唐人自韩愈以下，莫不推之。自苏轼诗"空螯小鱼"之诮，始有异词。元好问《论诗绝句》，乃有"东野穷愁死不休，高天厚地一诗囚"之句。当以苏尚俊迈、元尚高华，门径不同，故是丹非素。究之郊诗品格，不以二人之论减价也。

　　【胡玉缙补正】《四库全书总目提要补正》：丁氏《藏书志》有明弘治仿宋刻本，题山南西道节度参谋试大理评事平昌孟郊，云郊洛阳人。陆存斋《仪顾堂续跋》载藏汲古阁影宋精本，题衔作平昌，不作武康，与此同。丁氏又有嘉靖刊本，为秦禾得宋刻重锓者，题衔作武康。玉缙案：陆氏《藏书志》亦有秦禾翻宋本，并载景定壬戌国材序，称武康代产文士，又称今保有孟保，井有孟井。《提要》不言有国材序，似所见即影宋陈氏书棚本，而不于结衔平昌二字一辨，疏矣。

　　【张佳补记】孟郊集今注本，凡四种：韩泉欣《孟郊集校注》，浙江古籍出版社1995年版；华忱之、喻学才《孟郊诗集校注》，人民文学出版社1996年版；郝世峰《孟郊诗集笺注》，河北教育出版社2002年版；李建崑、邱燮友《孟郊诗集校注》，台湾新文丰出版公司1997年版。其中华忱之曾单独校订《孟东野诗集》，人民文学出版社1959年版，校勘颇为用力；南开大学郝世峰教授笺注本注释详赡，考证细密，后出转精，堪为范本。

长江集　十卷

　　唐贾岛撰。岛，字阆仙，范阳人。初为僧，名无本，后返初服，举进士不第，坐谤责授长江主簿，终于普州司仓参军。岛之谪也，《唐书》本传谓在文宗时，王定保《摭言》谓在武宗时。晁公武《读书志》谓长江祠中有宣宗大中九年墨制石刻，陈振孙《书录解题》亦称遂宁刊本首载此制，二人皆辨其非。今考集中卷二有《寄与令狐相公诗》，不署其名；卷五有《送令狐绹相公诗》，卷六有《谢令狐绹相公赐衣九事诗》，又有《寄令狐绹相公》诗二首，则显出绹名。考绹本传，其为相在大中四年十月，与石刻墨制年号相合。然韩愈《送无本师归范阳》诗，年谱在元和六年。本传载岛卒时，年五十六，从大中九年逆数至元和六年，凡四十五年，则愈赠诗时，岛不满十岁。恐无此理。今检与绹诸诗，皆明言在长江以后，尚无显证。至送绹诗中有"梁园趋旌节"句，又有"是日荣游汴，当时怯往陈"句，当是楚镇、河中之时。若绹则未尝为是官，岛安得有是语乎？知原集但作令狐相公，遂宁本各增一绹字，以迁就大中九年之制。经晁、陈二家辨明，故后来刊本，删去此制。而诗题所妄增，则未及改正耳。晁氏称《长江集》十卷，诗三百七十九首。此本共存三百七十八首，仅佚其一，盖犹旧本。《唐音统签》载岛《送无可上人诗》"独行潭底影，数息树边身"二句之下，自注一绝云："二句三年得，一吟双泪流。知音如不赏，归卧故山秋。"晁氏其并此数为三百七十九耶？集中《剑客》一首，明代选本末二句皆作"今日把示君，谁有不平事"惟旧本《才调集》"谁有"作"谁为"，冯舒兄弟尝论之，以"有"字为后人妄改。今此集正作"谁为"，然则犹旧本之未改者矣。

　　【胡玉缙补正】《四库全书总目提要补正》：陆氏《藏书志》有陆敕先校宋本十卷，并载王远《跋》云："右大中墨敕九十四字，旧刻石祠堂中，《唐书》本传云：'文宗时，坐飞谤，贬长江主簿，会昌初，以普州司仓迁司户参军'，墓志亦记'罹飞谤，解褐责授长江簿，会昌癸亥，终于普州官舍'，苏绛当时人，志必不差，《摭言》载武宗时谪去，尤非也。然则大中恐是大和字，今不敢辄改，以俟知者辨之。"又载绍兴二年远《后序》，知此跋同时作也。案：张氏《藏书志》有精钞本，云："前有《新唐书》本传，韩文公《送岛归范阳诗》、《题浪仙赞》，及苏绛撰《墓铭》，唐宣宗赐岛墨制。"

【张佳补记】齐文榜《长江集版本源流考述》，载《文献》1991 年第 1 期。蔡心妍《长江集版本源流》，载《广西师范大学学报》2000 年第 2 期。

张佳又记：李嘉言《长江集新校》，河南大学出版社 2008 年版，后附《贾岛年谱》考证精密；陈延杰《贾岛诗注》，商务印书馆 1937 年版，虽为草创，然开是集注本之先；岑仲勉《〈贾岛诗注〉与〈贾岛年谱〉》乃一书评力作，就陈延杰《注》与李嘉言《年谱》立论、驳论交映，开篇即以"岛之疑年""岛之被谪""岛之苦吟"导夫先路，纵向深入，边破边立，至为精审，详见《岑仲勉史学论文集》，中华书局 1990 年版，第 282 页；今注本又有齐文榜《贾岛集校注》，人民文学出版社 2001 年版；黄鹏《贾岛诗集笺注》，巴蜀书社 2002 年版。相与并行，各擅其长。

昌谷集　四卷

　　唐李贺撰。贺，事迹具《新唐书·文学传》。案：贺，系出郑王，故自以郡望称陇西，实则家于昌谷。昌谷，地近洛阳，于唐为福昌县，今为宜阳县地。集中屡言归昌谷。宋张耒集有《春游昌谷访长吉故宅》诗，又《福昌怀古》诗中亦有《李贺宅》一首，其明证矣。《幽间鼓吹》称贺遗诗为其表兄投溷中，故流传者少。然但谓李藩所收耳。其沈子明所编、杜牧所序者，实未尝亡。牧《序》述子明之书，称"贺且死，尝授我平生所著歌诗，釐为四编，凡二百三十三首，则卷帙并贺所手定也"。唐宋志皆称贺集五卷，较牧序多一卷。检《文献通考》始知为集四卷，外集一卷。吴正子《昌谷集笺注》曰："京师本无后卷。有后卷，鲍本也。尝闻薛常州士龙言，长吉诗蜀本、会稽姚氏本皆二百一十九篇，宣城本二百四十二篇云云。"盖外集诗二十三首，合之则为二百四十二，除之则为二百一十九，实即一本也。惟正集较杜牧所《序》少十四首，而外集较黄伯思《东观余论》所跋少二十九首，则莫可考耳。《乐府诗集》载有贺《静安春曙曲》一首、《少年乐》一首，今本皆无之，得非伯思藏本所佚耶？正子又谓："外集词意儇浅，不类贺作，殆出后人摹仿。"然正集如《苦篁调》、《啸引》之类，句格鄙率，亦不类贺作。古人操觚，亦时有利钝。如杜甫诗之"林热鸟开口，水浑鱼掉头"，使非刊在本集，谁信为甫作哉？疑以传疑可矣。

　　【胡玉缙补正】《四库全书总目提要补正》：瞿氏《目录》有金刊本《歌诗编》四卷，云："卷第一凡五十九首，第二凡五十四首，第三凡五十七首，第四凡五十首。案《歌诗编》以临安书棚本为最善，以此本核之，有互异处"云云，历举数十条，今略之。又有影钞宋本四卷，《集外诗》一卷。玉缙案：如金本，是二百二十，非二百一十九也，未知增多何篇？抑或传写误耶？

　　【余嘉锡辨证】《四库提要辨证》嘉锡案：《新唐志》虽称《李贺集》五卷，然《宋志》实只有《李贺集》一卷、外集一卷，不知《提要》何以致误。至《郡斋读书志》卷十七，始作《李贺集》四卷、外集一卷，

《通考·经籍考》即从之转录耳。《宋志》《读书志》皆目录家所当考，何以不一检视，必待检《通考》始知有外集耶？《四部丛刊》影明刊贺集及《文苑英华》卷七百十四载杜牧《序》，均作二百二十三首，《提要》所据刻本讹"二十三"为"三十三"耳。

嘉锡又案：薛季宣《浪语集》卷三十《李长吉诗集序》曰："右《李长吉诗集》四卷，蜀本、会稽姚氏本皆二百十九篇，宣城本二百四十二篇。蜀本不知所从来，姚氏本出秘阁，宣城本出贺铸方回家。凡集三家以雠比，正舛讹，概之杜牧之序，宣城本多羡诗十九，蜀、姚氏本少亡诗四。今定诗从宣城本，从蜀，疏其异同于下，著姚氏本于上。大校宣城本不远蜀，姚氏本最为审订，皆已刊正，可传。"吴正子所谓闻之薛常州者，即引此序耳。《序》既云"蜀本、姚氏本皆二百十九篇"，又云"概之杜牧之序，蜀、姚氏少亡诗四"，可见季宣所见杜牧之序，亦作二百二十三首，与《文苑英华》同。《提要》以为牧《序》作二百三十三首，今正集少十四首者，其为刻本所误无疑也。

【张佳补记】尤振中《李贺集版本考》，载《江苏师院学报》1979 年第 3 期；张剑《李贺集版本校勘琐议》，载《中国社会科学院研究生院学报》2000 年第 1 期。又有：党黎《李贺集版本研究简述》，载《中州学刊》2004 年第 4 期，该文对李贺集刊本的京本、蜀本、会稽姚氏本、宣城本、鲍本五种版本系统进行学术史综述，可以为备。田北湖《校订昌谷集余谈》，载《国粹学报》第 43 期，万曼《唐集叙录》，河南大学出版社 2008 年版，第 291 页、298 页，记之甚详。

张佳又记：李贺集今注本，有李嘉言《李贺诗校释》，惜予遍觅而未睹；又有刘衍《李贺诗校笺证异》，尤致力于考校其异同、重出、真伪，裨益后学颇多；叶葱奇《李贺诗集疏注》采旧注入新编，而周详过之，是编之"疏"融一己之得甚深，与其《李商隐诗集疏注》同为笔者所喜所藏；王友胜、李德辉校注《李贺集》，岳麓书社 2003 年版，旧瓶装新水，新见虽无而参杂众本之长，亦足观，惜其乃是选本，尝鼎一脔，亦无可厚非矣。《三家评注李长吉歌诗》，上海古籍出版社 1998 年版，集王琦、姚文燮、方扶南三家评与注；吴企明（苏州大学）《李长吉歌诗编年笺注》（上下册），中华书局 2012 年版，广参旧注，间出己意，辑评全面，有集大成之价值。又有吴正子注、刘辰翁评《李贺诗集》，上海古籍出版社 2015 年精装版，列入"国学典藏"丛书，极简便易得。

笺注评点李长吉歌诗　四卷

　　旧本题西泉吴正子笺注，须溪刘辰翁评点。辰翁所评《班马异同》已著录；正子，则不知何许人。近时王琦作《李长吉歌诗汇解》，亦称正子时代爵里未详。考此本以辰翁之评列于其后，则当为南宋人。又外集之首，注称"尝闻薛常州士龙言"云云，士龙为薛季宣字。据《书录解题》，季宣卒于乾道九年，则正子亦孝宗时人矣。注李贺诗者，明以来有徐渭、董懋策、曾益、余光、姚佺五家本；又有邱象升、邱象随、陈悚、陈开先、杨研、吴甫六家之辨注；孙枝蔚、张恂、蒋文运、胡廷佐、张星、谢启秀、朱潮远七家之评。王琦又采诸家之说，作为《汇解》。递相纠正、互有发明，而要以正子是注为最古。贺之为诗，冥心孤诣，往往出笔墨蹊径之外，可意会而不可言传。严羽所谓"诗有别趣，非关理者"，以品贺诗，最得其似。故杜牧《序》称其"少加以理，可以奴仆命骚"。而诸家所论，必欲一字一句为之诠释，故不免辗转缪辀，反成滞相。又所用典故，率多点化其意，藻饰其文，宛转关生，不名一格。如"羲和敲日玻璃声"句，因羲和驭日而生敲日，因敲日而生玻璃声，非真有敲日事也。又如《秋坟鬼唱鲍家诗》，因鲍照有《蒿里吟》而生鬼唱，因鬼唱而生秋坟，非真有唱诗事也。循文衍义，讵得其真？王琦解"塞土胭脂凝夜紫"，不用"紫塞"之说，而改"塞土"为"塞上"，引《隋书·长孙晟传》"望见碛北有赤气"为匈奴欲灭之征。此岂复作者之意哉？正子此注，但略疏典故所出，而不一一穿凿其说，犹胜诸家之淆乱。辰翁论诗，以幽隽为宗，逗后来竟陵弊体。所评杜诗，每舍其大，而求其细。王士禛顾极称之，好恶之偏，殆不可解。唯评贺诗，其宗派见解，乃颇相近，故所得较多。今亦并录之，以资参证焉。

　　【胡玉缙补正】《四库全书总目提要补正》：张氏《藏书续志》有钞本，并载至正丁丑复古堂识语云："笺注则得之临川吴西泉，批点则得之须溪先生。"是正子为临川人。

【余嘉锡辨证】《四库提要辨证》嘉锡案：张金吾《爱日精庐藏书续志》卷四载此书传抄本，有元时书坊识语云："李长吉集，旧藏京本、蜀本、会稽本、宣城本，互有得失，独上党鲍氏本诠次为胜，今定以鲍本而参以诸家。笺注则得之临川吴西泉，批点则得之须溪先生，评论并附其中。斋居暇日，荟萃入梓，庶几观者瞭然在目。至正丁丑二月朔日，复古堂识。"由此可知正子为临川人，西泉其号也。此书《宋史·艺文志》及晁、陈、赵三家书目皆不著录，马氏《通考》卷二百三十九录其父廷鸾《空青遗文序》，有云："一日，西泉吴太史为言，此吾乡空青公也。"则正子乃宋末人。所谓闻之薛常州者，不过称引薛季宣《序》中之语，非亲闻其讲论也，恶得为孝宗时人乎？

【张佳补记】吴正子的《笺注李长吉歌诗》是南宋时期李贺诗歌的第一个注本，在宋末又附上了刘辰翁评点，传布益广，并成为明清通行底本。关于宋人吴正子生平活动情况，四库提要馆臣与余嘉锡等人皆语焉未详，今人周金标《吴正子〈笺注李长吉歌诗〉三题》（载《淮阴师范学院学报》2010 年第 4 期）、（济南大学）刘磊《南宋吴正子卒年考》（载《江海学刊》2014 年第 5 期）皆有相关说明，可初步得知他主要活动在南宋宁宗、理宗朝，推知吴正子，江西抚州临川人，在南宋后期任国史馆校勘，大约生于宁宗庆元六年（1200），卒于理宗咸淳九年（1273），朱熹刚好死于 1200 年。

绛守居园池记注　一卷

　　唐樊宗师撰，元赵仁举、吴师道、许谦注。宗师始末，俱韩愈所作墓志中。是文乃长庆三年宗师官绛州刺史，即守居构园池，自为之记。文僻涩不可句读。董逌《广川书跋》称"尝至绛州，得其旧碑。剔刮劚洗，见其后有宗师自释"。然仅略注亭榭之名，其文仍不尽可解。故好奇者多为之注。据李肇《国史补》称，唐时有王晟、刘忱二家，今并不传。故赵仁举补为此注。皇庆癸丑，吴师道病其疏漏，为补二十三处、正六十处。延祐庚申，许谦仍以为未尽，又补正四十一条。至顺三年，师道因谦之本，又重加刊定，复为之跋。二十年屡经窜易，尚未得为定稿。盖其字句皆不师古，不可训诂考证。不过据其文义推测，钩贯以求通。一篇之文，仅七百七十七字，而众说纷纭，终无定论，固其宜也。以其相传既久，如古器铭识，虽不可音释，而不得不为之旧物，赏鉴家亦存而不弃耳。宗师别有《越王楼诗序》，其僻涩与此文相类，计有功《唐诗纪事》尚载其文。诸家未注，盖偶未及检。国朝仁和孙之骥始合二篇而注之，题曰《樊绍述集》，今别著录云。

　　【胡玉缙补正】《四库全书总目提要补正》：案辛酉年，其裔孙樊镇校印元人赵、吴、许三家《注绛守居园池记》一卷，明人赵注《绛守居园池记》一卷，清初胡注《樊子》一卷，孙注《樊绍述集》二卷，张注《绛守居园池记》一卷，凡七家，共六卷。其宋人王晟、刘忱清、沈裕、孙绳武四家，尚在搜访中。陆氏《藏书志》有明刊本，并载景德元年孙冲序云："咸平六年，奉诏为绛州通判，月余，观《园池记》，其石甚卑小，文字多椎缺，因熟读，及游览园池，考其亭台池塘云云。太子中舍耿君说，知是州，将一年，尝念《园池记》既历年岁，惜其文字缺落，因磨石别刊之以传其文，冲略而序之。"玉缙案：董逌，徽、钦间人，距景德近百年，冲不言碑后有宗师自释，逌何以见之？疑即冲序，误为宗师文耳。

【张佳补记】岑仲勉先生有《〈绛守居园池记〉集释》一文，并《绛守居园池记句解书目提要》，载《岑仲勉史学论文集》，中华书局 1990 年版，第 598—627 页。笔者张佳深服其所考所注，尤其是《绛守居园池记句解书目提要》厘清元赵仁举《注》、元许谦《句疏》、清赵师尹《句解》、清张子特《注释》等注本源流，详加爬梳，可以称是焉。

王司马集　八卷

　　唐王建撰。建，字仲和，颖川人，大历十年进士，大和中为陕州司马。据《文献通考》建集十卷。此本为国朝胡介祉所校刊。凡古体二卷、近体六卷，盖后人所合并。前有介祉《序》，谓虞山毛氏曾有刊本行世，校对亦未尽善。至《宫词》自宋南渡后逸去其七，好事者妄为补之。如《泪尽罗巾》，白乐天诗也；《鸳鸯瓦上》，花蕊夫人诗也；《宝帐平明》，王少伯诗也；《日晚长秋》与《日映西陵》，乐府《铜爵台》诗也；《银烛秋光冷画屏》与《闲吹玉殿昭华馆》，皆杜牧之诗也。独杨升庵集中别载七首，云得之古本。今录于后云云。介祉所论，盖本之胡仔《苕溪渔隐丛话》，其考证皆精确。唯杨慎之言，多不足据。石鼓文尚能伪造，何有于王建《宫词》？介祉遽从而增入，未免轻信之失。至于《伤近而不见》，乃《玉台新咏》旧题，此本讹为《伤近者不见》；《江南三台》，名见《乐府诗集》及《才调集》，此本讹为《江南台》，亦未免小有所失，不能全讥毛本。但取以相较，犹为此善于彼耳。

　　【张佳补记】王建集今注本，凡两种：尹占华《王建诗集校注》，巴蜀书社2006年版；王宗堂《王建诗集校注》，中州古籍出版社2006年版。尹占华校注本附录三《王建系年考》考辨详备，较谭优学《王建行年考》更深一层。王宗堂校注本极便后学，附录两种：《王建诗集叙录》录自万曼《唐集叙录》，《王建年表》排比事迹与史事，为王氏自编，系年甚密。王宗堂本校勘，以宋临安府陈解元书籍铺刻本《王建诗集》十卷为底本，参校众本，收诗全备，且甄别真伪，考索精审；王宗堂本注释"重在笺明诗中本事及有关的人物、史实、官制、舆地沿革、典实故事、生僻词语及唐人习用语等"（《编例》）。似稍胜尹占华校注本。

　　张佳又记：白金《王建作品版本研究》，河南大学硕士论文，2005年，导师齐文榜。

沈下贤集　十二卷

　　唐沈亚之撰。下贤，亚之字也。本长安人，而原序称曰吴兴人，似从其郡望。然李贺集有《送亚之》诗亦曰："吴兴才人怨春风"，又曰："家在钱塘东复东"，则其里贯似真在吴兴者也。亚之登元和十年进士第。大和三年，柏耆宣慰德州，辟为判官。耆罢，亚之亦坐贬南康尉。是集凡诗赋一卷、杂文杂记一卷、杂著二卷、记二卷、书二卷、序一卷、策问并对一卷、碑文墓志表一卷、行状祭文一卷。杜牧、李商隐集均有《拟沈下贤诗》，则亚之固以诗名世。而此集所载乃只十有八篇。其文则务为险崛，在孙樵、刘蜕之间。观其《答学文僧请益书》，谓"陶器速售而易败，煅金难售而经久"。《送韩经略序》，亟述韩愈之言。盖亦戛然自异者也。其中如《秦梦记》《异梦录》《湘中怨解》，大抵讳其本事，托之寓言，如唐人《后土夫人传》之类。刘克庄《后村诗话》诋其名检扫地。王士祯《池北偶谈》亦谓弄玉、邢凤等事，大抵近小说家言。考《秦梦记》《异梦录》二篇，见《太平广记》二百八十二卷。《湘中怨解》一篇，见《太平广记》二百九十八卷。均注曰出《异闻集》，不云出亚之本集。然则或亚之偶然戏笔，为小说家所采。后来编亚之集者，又从小说摭入之，非原本所旧有欤？此本前有元祐丙寅重刊序，不署姓名。钱曾《读书敏求记》乃称为元祐丙申刻。考元祐元年，岁在丙寅，至甲戌已改元绍圣，中间不应有丙申。盖即此本而曾误记寅为申。又是集本十二卷，曾记为二十卷，亦误倒其文也。《池北偶谈》又记末有万历丙午徐火勃《跋》。此本无之。而别有跋曰："《吴兴文集》，十二卷，义取艰深，字多舛脱，不可卒读。因从秦对岩先生借所藏季仓苇钞本，校阅一过。"题曰辛卯仲夏，有小印曰邦采，不知为谁。然则此本校以季氏本，季氏本钞自钱氏宋刻，其源流固大概可见矣。

　　【**胡玉缙补正**】《四库全书总目提要补正》：陆氏《仪顾堂续跋》旧钞

本跋云："前有元祐丙寅无名氏刊版序，后有叶石君手书跋，是书宋以后无刊本，钞帙流传，脱讹甚多，此本脱讹较少。如卷首《梦游仙赋》'星欶晓以淡白'，淡不讹谈；'袭烈蕙之芳风'，蕙不讹薰；'赢吹既调夐湘弦'，赢不讹赢；'菱结带兮荂含丝'，不夺兮字，皆胜诸本。至《秦梦记》、《湘中怨解》列卷第二，《异梦录》列卷第四，则北宋已然矣。"玉缙案：叶《跋》称崇祯戊寅，从阊门坊中得《沈亚之集》旧钞本，见陆氏《藏书志》，然则此本盖在《提要》所见本之前。玉缙案：元祐丙寅无名氏序云："因欲命工刻镂以广其传，惜乎志有待而未能也。"是未付刊，不解《提要》及陆《跋》何以皆称为重刊序？

【余嘉锡辨证】《四库提要辨证》嘉锡案：亚之，《旧唐书》无传，《新唐书·文艺传》序云："若韦应物、沈亚之等，皆班班有文在人间，史家逸其行事，故弗得而述云。"夫史既无述，恶知其为何郡人耶？然考之诗人传记，则固有足徵者。《唐诗纪事》卷五十一曰："亚之，吴人，元和七年不第，李贺以诗送云：'吴兴才人怨春风，桃花满陌千里红。紫丝竹断骏马小，家住钱塘东复东'是也。"本集有元祐丙寅序云："公讳亚之，字下贤，吴兴人，元和十年登进士第。"《唐才子传》卷六云："亚之字下贤，吴兴人。初至长安，与李贺结交，举不第，为歌以送归。"凡此诸书，大抵以李贺诗及亚之本集为证，亚之之为吴兴人，固无疑义。然《太平寰宇记》卷九十四记湖州人物，唐有陆龟蒙、孟郊、钱起而无沈亚之，《嘉泰吴兴志》遂不著其名，该有误传亚之为长安人者，晁公武、陈振孙皆信之不疑，《提要》亦以为本长安人矣。惟冯集梧注杜牧诗能辨之耳。《樊川集》卷二有《沈下贤》一首，冯氏注曰："晁氏《读书志》，《沈亚之集》八卷。亚之字下贤，长安人。元和十年进士，累迁殿中丞、御史、内供奉，贬南康尉，终郢州掾。按沈下贤有《别权武文》，曰：'余，吴兴人，生于汧陇之阳。'又《与李给事书》云'昔年亚之以进士入贡，至京师，又明年东归。'"云云，合之牧之及李长吉诗，其为吴兴人，无可疑者。晁氏误以为长安人。陈振孙《书录解题》卷十六亦云："吴兴者著郡望，其实长安人。"陈氏吴兴人，而言若此，尤可怪也。杜牧诗云："斯人清唱何人和，草径苔芜不可寻。一夕小敷山下梦，水如环佩月如襟。"冯注于第三句下引《吴兴掌故集》曰："敷山，乌程西南二十里，在福山东。福山，俗名小敷山，唐人沈下贤居此。"嘉锡案：自刘知几作《史通·邑里篇》，深言史官书人郡望之弊，其略曰："近代史，为王氏传云琅琊临沂人，为李氏传曰陇西成纪人，非惟王、李久离本居，亦自当时无此郡县。"宋之学者深矉其说，不独于旧史所书邑里皆所不信，即唐人自叙其乡贯，亦以为郡望，必别求其所生之地以实之。宋祁《新唐书》中如此者甚多，即晁、陈二家之以亚之为长安人，亦其类也。夷考其实，魏晋世族，久离本居者固多，而南方大姓，子孙相传，虽越若干代而犹安处故土者，亦正不乏，吴兴沈氏是也。如必改书其乡里，则矫枉过直，反为通人之蔽。亚之何以为长安人，所据何书，良所未解。岂以亚之尝自言"生于汧陇之阳，而又求试于京兆。"遂意拟为长安人耶？不知《送权武序》中既自称吴兴人，又言"余自东来京师""余东拜亲于江淮"，则固明明家居吴兴。且汧山、陇山、汧水，皆在唐之陇州汧源县，其地东至上都四百余里，见《元和郡县志》卷二。则汧、陇之阳，亦非长安也。晁、陈之说，其误显然，《提要》承其误而不举所出，是甘代人受过也。又考《乾隆一统志》卷二百二是二湖州府山川类云："小敷山，在乌程县西南二十里，一名福山，唐沈亚之之居此。"其古迹类、陵墓类，有沈亚之故宅及墓，均在福山。其卷二百二十三人物类亦云："沈亚之，归安人，归安县乃宋太平兴国中析乌程地置。居小敷山下。"《一统志》乃乾隆二十九年敕撰，已收入《四库全书》。亚之之为吴兴人，固尝纪于官书，悬之国门，《提要》何不一考耶？冯集梧又云："其集，《唐书·艺文志》作九卷，《书录解题》作十二卷，《宋艺文志》同，《文献通考》又作十卷。"《提要》置之未言，故录冯说于此以备考。

嘉锡又案：原序云："杜牧、李商隐俱有拟沈下贤诗，则当时称声甚盛，而存于今者不尽见。"《郡斋读书志》因曰："李贺、杜牧、李商隐俱有拟下贤诗，亦当时名辈所称许云。"《提要》尝引李贺《送亚之》诗，知其非拟作，故删李贺二字，仍袭用其语，不知杜牧《沈下贤》诗乃赋诗以咏其人，非拟之也。惟李商隐《玉溪生集》卷一有《拟沈下贤诗》云云，乃真拟其体制耳。

【张佳补记】《新唐书·艺文志四》、《崇文总目》卷五并著录《沈亚之集》九卷，《郡斋读书志》著录《沈亚之集》十卷，《直斋书录解题》卷十六著录《沈下贤集》十二卷，《宋史·艺文志七》著录《沈亚之诗》十二卷，《国史经籍志》著录《沈亚之集》九卷。《唐才子传》卷六亦云："有集九卷，传世。"宋人旧椠，钱曾《读书敏求记》卷四著录《沈下贤文集》十二卷，此为后世流传沈集之祖本，惜此宋刊本已佚。今传《沈下贤文集》十二卷，有明万历刻本，《四部丛刊初编》据以影印，《四库全书》据编修汪如藻家藏影宋抄本采录。

　　张佳又记：今注本，有肖占鹏、李勃洋《沈下贤集校注》，南开大学出版社 2003 年版。亚之集至此而有新注本传世，且颇为精审，沾溉后学良多。

追昔游集　三卷

唐李绅撰。绅，字公垂，亳州人。元和元年进士。武宗时为中书侍郎、同中书门下平章事。事迹具《唐书》本传。此集皆其未为相时所作。晁公武《读书志》载，前有开成戊午八月绅《自序》。此本无之。诗凡一百〇一首。《新唐书》本传所载，"贬端州司马，祷神滩涨；及刺寿州，虎不为暴；为河南尹，恶少敛迹"。皆语出此集。史传事须实录，而宋祁以所自言者为据，殊难征信。且考绅之赴端州也，在夏秋之间，其妻子舟行，十月始至，其时滩水减矣，故以书《祝媪龙祠》，而江复涨，绅诗内及所自注者如此。祁乃以为绅自度岭时事，是阅其集而未审。后儒以名之轻重为文之是非，必谓《新书》胜《旧书》，似非笃论也。绅与李德裕、元稹号"三俊"。白居易亦有"笑劝迂辛酒，闲吟短李诗"句。今观此集，音节屡缓，似不能与同时诸人角争强弱。然春容恬雅，无雕琢细碎之习，其格究在晚唐诸人刻画纤巧之上也。

【张佳补记】李绅诗集，《新唐书·艺文志四》《崇文总目》卷五并著录《追昔游诗》三卷，《郡斋读书志》著录《李绅追昔游诗》三卷，《直斋书录解题》卷十九著录《追昔游编》三卷。今传《追昔游集》三卷，收诗一百零一首，有明汲古阁刻《五唐人诗集》本，《四库全书》亦加采录，民国年间上海涵芬楼亦据以影印行世。

张佳又记：今注本两种，王旋伯《李绅诗注》，上海古籍出版社1985年版，薄薄小册，未为审备，且多隙陋；卢燕平《李绅集校注》，中华书局2009年版，搜罗全帙，详加考注，后出转精。卢燕平校注本不独勘正王旋伯注本之失，且吸收若干近年来新成果，使李绅集研究上升了一个新的水平。

会昌一品集　二十卷

　　唐李德裕撰。德裕，有次《柳氏旧闻》，已著录。是编凡分三集。《会昌一品集》，皆武宗时制诰。外集，皆赋诗、杂文。《穷愁志》，则迁谪以后，闲居论史之文也。明代袁州有刊本，然仅《会昌一品集》十卷，外集四卷。此本正集二十卷、别集十卷、外集四卷，即《穷愁志》，与晁公武《读书志》所载相合，意即蜀本之旧欤？陈振孙《书录解题》称《卫公备全集》五十卷、年谱一卷。又称蜀本之外，有《姑臧集》五卷、《献替录》《辨谤略》诸书共十一卷。则其本不传久矣。史言德裕在穆宗朝为翰林学士，号令、大典册，咸出其手，而文多不传。意皆在五十卷内也。《会昌一品集序》，郑亚所作，李商隐集所谓"荥阳公"者是也。其文亦见商隐集《序》，称代亚作。而两本异同者不一。考寻文义，皆以此集所载为长，盖亚所改定之本云。

　　【胡玉缙补正】《四库全书总目提要补正》：陆氏《藏书志》有《李文饶集》三部，两明刊，一旧钞，卷数皆与此合。其《仪顾堂题跋》云："《李文饶文集》十六卷，别集十卷，外集三卷，余先有明万历刊本，后得嘉靖刊本，前有郑亚序，后有绍兴己卯袁州刊板序，万历本则缺，此外无大异同。今借月湖丁氏影宋钞本校之，始知两明刻之讹夺。《异域归忠传序》'具此四美，是谓诚有'讹作'其比四夷，悉谓诚臣'；'昔仲尼以曾参孝'讹作'昔仲凡之曾孙孝'"云云，文繁不具录。又《续跋》新刻本三十四卷跋云："江苏新刻本，后附补遗一卷，不知何人所辑。首载新授太子太师杜衍制，制词有云：'往以时事来还宰旅'，及'深惟元老'等语，则其人必宰相也。查唐世宰相杜姓十一人，无名衍者，惟宋宰相杜衍，曾为太子太师，李焘《资治通鉴长编》有云'皇祐五年八月壬子，太子太傅致仕杜衍为太子太师，以二府旧臣特迁之'，是则此文乃宋杜衍迁官制也，安得出卫公手？是刻所据，乃黄荛圃家影写宋本，胜于明万历、嘉靖诸刻,《补遗》之刻,未免画蛇添足。"

　　【张佳补记】 傅璇琮、周建国《李德裕文集校笺》,河北教育出版社 2000 年版;傅璇琮《李德裕年谱》,齐鲁书社 1984 年版,不独考索李德裕生平履历,且于政治史层面钩沉牛李党争之史料背景甚为细密,与丁鼎《牛僧孺年谱》遂为合璧之大著。

元氏长庆集　六十卷

　　唐元稹撰。稹，事迹具《唐书》本传。考稹《与白居易书》称"河东李明府景俭在江陵时，僻好仆诗章。仆因撰成卷轴，其中有旨意可观而词近古往者为《古讽》；意亦可观而流在乐府者为《乐讽》；词虽近古而止于吟写性情者为《古体》；词实乐流而止于模象物色者为《新题乐府》；声势沿顺属对稳切者为《律诗》，仍以五七言为两体，其中有稍存寄兴与讽为流者为《律讽》。"又称"有悼亡诗数十首、艳诗百余首。自十六时至元和七年，有诗八百余首，成二十卷。"又称昨巴南道中有诗五十首。又书中得七年以后所为向二百篇。然则稹三十七岁之时已有诗千余首。《唐书》本传称，稹卒时年五十三。其后十六年中又不知所作凡几矣。白居易作稹《墓志》称"著文一百卷，题曰《元氏长庆集》。"《唐书·艺文志》又载"有小集十卷。"然原本已阙佚不传。此本为宋宣和甲辰建安刘麟所传，明松江马元调重刊。自一卷至八卷前半为古诗，八卷后半至九卷为伤悼诗，十卷至二十二卷为律诗，二十三卷为古乐府，二十四卷至二十六卷为新乐府，二十七卷为赋，二十八卷为策，二十九卷至三十一卷为书，三十二卷至三十九卷为表状，四十卷至五十卷为制诰，五十一卷为序记，五十二卷至五十八卷为碑志，五十九卷至六十卷为告祭文。其卷帙与旧说不符，即标目亦与《自序》迥异，不知为何人所重编。前有麟《序》，称"稹文虽盛传一时，厥后浸以不显，惟嗜书者时时传录。某先人尝手自钞写，谨募工刻行云云。"则麟及其父均未尝有所增损。盖在北宋即仅有此残本尔。

　　【张佳补记】元稹集，《新唐书·艺文志三》著录《元氏类集》三百卷，《艺文志四》著录《元氏长庆集》一百卷，又《小集》十卷、《元白继和集》一卷、《三州唱和集》一卷，《郡斋读书志》著录《元稹长庆集》六十卷、《外集》一卷，记云："有《长庆集》百卷，今亡其四十卷。"《直斋书录解题》卷十六著录《元氏长庆集》六十卷,《崇文总目》著录《元稹制集》二卷,李绅注(笔者张佳由此生发问题意识,撰成《唐集唐注考》,拓展研究唐人注唐诗,不独有张庭芳注李峤诗,详见张庭芳注《日藏古抄李峤咏物诗注》,上海古籍出版社 1998 年影印本;又有李绅注元稹诗,线索即来自《崇文总目》卷五之著录;陈盖注胡曾诗,线索即来自《唐才子传》卷八之记载。张佳检读陶敏、李一飞《隋唐五代文学史料学》,中华书局 2001 年版,第 17 页:"隋唐五代为同时代人别集作注者极少,唯一传存者仅天宝中张庭芳作《李峤杂咏注》。"因而欲引申研究李绅注《元稹制集》二卷,姑记于此。《宋史·艺文志七》著录《元稹集》四十八卷,又《元相逸诗》二卷。《唐才子传》卷六亦云:"有《元氏长庆集》一百卷及《小集》十卷,今传。"惜其皆佚。今传《元氏长庆集》六十卷,有残宋本两种:一为浙本《元氏长庆集》,南宋乾道四年(1168)洪适据北宋宣和甲辰(1124)建安刘麟刻《元氏长庆集》六十卷覆刻于绍兴;一为蜀本《新刊元微之文集》,上海古籍出版社 1994 年影印版。又有明嘉靖壬子(1552)东吴董氏据刘麟本翻雕,《四部丛刊初编》据以影印,《四部备要》亦据以校刊。万历三十二年(1604)松江马元调又据董本翻雕覆刊《元氏长庆集》,增辑补遗六卷、附录一卷,《四库全书》予以采录。

张佳又记:《元稹集》,冀勤点校,中华书局 1982 年版,以文学古籍刊行社 1956 年版杨循吉影宋抄本为底本,校勘颇为用力,汇众校为一帙,为是集之首次整理,惜其对元稹集重出与误收未加甄别考究,杨军《元稹文集校理中的若干问题》与周相录《元稹生平与作品考索》二文皆谈及;又有杨军《元稹集编年笺注》(诗歌卷),三秦出版社 2002 年版,前有霍松林序,亦以明弘治元年(1488)杨循吉据宋本影钞之《元氏长庆集》六十卷为校勘底本,详加编年,辅以误收辨伪之考证,不独首开元稹集注本之先,亦集成了若干新研究成果。

《元氏长庆集》影印本,上海古籍出版社 1994 年版,列入"四库唐人文集丛刊"。

周相录《元稹集校注》(全 3 册),上海古籍出版社 2011 年版,列入"中国古典文学丛书",以文渊阁《四库全书》本《元氏长庆集》为校勘底本,又补遗三卷并考举吴收诗篇,下了很多功夫,注文偶有简误之处,系年倒是问题不大;吴伟斌《新编元稹集》(三秦出版社 2015 年版)与谢永芳《元稹诗全集（汇校汇注汇评）》（崇文书局2016年版）又做了不少编校、汇录工作，可以参考；冀勤《元稹集》（增订本，中华书局2010年第二版）并在2015年8月列入中华书局"中国古典文学基本丛书"系列精装"典藏本"，影响很大。

白氏长庆集　七十一卷

唐白居易撰。居易有《六帖》，已著录。案：钱曾《读书敏求记》称"所见宋刻居易集两本，皆题为《白氏文集》，不名《长庆集》。"汪立名《校刊香山诗集》亦谓："宝历以后之诗，不应概题曰《长庆》。"今考居易尝自写其集，分置僧寺。据所自记，大和九年置东林寺者二千九百六十四首，勒成六十卷；开成元年置于圣善寺者三千二百五十五首，勒成六十五卷；开成四年置于苏州南禅院者，凡三千四百八十七首，勒为六十七卷，皆题曰《白氏文集》；开成五年置于香山寺者，凡八百首，合为十卷，则别题曰《洛中集》。惟长庆四年，元稹作《白氏长庆集序》，称"尽征其文，手自排纂，成五十卷，二千一百九十一首。"又称"明年当改元长庆，迄于是，因号曰《白氏长庆集》。"则长庆一集，特穆宗甲辰以前之作。曾及立名所辨，不为无据。然《唐志》载《白氏长庆集》七十五卷，《宋志》亦载《白氏长庆集》七十一卷，而《白氏文集》之名，转不著录。又高斯得《耻堂存稿》有《白氏长庆集序》。宋人目录传于今者，晁公武《读书志》、尤袤《遂初堂书目》、陈振孙《书录解题》，亦均作《白氏长庆集》。则谓宋刻必作《白氏文集》，亦未尽然。况元稹之《序》本为《长庆集》作。而《圣善寺文集记》中载有居易自注，称"元相公先作集序并目录一卷在外"，则《长庆集序》已移弁开成新作之目录。知宝历以后之诗文均编为续集，袭其旧名矣。未可遽以总题长庆为非也。其卷帙之数，晁公武谓"前集五十卷、后集二十卷、续集五卷"，今亡三卷，则当有七十二卷。陈振孙谓"七十一卷之外，又有外集一卷"亦当有七十二卷。而所标总数乃皆仍为七十一卷，与今本合，则其故不可得详。至彭叔夏《文苑英华辨证》谓"集中《进士策问》第二道，俗本妄有所增"。又冯班《才调集评》亦称"每卷首古调、律诗、格诗之目为重刻改窜"，则今所行本已迥非当日之旧矣。

【胡玉缙补正】《四库全书总目提要补正》：张氏《藏书志》有宋绍兴刊本《白氏文集》七十一卷，云："中遇'构'字注犯御名，'桓'字注渊圣御名，盖绍兴三十年以前刊本也。"

【张佳补记】白居易集今注本有两种：朱金城《白居易集笺校》全八册，上海古籍出版社 1988 年版；谢思炜《白居易诗集校注》全六册，中华书局 2005 年版。前者重考证，考人名、史地、履历，以万历三十四年（1606）云间马元调刊刻《白氏文集》七十一卷为校勘底本，以朱金城《白居易年谱》为系年考证之结穴，陶敏先生在《隋唐五代文学史料学》中华书局 2001 年版，第 85 页也说道："朱金城《白居易集笺校》在人物史实的考订、典章制度的笺释上极见功力。"后者重校勘，以影宋绍兴刻本《白氏文集》七十一卷为底本，汇众校而兼及日本金泽文库本、伏见天皇临摹本、后水尾天皇那波道圆活字本等，网罗域外珍稀文献，几搜袤殆尽，校勘最广泛、最权威，且其注释有纠谬于朱本者，谢思炜又有《白居易集综论》，中国社会科学出版社 1997 年版，于版本研究可谓至密。顾学颉点校本《白居易集》（全四册），中华书局 1979 年版，顾校本即以南宋初绍兴刻本为校勘底本，其为最早之白集刊本；清卢文弨《白氏文集校正》校勘精审，《丛书集成初编》据以梓行。上述诸种，代有学术，接踵渐递，而不失其本，有见于是。

张佳又记：岑仲勉先生力作《论〈白氏长庆集〉源流并评东洋本〈白集〉》，分目论之，有《白氏各集编定之经过》《白氏全集源流》《宋代之吴本蜀本》等详加考索，用力精勤，罕有其匹，详见《岑仲勉史学论文集》，中华书局 1990 年版，第 26—167 页。又有日本著名学者花房英树《白氏文集的批判研究》，京都朋友书店 1960 年版，致力之深，阐述之密，与岑仲勉文不相上下。

白香山诗集　四十卷

　　国朝汪立名编。立名有《钟鼎字源》，已著录。唐白居易《长庆集》诗文各半，立名引宋祁之言，谓居易长于诗而他文未能称是，因别刊其诗，以成是集。又据元稹《序》，谓长庆时所作仅前五十卷，其宝历以后所作不应概名以《长庆》。因其归老之地，题曰《香山》。参互众本，重加编次，定为《长庆集》二十卷、后集十七卷、别集一卷，又采撷诸书为补遗二卷。而以新定年谱一卷、陈振孙旧本年谱一卷，并元稹《长庆集序》一篇、《旧唐书》本传一篇冠于首。复采诸书之有关居易诗者，各笺注于其下。居易集在东林寺者，陆游《入蜀记》称宋时已佚，真宗尝令崇文院写校，包以斑竹帙，送寺。建炎中亦坏于兵。其传于世者，钱曾所云宋本莫知存佚，旧有明武定侯家刻本，今亦罕见。世所行者，惟苏州钱氏、松江马氏二本，皆颇有颠倒讹舛。胡震亨《唐音丁签》所录，又分体琐屑，往往以一题割隶二卷，殊为丛脞。立名此本，考证编排，特为精密。其所笺释，虽不能篇篇皆备，而引据典核，亦胜于注书诸家漫衍支离，徒溷耳目。盖于诸刻之中，特为善本。其书成于康熙壬午午，朱彝尊、宋荦皆为之序云。

　　【胡玉缙补正】《四库全书总日提要补正》：王辟之《渑水燕谈》云："庐山寺白集七十卷，广明初，为高骈强取去，后四十年，有王长史者，遍求善本校正而藏之，寻又易去，颇多舛谬，真宗诏取至都下，命侍臣以诸本参订缮写，付寺僧谨藏之，"此说在《入蜀记》之前。

　　【张佳补记】检读岑仲勉先生《岑仲勉史学论文集·论〈白氏长庆集〉源流并评东洋本〈白集〉》，中华书局1990年版，第84页，第七小节之《汪编香山诗集之整理工夫》："《白香山诗集》，汪立名编，康熙四十二年癸未宋荦、朱彝尊各为之序。内分《长庆集》二十卷、《后集》十七卷、《别集》一卷、《补遗》二卷，共四十卷，又附《年谱》二卷、

《目录》一卷。《提要》许其'考证编排，特为精密……盖于诸刻之中，特为善本。'品题不虚。……汪氏盖清初整理集部家之先锋，亦此中能手也。……汪氏于搜补方面，不遗余力。"等等，比勘史料之精勤，细读文本之中绳，以岑仲勉先生为最。

鲍溶诗集　六卷

　　唐鲍溶撰。溶，字德源，元和四年进士。其仕履未详。溶诗在后世不甚著，然张为作《主客图》，以溶为博解宏拔主，以李群玉为上入室，而为与司马退之二人同居入室之例。则当时固绝重之也。其集宋史馆旧本五卷，讹题鲍防，曾巩始据《唐文粹》《唐诗类选》考正之，又以欧阳修本参校，增多三十三篇，合旧本共二百三十三篇，釐为六卷。晁公武《读书志》仍作五卷，称惟存一百九十三篇，余皆佚。此本为江南叶裕家所钞，首有曾巩校上序。今核所录，惟集外诗一卷，与曾巩新增三十三首之说合，其正集比巩序多一卷，而诗只一百四十五首。盖旧本残阙，传写者离析卷帙，以足巩《序》之数，而忘外集一卷，本在六卷中也。《全唐诗》所录较此本多十六首，较晁本多二首，而较曾本尚少三十九首，则其集之佚者多矣。

　　【张佳补记】鲍溶诗集，《新唐书·艺文志四》著录《鲍溶集》五卷，而《崇文总目》作《鲍防集》五卷，曾巩考订改正并重编为《鲍溶诗集》六卷，见《元丰类稿》卷一一《鲍溶诗集目录序》。《郡斋读书志》著录《鲍溶诗》五卷，《直斋书录解题》卷十九著录《鲍溶集》五卷，《宋史·艺文志七》著录《鲍溶歌诗》五卷。《唐才子传》卷六亦云："有集五卷，今传。"今传《鲍溶诗集》六卷，集外诗一卷，有明汲古阁刻《唐人六集》本，收诗凡一百七十七首。

樊川文集　二十卷

唐杜牧撰。牧，字牧之，京兆万年人，大和二年登进士第，官至中书舍人。事迹附载《新唐书·杜佑传》内。是集为其甥裴延翰所编。《唐·艺文志》作二十卷，晁氏《读书志》又载外集一卷。王士禛《居易录》谓旧藏杜集只二十卷，后见宋版本，雕刻甚精，而多数卷。考刘克庄《后村诗话》云："樊川有续别集三卷，十八九皆许浑诗。"牧仕宦不至南海，而别集乃有南海府罢之作。则宋本外集之外，又有续别集三卷。故士禛云然也。此本仅附外集、别集各一卷，有裴延翰序，又有宋熙宁六年田概序。较克庄所见别集尚少二卷，而南海府罢之作不收焉。则又经后人删定，非克庄所见本矣。范摅《云溪友议》曰："先是，李林宗杜牧言元白诗体舛杂，而为清苦者见嗤，因兹有恨。牧又著论，言近有元白者喜为淫言媟语，鼓扇浮嚣，吾恨方在下位，未能以法治之。"《后村诗话》因谓牧风情不浅。如《杜秋娘》、《张好好》诸诗，"青楼薄幸"之句，街吏平安之报，未知去元白几何？比之以《无伐燕》，其说良是。《新唐书》亦引以论居易。然考牧集，无此论。惟《平卢军节度巡官李戡墓志》述戡之言曰，"尝痛自元和以来，有元白诗者，纤艳不逞，非庄士雅人，多为其所破坏。流于民间，疏于屏壁，子父女母，交口教授。淫言媟语，冬寒夏热，入人肌骨，不可除去。吾无位，不得用法以治之。欲使后代知有发愤者，因集国朝以来类于古诗得若干首，编为三卷，目为《唐诗》，为序以导其志云云。"然则此论乃戡之说，非牧之说。或牧尝有是语，及为戡志墓，乃借以发之，故摅以为牧之言欤？平心而论，牧诗冶荡甚于元白，其风骨则实出元白上。其古文纵横奥衍，多切经世之务。《罪言》一篇，宋祁作《新唐书·藩镇传论》实全录之，费衮《梁溪漫志》载"欧阳修使子棐读《新唐书》列传，卧而听之。至藩镇传叙，叹曰：'若皆如此传，笔力亦不可及。'"识曲听真，殆非偶尔。即以散体而论，亦远胜元白。观其集中，有《读韩杜集》诗，又《冬至日寄小侄阿宜诗》曰："经书刮根本，史书阅兴亡。高摘屈宋艳，浓薰班马香。李杜泛浩浩，韩柳摩苍苍。近者四君子，与古争强梁。"则牧于文章俱有本末，宜其睥睨长庆体矣。

【胡玉缙补正】《四库全书总目提要补正》：《绛云楼书目》陈景云注云："陆务观云：'唐人诗文，近多刻本，惟牧之集误谬特甚'，可知此集在宋时已鲜佳本。"

【余嘉锡辨证】《四库提要辨证》嘉锡案：《宋史·艺文志》亦只有《杜牧集》二十卷，《郡斋读书志》卷十八始多出外集一卷，《直斋书录解题》卷十六同，然其《解题》云："外集皆诗也，又在天台录得集外诗一卷，别见诗集类，未知是否。"所谓集外诗，疑即指别集言之。考《通志·艺文略》已有杜牧《樊川集》二十卷，又外集一卷，又别集一卷，则南宋初年传本，固已如此。刘克庄所见之续别集三卷，既不著于前，亦不传于后，恐只是南宋末叶书坊伪造之本耳。杨守敬有此书跋云："宋椠《樊川文集》二十卷，外集一卷，别集一卷。原宋藏日本枫山官库，无刊板年月，避桓、镜等字，不避贞、慎字，当是北宋本。然每卷不为总目，而以总目居卷首，亦非唐本之旧。刘克庄《后村诗话》云：'樊川有续别集三卷，十八九是许浑诗。牧仕宦不至南海，而别集乃有《南海府罢》之作。'是刘所见者，别集之外，更有续别集。此本无续别集，故无《南海府罢》诗。《提要》误以刘所指者在别集中，又以今之别集只一卷，较刘所见少二卷，遂疑又为后人删定，不知别集有熙宁六年田概序，明云五十九首，编为一卷，此本一一相合，安得有删削之者？则知后村所见续别集，更为后人所辑，反不如此本之古。《全唐诗》编牧诗为八卷，其第七八两卷皆此本所无，而与《丁卯集》复者五首，当即后村所见之续别集中诗。考牧诗惟正集皆为牧作，其外、别两集已多他人之诗，如外集之《归家》一首为赵嘏诗，《龙邱途中》二首、《隋苑》一首见《李义山集》，别集之《子规》一首见《太白集》皆采辑之误，不独续别集有许丁卯诗也。"见今人王重民所辑《日本访书志补》。观乎此，则《提要》之误审矣。《全唐诗》所编牧诗八卷，卷一至卷四与正集同，卷五即外集，卷六即别集，七八两卷为全集所无，不知出于何本。席氏《百家诗》中《樊川集》卷六有其诗，而次序不同，然皆无《南海府罢》之作，必非刘克庄所见之续别集。杨氏之言，亦嫌附会，至其所举牧与他人复见之诗，

《全唐诗》原注皆已指出，非其所考索而得者。卷七原注所称一作许浑诗者凡六首，乃《泊松江》《宣城赠萧兵曹》《寄兄弟》《寄桐江隐者》《送太昱禅师》《题白云楼》也，杨氏以为五首，误矣。

【张佳补记】冯集梧《樊川诗集注》，陈允吉点校，上海古籍出版社1978年版，此为旧注之最善者。今注本有两种：何锡光《樊川文集校注》（上、下册），巴蜀书社2007年版；吴在庆《杜牧集系年校注》（全四册），中华书局2008年版。吴在庆本融校勘记、注释、集评为一体，足见系年考证、诗文辨伪、误收考信之全，附录《杜牧诗文系年目录》极见功力。又有《杜牧诗集》（冯注本），上海古籍出版社2015年版，列入"国学典藏"丛书精装本，装帧印刷极精美。

姚少监诗集　十卷

　　唐姚合撰。合，宰相崇之曾孙也，登元和十一年进士第。调武功主簿，又为富平、万年二县尉。宝应中历监察殿中御史、户部员外郎，出为荆、杭二州刺史，后为户、刑二部郎中、谏议大夫、陕、虢观察使。开成末，终于秘书少监。然诗家皆谓之"姚武功"，其诗派亦称"武功体"，以其早作《武功县诗》三十首，为世传诵，故相习而不能改也。合选《极玄集》，去取至为精审。自称所录为诗家"射雕手"，论者以为不诬。其自作则刻意苦吟，冥搜物象，务求古人体貌所未到。张为作《主客图》以李益为清奇雅正主，以合为入室。然合诗格与益不相类，不知为何以云然？其集在北宋不甚显，至南宋永嘉四灵，始奉以为宗。其末流写景于琐屑，寄情于偏僻，遂为论者所排。然由模仿者滞于一家，趋而愈下，要不必追咎作始，遽惩羹而吹韭也。此本为毛晋所刻，分类编次，唐人从无此例。殆宋人所重编。晋《跋》称"此为浙本，尚有川本，编次小异"，又称"得宋治平四年王颐石刻《武功县诗》三十首，其次序、字句皆有不同"。然则非唐时旧本审矣。

　　【张恮补记】姚合集今注本，有刘衍《姚合诗集校考》，岳麓书社1997年版；吴河清《姚合诗集校笺》，上海古籍出版社2009年版。版本研究，有史广超《姚合诗集版本研究》，河南大学硕士论文，2003年，导师齐文榜。

　　又记：岑仲勉《唐集质疑》有《姚合与李德裕及其系属》，条陈史料可谓备矣，详见岑氏《唐人行第录·外三种》，中华书局2004年版，第470页。

李义山诗集　三卷

　　唐李商隐撰。商隐，字义山，怀州河内人，开成二年进士。释褐秘书省校书郎、调弘农尉。会昌二年又以书判拔萃。王茂元镇河阳，辟为掌书记。历佐幕府，终于东川节度判官、检校工部郎中。事迹具《唐书·文艺传》。商隐诗与温庭筠齐名，词皆缛丽。然庭筠多绮罗脂粉之词，而商隐感时伤世，尚颇得风人之旨。故《蔡宽夫诗话》载王安石之语，以为"唐人能学老杜而得其藩篱者，惟商隐一人"。自宋杨亿、刘子仪等沿其流波，作《西昆酬唱集》，诗家遂有"西昆体"。至伶官有挦撦之讥，刘攽载之《中山诗话》，以为口实。元祐诸人，起而矫之。终宋之世，作诗者不以为宗。胡仔《渔隐丛话》至摘其《马嵬诗》《浑河中诗》诋为浅近。后江西一派渐流于生硬屠鄗，诗家又返而讲温、李。自释道源以后，注其诗者凡数家，大抵刻意推求、务为深解，以为一字一句皆属寓言，而《无题》诸篇穿凿尤甚。今考商隐《府罢》诗中有"楚甫含情皆有讬"句，则借夫妇以喻君臣，固尝自道。然《无题》之中有确有寄托者，"来是空言去绝踪"之类是也；有戏为艳体者，"近知名阿侯"之类是也；有实属狎邪者，"昨夜星辰昨夜风"之类是也；有失去本题者，"万里风波一叶舟"之类是也；有与《无题》相连误合为一者，"幽人不倦赏"之类是也。其摘首二字为题，如《碧城》《锦瑟》诸篇，亦同此例。一概以美人香草解之，殊乖本旨。至于流俗传诵，多录其绮艳之作，如集中《有感二首》之类。选本无从及之者。取所短而遗所长，益失之矣。

　　【张佳补记】《李义山诗》三卷，有钱谦益手校宋钞本，宣统己酉（1909）长洲蒋氏印行，蒋斧跋称其为"传世李集第一"。国光社影印绛云主人写校本《李商隐诗集》三卷，蒋斧《跋》云："《李义山诗集》，《新唐书·艺文志》作《玉溪生诗》三卷，宋以来著录则或称《李义山诗》（《崇文总目》），或称《李义山集》（《遂初堂书目》、《直斋书录解题》、《文献通考》），或称《李商隐诗集》（《宋史·艺文志》），知李集在宋盖有数本，其称名虽与《唐志》不合，而卷数则同。国朝目录家所著录，《绛云》、《述古》并有《李商隐诗集》三卷，《爱日精庐》著录二本：一《李义山集》旧抄校本，有护净居士跋；一《李商隐诗集》毛板校北宋本，有陈鸿跋，并三卷。此本为东涧老人手写，以朱墨笔一再校勘，其标题初作《李义山诗》，嗣以朱笔改诗为集，又以墨笔改《李商隐诗集》，标题之次行初有太学博士李商隐义山款一行，嗣以朱笔抹去，又加墨勒，其朱笔校语所据诸本，曰原本、曰钞本、曰又一旧抄本、曰一本、曰陈本、曰刻本、曰新本。又据《才调集》、《瀛奎律髓》、《唐绝句选》、《唐诗品汇》诸书所选一一校之，而独未著原本所自出，其墨校亦不言所据何本。斧按：此本初署题曰《李义山集》，署名太学博士李商隐义山，与陈氏《解题》本正合，知据以移录之本亦宋本也。《爱日精庐》所藏旧抄本，护净居士跋云：先用钱副宪春池本写，有篇次，无卷目，后得钱牧斋礼部宋版，始有卷目，又云孙方伯功父以一本见示，凡钱本之可疑者，一朝冰释，乃知钱本直坊本耳。钱本亦有佳处，并记卷端云云。护净居士所诋钱本为坊本者，殆指东涧手写之原本也，至墨笔校改，殆据北宋本，其署题作《李商隐诗集》与《宋志》及述古堂所藏影钞北宋本，陈鸿所据以校之北宋本均合，知所据为北宋本，殆无可疑。《绛云》所著录或即此本也。吾友罗叔言参事，曩得此本于南汇沈氏国光社，主人借付影印，斧即为雠校雠之役，并为考其源流，知此本从宋本迻录，据北宋本校改，又据宋以来选本一一比勘，至为精密，为传世李集第一善本。且出自东涧手写，大可珍矣。谨识语于卷末，以质世之言曰录学者。宣统改元闰月二十七日吴县蒋斧跋于宣南之唐韵簃。"（转引自万曼《唐集叙录》，河南大学出版社2008年版，第363页。）

张佳又记：黄世中《类纂李商隐诗笺注疏解》（全五册），黄山书社2009年版，为最新整理本。分类而梳理，详加以纂笺，与刘学锴、余恕诚《集解》本不相上下，而二十年来学界研究之新成果，赅备于是焉。一代有一代之学术，自古为然，信矣。笔者张佳鸠书庵珍藏之叶葱奇《李商隐诗集疏注》，人民文学出版社1985年版，此书前言中说："李商隐诗最早有刘克、张文亮二家注本，但是原本久已遗佚。明末释道源始又为李商隐诗作注，然而那个注本今天也不复存在。我们现在所能见到的李商隐诗集最早的完整注本，就是清初朱鹤龄删补道源旧本而撰成的《李义山诗注》三卷。朱鹤龄注本虽然征引故实、援据史传不及其他各家注本完备，但他非常重视李商隐诗作的政治思想倾向，深刻地指出了李商隐诗寄托深微、多寓忠愤，与温庭筠、段成式的绮靡香艳的诗篇迥然不同，纠正了长期以来把李商隐视为无行文人的传统看法。他笺注李商隐诗集的草创之功，确是不可泯灭的。后来沈厚塽把何焯、朱彝尊、纪昀三家对李商隐诗的评点辑入朱注，就成为通行的《李义山诗集辑评》。姚培谦的《李义山诗集笺注》和屈复的《玉溪生诗意》，完全以朱鹤龄注本为依据，增省的地方很少，而疏解义蕴则间有所得。程梦星的《重订李义山诗集笺注》和姚培谦、屈复两家的注本相比，略胜一筹，但是增注的地方往往过于繁冗重复，对朱鹤龄的疏漏错误之处也很少纠正。冯浩钩玄探微，对李商隐诗文的注释用力最勤，他的《玉溪生诗详注》与《樊南文集详注》广泛吸取了前人和当时学者对李商隐诗的评注研究成果，在各个方面都有很大的突破，对李商隐的生平事迹的考订，尤其远远超过了朱鹤龄。但是他的缺点是喜欢标新立异，许多地方有意和朱鹤龄不同，甚至也和他指责朱鹤龄那样伪造妄增，而解说义蕴时也不免常常流于穿凿附会。"叶葱奇的《李商隐诗集疏注》以朱鹤龄本为底本，体例则在"注释"之外，另有"疏解"，"以对篇中之兴寄、寓意等撮要阐发"，于旧说误处详加驳正，并在"疏解"中着重考究其历史背景，阐发而论之。叶氏此书不易见，而佳皮藏之，何其幸也。

张佳又记：版本研究，黄世中《李商隐诗版本考》，载《文学遗产》1997年第2期；刘学锴《李商隐诗集版本系统考略》，载《安徽师范大学学报》1997年第4期。

李义山诗注　三卷

　　国朝朱鹤龄撰。鹤龄有《尚书埤传》已著录。李商隐诗旧有刘克、张文亮二家注本，后俱不传。故元好问《论诗绝句》有"诗家总爱西昆好，只恨无人作郑笺"之语。案西昆体乃宋杨亿等模拟商隐之诗，好问竟以商隐为西昆，殊为谬误，谨附订于此。明末释道源始为作注。王士祯《论诗绝句》所谓"獭祭曾惊博奥殚，一篇锦瑟解人难。千秋毛郑功臣在，尚有弥天释道安"者，即为道源是注作也。然其书征引虽繁，实冗杂寡要，多不得古人之意。鹤龄删取其十一，补辑其十九，以成此注。后来注商隐集者，如程梦星、姚培谦、冯浩诸家，大抵以鹤龄为蓝本，而补正其阙误。惟商隐以婚于王茂元之故，为令狐绹所挤，沦落终身。特文士轻于去就，苟且目前之常态。鹤龄必以为茂元党李德裕，绹父子党牛僧孺。商隐之从茂元为择木之智，涣邱之公。然则令狐楚方盛之时，何以从之受学。令狐绹见仇之后，何以又屡启陈情？《新旧唐书》班班具在，鹤龄所论未免为回护之词。至谓其诗寄托深微，多寓忠愤，不同于温庭筠、段成式绮靡香艳之词，则所见特深，为从来论者所未及。惟所作《年谱》，于商隐出处及时事颇有疏漏，故多为冯浩注本所纠。又如《有感二首》，咏文宗甘露之变者，引钱龙惕之笺，以李训、郑注为"奉天讨，死国难"，则触于明末珰祸，有激而言。与诗中"如何本初辈，自取屈牦诛。临危对卢植，始悔用庞萌。"诸句，显为背触，殊失商隐之本旨。又《重有感》一首，所谓"窦融表已来关石，陶侃军宜次石头"者，竟以称兵犯阙望刘从谏。汉十常侍之已事，独未闻乎？鹤龄又引龙惕之语不加驳正，亦未免牵就其词。然大旨在于通所可知，而阙所不知，绝不牵合新旧《唐书》，务为穿凿。其推陷廓清之功，固超出诸家之上矣。

　　【张佳补记】朱鹤龄《李义山诗注》三卷，按葛兆光《古诗文要籍叙录》所说，成书于顺治十六年（1659），是书在明释石林（道源）注基础上撰成，"然而，这部笺注在考订诗歌创作年代、疏通典故字词的实际含义、征引参考资料与诗句相映证，乃至探讨诗歌的旨意上，都有筚路蓝缕的开创之功"（《古诗文要籍叙录》，第 345 页）。

　　张佳案：《新唐书·艺文志四》著录《玉溪生诗》三卷，《崇文总目》卷五著录《李义山诗》三卷，《郡斋读书志》记其诗五卷，《遂初堂书目》著录《李义山集》，未言卷数，《通志·艺文略八》著录《玉溪生诗》一卷，《直斋书录解题·诗集类上》卷十九著录《李义山集》三卷，《宋史·艺文志七》著录李商隐《诗集》三卷，《国史经籍志》卷五著录《玉溪生诗》一卷，《世善堂藏书目录》著录《李义山诗集》三卷，《唐才子传》卷七亦云："有《玉溪生诗》三卷。"则知李商隐诗集，宋以来流传于世者有三卷本、五卷本、一卷本。有明毛晋汲古阁刻《唐人八家诗》本，刘学锴、余恕诚《李商隐诗歌集解》（全五册），中华书局 1998 年版，即以明汲古阁刊本为校勘底本。张佳又案：李商隐诗清代以前古注本，据宋人蔡绦《西清诗话》载，都人刘克尝注杜子美、李义山诗，又明人唐觐《延州笔记》载张文亮《义山诗注》，二家注本今均不传。有明释道源（石林）注本，原本已佚，又有明钱龙惕《玉溪生诗笺》三卷，为现存最早李集注本，刘学锴集解本汇录之，有清乾隆沈氏抄本，据钱氏戊子仲夏写之《玉溪生诗笺叙》（刘学锴、余恕诚《集解》第五册，第 2020 页），知其为释道源之弟子；明末清初朱鹤龄《李义山诗集笺注》三卷，系删补释道源注本而来，并采钱龙惕、陈帆、潘畔之说为笺，成为后来是集整理与流布之蓝本。

　　朱鹤龄注本《李商隐诗集》，田松青点校，上海古籍出版社 2015 年版，列入"国学典藏"丛书精装本。版本价值极高。

李义山文集笺注　十卷

清朝徐树榖笺，徐炯注。树榖，字艺初，康熙乙丑进士，官至山东道监察御史。炯，字章仲，康熙壬戌进士，官至直隶巡道。皆昆山人。考《旧唐书·李商隐传》，称有《表状集》四十卷；《新唐书·艺文志》称李商隐《樊南甲集》二十卷、乙集二十卷、《玉溪生诗》三卷、文赋一卷；《宋史·艺文志》称《李商隐文集》八卷，《四六甲乙集》四十卷、别集二十卷、诗集三卷。今唯诗集三卷传，文集皆佚。国朝吴江朱鹤龄始裒辑诸书，编为五卷，而阙其状之一体。康熙庚午，炯典试福建，得其本于林佶，采摭《文苑英华》所载诸状补之，又补入《重阳亭铭》一篇，是为今本。鹤龄原本虽略为诠释，而多所疏漏，盖犹未尽之稿。树榖因博考史籍，证验时事，以为之笺。炯复征其典故训诂，以为之注。其中《上崔华州书》一篇，树榖断其非商隐作。近时桐乡冯浩注本，则辨此书为开成二年春初作，崔华州，乃崔龟从，非崔戎；故贾相国乃贾𫗧，非贾耽；崔宣州乃崔郸，非崔群。引据《唐书》纪传，证树榖之误疑。又《重阳亭铭》一篇，炯据《全蜀艺文志》采入，冯浩注本则辨其碑末结衔及乡贯皆可疑，知为旧碑漫漶，杨慎伪补足之。援慎伪补樊敏、柳敏二碑，证炯之误信。又据《成都文类》采入《为河东公上西川相国京兆公书》一篇及逸句九条，皆足补正此本之疏漏。然《上京兆公书》乃案牍之文，本无可取，逸句尤无关宏旨。故仍以此本著于录焉。

【余嘉锡辨证】《四库提要辨证》嘉锡案：《新唐书·艺文志》于李商隐《樊南甲乙集》及《玉溪生诗》外，又有赋一卷、文一卷，非文赋一卷也。《宋史·艺文志》除《提要》所举外，亦有李商隐赋一卷，又杂文一卷，总集类有李商隐《桂管集》二十卷。盖《樊南集》皆骈俪之文，其杂文一卷，则古文也。《崇文总目》仅有《李义山诗》三卷，《玉溪生赋》一卷，《樊南四六甲集》二十卷，《樊南四六乙集》二十卷。其《宋志》著录之文集八卷，为《唐志》及《崇文总目》所无，始见于《郡斋读书志》卷十八，略云："《樊南甲乙集》皆四六，又有古赋及文共三卷，辞皆恢诡；诗五卷，清新纤艳。"此盖宋人取其古赋及杂文，分为三卷，又分诗为五卷，合成此集。故《读书志》于其文、赋及《玉溪生诗》，不别著于录。若《直斋书录解题》卷十六别集类，既有《李义山集》八卷，又有《玉溪生诗》三卷，此不知何人所析出。而其卷十九诗集类之《李义山诗》，则仍作三卷，不用五卷之本，骤观之，第觉纷纭重复耳。《提要》于商隐著作，言之不详，故为更考之如此。嘉锡又案：冯浩所注，名《樊南文集详注》，凡八卷。《重阳亭铭》在卷八，铭末题云："唐大中八年九月一日，太学博士河内李商隐撰。"冯氏注云："义山由太学博士出充梓幕，此仍书京职，而宋本诗集亦首标太学博士李商隐义山，不及他衔者，重王朝、尊儒职也。"此正言其自称博士之故，《提要》乃谓浩辨其碑末结衔为可疑，是未细读冯注也。注又云："《金石录》，此碑李商隐撰，正书，无姓名，大中八年也。《全蜀艺文志》，碑在隆庆府东山之阳，石刻今存，亭圮后，宋治平中再建，明正德中又建。《四川通志》，重阳亭，在剑门驿东鸣鹤山上，今圮。"又云："此文徐氏采之《全蜀艺文志》，而余取原书覆校者也。《金石录》无跋语，亭屡建屡圮，碑文必多剥落矣。今所登者缺字尚少，词义略见古趣，使果出义山手，何无矫然表异者乎？义山自称，或曰玉溪，或曰樊南，其郡望则陇西，故他人称之曰成纪，此书'河内'，虽合史传，而准之文翰，则可疑也。徐刊本作河南，岂别有据，抑传写之讹欤？余颇疑碑文久漫漶，而杨用修为补全之，恐未可笃信也。"又云："《全蜀艺文志》，用修所最矜喜者，得《汉太守樊敏碑》于芦山，《汉孝廉柳庄敏碑》于黔江也。实则《柳碑》仅存其名而未能追补矣。孝廉讳敏，何为加庄字哉？《巴君太守樊君碑》，赵氏《金石录》云首尾完好，至明弘治中，李一本磨洗出之，不可读者过半，用修何以竟得一字无损之原刻哉？洪氏《隶释》，《柳敏碑》有阙字，而文本不多，碑在蜀中。《樊敏碑》颇全，惟后共阙七字，碑在黎州。用修据此而补全之，则亦易矣。用修所云，何可尽信哉！"冯氏言杨慎于《柳敏碑》未能追补，而《提要》谓伪补此二碑，是亦读书不细之过也。《重阳亭铭》既著于《金石录》，其文为商隐所撰，无可复疑。冯氏疑其原碑剥落，为杨慎所补全，此特意揣之词，毫无实据。文中尚阙十字，如慎果尝补全，何不使之完好无阙乎？铭与序俱古雅，甚似汉魏人文字，何以见其不出义山之手？两《唐书》均称商隐怀州河内人，冯氏作《年谱》，以为义山旧居郑州，迁居怀州。钱振伦《年谱订误》，据商隐所撰曾祖妣状，知李氏实自怀迁郑，至义山通籍，始奉其曾祖妣返葬于怀。然则怀州实其祖籍，铭中自称河内，有何可疑耶？是徐炯之采此铭，原非误信，冯氏之说，反属误疑也。惟是冯氏之为详注，实能贯穿史传，博采群书，旁参互证，用心至为细密，过于徐氏笺注远甚。如卷一《为京兆公陕州贺南郊敕表》，徐氏以京兆公为杜悰，而旧、新《传》悰无出守陕州之事，遂谓史文失此一迁。冯氏考之《通鉴》及《旧书》，知非杜悰而是韦温，韦氏自汉徙京兆杜陵，所谓"城南韦杜"，京兆之称，不专属杜也。徐氏本有《为成魏州贺瑞雪庆云日抱戴表》，冯氏考之《文苑英华》卷五百六十一，此表题下本缺人名，而魏州至文宗时为何进滔父子所据，其地乃节度使治所，不得有他刺史。《英华》卷五百六十六别有崔融《为魏州成使君贺白狼表》，知此篇亦融所作。其卷三《献相国京兆公启》，徐氏亦以为杜悰，冯氏谓与《述德抒情》诗二篇"早岁乖投刺，今晨幸发蒙"，情事迥别，考之新旧《纪》《传》，知为韦琮，启为韦分司东都，义山途次相遇所献。凡此诸条，皆非炯等所及。《提要》之意，亦谓冯注胜于徐氏，然仍用笺注本著录，而于冯氏详注并不存其目者，盖以《详注》成于乾隆三十年，冯浩本人至嘉庆六年始卒，故用《文选》不录生存人例，以避标榜之嫌，《玉溪生诗详注》之不入存目亦即因此；又不欲没其所长，故于《提要》中委曲示意，而不欲质言之。此正如其屡引《潜研堂文集》，而钱氏所著书却不著录也。其谓冯氏所补《上京兆公书》乃案牍之文，逸句诸条无关宏旨者，托词焉耳，其书之著录与否，岂关于此耶？

【张佳补记】刘学锴、余恕诚《李商隐文编年校注》（全五册），中华书局2002年版，新帙足以集其大成，于编年于校注，无不止步焉。

温飞卿集笺注　九卷

　　明曾益撰。顾予咸补辑，其子嗣立又重订之。凡注中不署名者，益原注；署补字者，予咸注；署嗣立案者，则所续注也。益，字予谦，山阴人，其书成于天启中。予咸，字小阮，长洲人，顺治丁亥进士，官至吏部考功司员外郎。嗣立，字侠君，康熙壬辰进士，由庶吉士改补中书舍人。曾注谬讹颇多，如《汉皇迎春词》，乃咏汉成帝时事，而以汉皇为高祖；《邯郸郭公词》为北齐乐府，旧题郭公者，傀儡戏也，旧本讹"词"为"祠"，遂引东京郭子仪祠以附会"祠"字之讹。嗣立悉为是正，考据颇为详核。然多引白居易、李贺、李商隐诗为注，虽李善注《洛神赋》《远游》屡字引《繁钦定情诗》为证，古人本有此例。然必谓《夜宴谣》"裂管"字，用白居易"翕然声作如管裂"句；《晓仙谣》下"视九州"字，用贺"遥望齐州九点烟"句；《生禖屏风歌》"银鸭"字，用商隐"睡鸭香炉换夕薰"句。似乎不然，是亦一短也。《唐·艺文志》载庭筠《握兰集》三卷、《金荃集》十卷、诗集五卷、《汉南真稿》十卷，《宋志》亦同。陈振孙《书录解题》作《飞卿集》七卷。又陆游《渭南集》有温庭筠集《跋》，称"其父所藏旧本，以《华清宫》诗为首，中有《早行》诗，后得蜀本，则《早行》诗已佚。"《文献通考》则云："温庭筠《金荃集》七卷、别集一卷。"是宋刻已非一本矣。曾本合为四卷，名曰《八义集》，以作赋之事名其诗，颇为杜撰。嗣立此注，称从所见宋刻分诗集七卷、别集一卷，以还其旧。疑即《通考》所载之本。又称采《文苑英华》《万首绝句》所录，为集外诗一卷，较曾本差为完备。然总之非唐本之旧也。

　　【胡玉缙补正】《四库全书总目提要补正》：李详《媿生丛录》云："庭筠《寄分司元庶子兼呈元处士诗》'水木凝辉属谢家'，曾益注：谢灵运诗'山水含清晖'。详案：谢混《游西池诗》'水木湛清华'，当用此，灵运诗言山水，非水木也。又集外诗《寒食节日寄楚望弟》二首，'家乏两千万'，顾嗣立曰：未详。案：《世说新语·雅量篇》，庾子嵩答太傅云：'下官家故可有两娑千万，随公所取'，两千万指此。"玉缙案：孙光宪《北梦琐言》云："温庭筠才思艳丽，工为小赋，每入试，押官韵作赋，凡八叉手而八韵成，时人号'温八叉'。"曾益以作赋之事名其诗，可谓好异，可谓不伦，不得以为杜撰，如《提要》之意，将王定保《唐摭言》云"温庭筠烛下未尝起草，但笼袖凭几，每赋一咏一吟而已，故场中号为'温八吟'。"即可以"八吟"名其诗集耶？

【余嘉锡辨证】《四库提要辨证》嘉锡案：《宋史·艺文志》有温庭筠《汉南真稿》十卷，又集十四卷，《握兰集》三卷，《记室备要》三卷，诗集五卷，其后又别出《温庭筠集》七卷。以与《唐志》校，乖异不同如此，而《提要》顾谓之相同，抑可疏谬不检之甚耶。《书录解题》之《温飞卿集》，与《宋志》之《温庭筠集》，《郡斋读书志》之《金荃集》，同为七卷，似即一书而异名。然公武称其诗赋清丽，今本有诗无赋，不知与振孙所见者异同何如也。又案：《通考·经籍考》云《金荃集》七卷，此条所引，乃晁氏说，即《郡斋读书志》也，《金荃集》亦《读书志》所著录，《提要》何不直引原书，而必假道于《通考》耶？又案："八义"之事见《北梦琐言》卷四及《唐才子传》卷八，曾益用以改庭筠诗集之名，此明人纤戾之习，诚不足道。但嗣立所得之本名《温飞卿集》，不名《金荃集》，未必即《读书志》所载之本也。

【张佳补记】温庭筠集古注本有曾益《温飞卿诗集笺注》，王国安点校，上海古籍出版社 1980 年版；今注本有刘学锴《温庭筠全集校注》，中华书局 2007 年版，诗文合注，后出转精。版本研究，有朱滕云《温庭筠诗集版本研究》，河南大学硕士论文，2006 年，导师吴河清。

张佳又记：胡玉缙《补正》中言及"水木"注如上所述，出谢混"水木湛清华"，张佳读书笔记作补充一条：王士祯诗"清溪水木最清华，王谢乌衣六代夸。不奈更寻江总宅，寒烟已失段侯家"。

丁卯集　二卷

　　唐许浑撰。浑，字用晦，武后朝宰相圉师之后。考《新唐书·宰相世系表》，圉师为安陆许氏。浑为其后，应亦出于安陆。陈振孙《书录解题》乃称浑为丹阳人。观集中《送王总归丹阳诗》有曰："凭寄家书为回报，旧居还有故人知。"其家于丹阳，犹李白系出陇西而为蜀人矣。浑大和六年进士及第，为当涂、太平二令，以病免，起润州司马。大中三年为监察御史，历虞部员外郎，睦、郢二州刺史。其曰《丁卯集》者，润州有丁卯桥，浑别墅在焉，因以名集。集中有《夜归丁卯桥村舍》诗是也。《新唐书·艺文志》作二卷，晁氏《读书志》亦作二卷，陈氏《书录解题》注云："蜀本有拾遗二卷。"今之续集，当即陈氏所谓《拾遗》，为后人改题。其续补及集外遗诗，又后人掇拾增入耳。惟晁氏称"近得浑集完本五百篇，止二卷。"是本篇数虽合，而卷帙不同，盖总非宋人刊本之旧矣。毛晋汲古阁刊本亦二卷，诗仅三百余篇，疑即晁氏所见之本。《读书志》或误三为五，亦未可知。以此本较毛本完备，故置彼而录此焉。

　　【胡玉缙补正】《四库全书总目提要补正》：杨氏《楹书偶录》有元本《增广音注唐许郢州丁卯诗集》二卷，续集一卷，谓"此本诗集卷数、篇数，视毛刊略同，则《读书志》之误三为五愈信。惟《续集》分遗篇、拾遗、续补三类，统为一卷，与各本殊不合，或直斋所指之《拾遗》三卷，《四库》本之《续补》一卷，即就此本之三类而析之耶？至《四库》本《集外遗诗》，更出后人掇拾者，非宋、元旧第矣。"

　　【张佳补记】李立朴《唐诗人许浑丁卯集考述》，载《贵州文史丛刊》1990 年第 3 期。

　　又记：旧注本有清许培荣《丁卯集笺注》八卷，清乾隆二十一年（1756）刻本；又有《四部丛刊》影宋钞本；民国二十五年吴庠影印元建阳坊刻本《增广音注唐郢州刺史丁卯诗集》二卷，收诗多于影宋钞本。今注本有罗时进《丁卯集笺证》，江西人民出版社 1998 年版，较旧注又有嬗递矣。罗时进《丁卯集笺证》（修订本），中华书局 2012 年版，共 62 万字，可称得上是定本了。旧本影印则有《许用晦文集》，上海古籍出版社 2013 年版，列入"宋蜀刻本唐人文集"丛书；《元刊丁卯诗集》（上下册），福建人民出版社 2013 年版，列入"宋元闽刻精华"丛书，是为建本唐人集。

文泉子集　一卷

唐刘蜕撰。蜕，字复愚，长沙人，大中四年进士及第。咸通中官至左拾遗，外谪华阴令。案：王定保《唐摭言》载"刘纂者，商州刘蜕之子，亦善为文"。则蜕当为商州人。又孙光宪《北梦琐言》载"刘蜕，桐庐人，官至中书舍人，有从其父命，死不祭祀一事"。所叙爵里复不同，或疑为别一刘蜕，未之详也。是集前有《自序》曰："自褐衣以后，辛卯以来，辛丑以前，收其微词属意古今上下之间者，为内、外篇，复收其怨抑颂记婴于仁义者，杂为诸篇焉。物不可以终杂，故离为十卷。离则名之不绝，故授之以为《文泉》。盖覃以九流之旨曰文，配以不竭之义曰泉。崖谷结珠玑，昧则将救之。雨雷亢棽盛，乾则将救之。岂托之空言哉？"观其命名之义，自负者良厚。其文《冢铭》最为世所传，他文皆原本扬雄，亦多奇奥。险于孙樵，而易于樊宗师。大旨与元结相出入，欲挽末俗反之古。而所谓古者，乃多归宗于老氏，不尽协圣贤之轨。又词多恚愤，亦非仁义蔼如之旨。然唐之末造，相率为纂组俳俪之文，而蜕独毅然以复古自任，亦可谓特立者矣。高彦休《唐阙史》载蜕能辨齐桓公盎之伪，其学盖有根柢。《旧唐书·令狐楚传》载"咸通二年，左拾遗刘蜕极论令狐绹子滈恃权纳货之罪，坐贬华阴令。"则蜕在当时，本风裁矫矫，宜其文之拔俗也。集十卷，今已不传。此本为崇祯庚辰闽人韩锡所编，仅得一卷。盖从《文苑英华》诸书采出，非其旧帙。存备唐人文之一家，姑见崖略云尔。

【胡玉缙补正】《四库全书总目提要补正》：王士祯《蚕尾续文集》是书跋云："文冢在今潼川州，予康熙壬子曾过之，为赋一诗，"《香祖笔记》同。瞿氏《目录》有旧钞本六卷，云："此明吴馡编辑本，有馡序。"

【张佳补记】章学诚《校雠通义·唐刘蜕集书后》云："《刘复愚文

集》六卷，明天启四年吴裶编辑，刻板行世。乾隆丁酉戊戌之间，大儿贻选从朱先生假影钞本携归手录。……吴裶不知何许人，首有熊文举序，称其字为众香，馀俟异日考之。"考黄宗羲《思旧录》云："吴裶，字众香，住城南委巷，举时文社于天界寺，集者近百人。"可补章氏所未知。

梨岳集　一卷

　　唐李频撰。频，字德新，寿昌人，大中八年擢进士第，调秘书郎，累迁建州刺史，卒于官。州民思其德，立庙梨山。事迹具《唐书·文艺传》。频为姚合之婿，然其诗别自为格，不类武功之派，是编本名《建州刺史集》，后人敬频之神，尊梨山曰梨岳，集亦因之改名。初罕传本，真德秀得本于三馆，欲刻未果。嘉熙三年，金华王野始求得旧本镂版。元元贞及后至元间，频裔孙邦材会同明永乐中河南师祐、正统中广州彭森，先后重刊者四。此本即正统刻也。凡诗一百九十五首，较《全唐诗》所载少八首。而《送刘山人归洞庭》一首，卷中两见，惟起二句小异。又《秋宿慈恩寺遂上人院》诗，误作《送宋震先辈赴青州》，题与诗两不相应，殊不及席氏《唐百家诗》本之完善。末为附录，则《历朝庙祀敕书碑记》及刻诗序跋。张复、彭森二《序》皆称初刻出真德秀，与王垫《序》称德秀欲刻不果者自相矛盾，未喻其故。殆传闻讹异欤？王士禛《居易录》称"诗人为神，未有频之显著者。"然频诗自佳耳，其为神则政事之故，非文章之故也。

　　【张佳补记】李频诗集，《新唐书·艺文志四》、《崇文总目》卷五、《通志·艺文略八》、《宋史·艺文志七》、《国史经籍志》卷五并著录《李频诗》一卷，《直斋书录解题》卷十九著录《李频集》一卷。《唐才子传》卷七亦云："有诗一卷，今行世。"《百川书志》卷一四著录《李建州梨岳诗集》一卷、附录一卷，《读书敏求记》卷四著录《梨岳诗集》一卷。傅增湘《藏园群书题记·唐别集类二·明万历本梨岳集跋》叙其版本源流云："《梨岳诗集》一卷，唐建州刺史李频所撰也。建州东南十五里有山如覆釜，名曰梨山。频刺州有异政，郡人建祠山中，且尊山为岳，因以'梨岳'名其集。诗凡百九十五篇，真德秀得遗稿于三馆，欲以私钱刻梓于庙，未果。嘉熙三年（1239），金华王野来守兹土，乃得镂木。

元元贞、大德间裔孙邦材，至元丁丑（1337）裔孙会，先后覆刻。明永乐十三年河南师祐正、正统七年严陵张瑛并为重刻。今皆不可得见，惟钱塘丁氏《善本书志》载有正统、至元二影印本耳。此为明万历丙申本，乃晋陵龚道立守郡时授京口陈善取元明各本，三校而后付刊，盖亦矜慎之至矣。"

李群玉集　三卷

　　唐李群玉撰。群玉，字文山，澧州人，大中八年诣阙进诗，授宏文馆校书郎。其集首载群玉进诗表及令狐绹荐状、郑处约所行制词。《表》称"歌行、古体、今体七言、今体五言四通，合三百首。"考刘禹锡作柳宗元集《序》，称三十二通。则唐时以一通为一卷。今本三卷，已与表不合。又《表》称三百首，而今本正集仅一百三十五首、外集亦仅一百一十三首，合之不足三百之数。观中卷之末有《出春明门》一首，自注曰："时请告归。"则此集虽仍以歌行、古体、今体七言、今体五言分目，而已兼得官以后之诗，非复奏进之原本矣。《太平广记》载群玉遇湘君事甚异。其诗今载后集第三卷。然前一首为吊古之词，无媟亵之意；后一首写当时棹女与二妃，尤不相关。况群玉虽放诞风流，亦岂敢造作言语、渎慢神明、污衊古圣？殆因其诗为时传诵，小说家因造此事附会之耳。《洛神》讹为《感甄》，李善至引以注《文选》。俗语丹青，往往如是，未可据为实录也。

　　【胡玉缙补正】《四库全书总目提要补正》玉缙案：感甄事，何焯《读书记》力辨之，胡克家《文选考异》直以自"记曰"以下，至"改为《洛神赋》"二百七字，为尤袤误取他说载入。

　　【张佳补记】李群玉诗集，《新唐书·艺文志四》著录《李群玉诗》三卷、《后集》五卷，《崇文总目》卷五著录《李群玉诗》三卷、又《李群玉后集》五卷，《郡斋读书志》著录《李群玉诗》一卷，《直斋书录解题》卷十九著录《李群玉集》三卷，《宋史·艺文志七》著录《李群玉后集》五卷、又《诗集》二卷，《国史经籍志》卷五著录《李群玉诗》三卷。《世善堂藏书目录》卷下著录《李群玉诗集》一卷，《唐才子传》卷七亦云："今有诗三卷、后集五卷行世。"今传《李群玉诗集》三卷、《后集》五卷，有南宋书棚本，《四库全书》据江苏蒋曾莹家藏本采录，《四部丛刊初编》据宋本影印。

张佳又记：今注本，有羊春秋辑注《李群玉诗集》，岳麓书社1989年版，以北图所藏明抄本为底本，参校众本，裒辑完备，校勘精审。陶敏《李群玉年谱稿》，载《中国韵文学刊》1990年第2期，考其生平颇备。

孙可之集　十卷

　　唐孙樵撰。樵，字可之，又字隐之，自称关东人。函谷以外，幅员辽阔，不知其籍何郡县也。大中九年进士，授中书舍人。僖宗幸岐、陇时，诏赴行在，迁职方郎中、上柱国、赐紫金鱼袋。《新唐书·艺文志》《通志》《通考》皆载樵《经纬集》三卷。《书录解题》称樵自为序凡三十五篇。此本十卷，为毛晋汲古阁所刊，称王鏊从内阁钞出。前载樵《自序》，称"藏书五千卷，常自探讨。幼而工文，得其真诀。广明元年，驾避岐、陇，朝廷以省方蜀国，文物攸兴，品藻朝论，旌其才行。遂阅所著文及碑碣、书檄、传记、铭志，得二百余篇。撮其可观者三十五篇云云。"与陈振孙之说合。又称"编成十卷，藏诸箧笥云云"，则与三卷之说迥异。近时汪师韩集有《孙文志疑序》一篇，因谓樵文惟《唐文粹》所载《后佛寺奏》《读开元杂记》《书褒城驿》《刻武侯碑阴》《文贞公笏铭》《与李谏议行方书》《与贾秀才书》《孙氏西斋录书》《田将军边事书》何易于十篇为真，余一十五篇皆后人伪撰。然卷帙分合，古书多有，未可以是定真伪，且师韩别无确据，但以其字句格局断之，尤不足以为定论也。樵《与王霖秀才书》云："某尝得为文真诀于来无择，来无择得之于皇甫持正，皇甫持正得之于韩吏部退之。"其《与友人论文书》又复然。今观三家之文，韩愈包孕群言，自然高古，而皇甫湜稍有意为奇，樵则视湜益有努力为奇之态。其弥有意于奇，是其所以不及欤？《读书志》引苏轼之言，称"学韩愈而不至者为皇甫湜，学湜而不至者为孙樵。"其论甚微。毛晋跋是集，乃以轼言为非，所见浅矣。

　　【**胡玉缙补正**】《四库全书总目提要补正》：杨氏《楹书偶录》有校宋本十卷，并载黄丕烈识语云："嘉庆庚申，从同年友借明崇祯时所刻《经纬集》十卷，比毛刻叙次适同，然其间竟有与宋刻合者。内载王守溪序，谓'正德丁丑授户部主事白水王君直夫已刻'，则正德时自有刻本，何毛氏竟未及见，且并未及见崇祯时刻也。”又云：“丁丑，于书坊见守溪刻《孙可之集》，又有崇祯乌程闵齐伋刻《刘蜕、孙樵集》，刘云‘拾遗’，孙云‘职方’，可知其集之刻，在崇祯时刊者不只有《经纬集》之名，又有《职方集》之名也。”又有宋本十卷，亦载黄丕烈云：“余友顾抱冲得宋刻本，爰从假归，校于毛刻本上，实有佳处。内卷二、卷三与毛刻误倒，自当以宋刻为是。其脱落如卷八《唐故仓部郎中康公墓志铭》‘杨嵩’以下二十四字，宋刻独全，知内阁本必非宋刻也。”杨氏自为说云：“涧滨居士曰：‘《龙多山录》云樵起辛而游，洎甲而休，此用书辛壬癸甲也。刻《武侯碑阴》云独谓武侯治于燕奭，此用《左传》管夷吾治于高傒也。见宋刻而后知正德本之谬。’”又曰：“道光丁亥，因有《文粹辨证》之役，遍搜唐贤遗集，得王济之所刻孙可之内阁本，复从长洲汪氏借宋椠勘正，视汲古阁《三唐人》本远过之矣。右二则见于《思适斋集》，故补录之。”玉缙案：瞿氏《目录》有校宋本，即顾校，有此二跋。丁氏《藏书志》有旧钞本，云：“此书宋刻之外有王文恪吴下本，林茂之闽本，毛子晋虞山本，又有天启乙丑吴馥重订本，其中《书田将军边事》云：‘南蛮果大入成都，门其三门，四日而旋’，而正德本脱去‘其三门四日而旋’七字。馥云：‘大入成都是一句，门其三门是一句，《文粹》削其三门三字，不成语，《文苑》可证。’此钞本不误，似较正德本为胜。惟顾千里较宋椠本云：‘《龙多山录》云云，此钞本仍作起来洎车，与武侯之治比于燕奭，洵乎宋椠之可贵矣。”

曹祠部集　二卷

　　唐曹邺撰。邺，字邺之，阳朔人。明蒋冕《序》，称大中间登进士第，由天平节度掌书记累迁太常博士、祠部郎中。仕至洋州刺史。然郑谷《云台编》有《送曹邺吏部归桂林》诗，则又尝官吏部，冕考之未尽也。《唐书·高元裕传》载邺为太常博士时，议高璩赠谥事，其论甚伟。顾其诗，乃多怨老嗟卑之作。盖坎坷不遇，晚乃成名，故一生寄托，不出此意。不但韦𪧐所称《四怨》《三愁》《五情》诸篇，及乎登第以后《杏园席上同年》诗则曰："忽忽出九衢，僮仆颜色异。"《献恩门》诗则曰："名字如鸟飞，数日便到越。"《寄阳朔友人》诗则曰："桂林须产千秋桂，未解当天影月开。我到月中收得种，为君移向故园栽。"又何其浅也。张为作《主客图》，邺与其数，则当时亦为文士所推。其《读李斯传》及《始皇陵下作》二首，诸家选本或取之，然皆无深致。《唐志》载邺集三卷，今仅二卷，其有佳篇而佚之耶？流传已久，姑存以备一家可也。末附《曹唐诗》一卷。唐，字尧宾，桂林人，初为道士，大和中返初服，举进士，累辟诸府从事。其《游仙诗》最著名，盖本颜延之为《织女赠牵牛诗》而曼衍及诸女仙，各拟赠答。然诸篇姓名虽易，语意略同，实非杰出之作。《唐志》载其集亦三卷，蒋冕求其原本不获，乃搜诸选本，裒成一卷，附之曹邺诗后，以二人皆粤西产也。

　　【李裕民订误】《四库提要订误》（增订本）：邺登进士第在大中四年（850），见《唐才子传》卷七。据其所作《奉命齐州推事毕寄本府尚书》诗，邺负有推事之责，其官似应为节度使推官，而非掌书记。又李洞《送曹郎中罢官南归》诗题注"时南中用兵"，系指桂林戍卒庞勋造反。据此，可推知邺南归在咸通九年（868）。郑谷《送吏部曹郎中免官南归》云："贤人知止足，中岁便归休"，则南归时，尚在中年。以五十岁计，约生于819年。《城南野居寄知己》："作诗二十载，阙下名不闻。"此应作于中举（850）之前，姑以 848 年作诗，始作诗为十五岁计，则约生于 814 年。综上所述，其生年在 814 年至 819 年。又邺尝作《送郑谷归宜春》诗，考郑谷于光启三年（887）中进士，官至都官郎中，未几告归，卒于家。其告归不应早于 888 年，其时邺尚健在，已在七十岁左右。

【张佳补记】曹邺诗集，《新唐书·艺文志四》著录《曹邺诗》三卷，《直斋书录解题》卷十九著录《曹邺集》一卷，《宋史·艺文志七》著录《古风诗》二卷，《国史经籍志》卷五著录《曹邺诗》三卷。《唐才子传》卷七亦云："有集一卷，今传。"《世善堂藏书目录》卷下著录《曹邺诗集》一卷，《述古堂藏书目》卷二著录《曹邺集》二卷。又《善本书室藏书志》卷二五著录《祠部诗集》二卷，今不复见。今传《曹祠部诗集》二卷，有明嘉靖浙江刻本和明抄《唐四十四家诗》本。嘉靖三年唐平侯重刻时附《曹唐诗》一卷，题曰《二曹诗》，后经蒋冕校勘增补由范邦秀再刻。《四库全书》据蒋冕本采录。

张佳又记：曹邺集今注本，有梁超然、毛水清《曹邺诗注》，上海古籍出版社 1982 年版，编次依《全唐诗》，删去《故人寄茶》一首，而据《粤西诗载》增辑《东郎山》、《西郎山》、《东洲》三首，收诗一百一十一首，哀辑其备矣。

麟角集　一卷

　　唐王棨撰。棨，字辅之，福清人，咸通三年进士，官至水部郎中。黄巢乱后，不知所终。唐代取士，科目至多，而所最重者唯进士。其程试、诗赋，《文苑英华》所收至多，然诸家或不载于本集中。如李商隐以《霓裳羽衣曲》诗及第，而《玉溪生集》无此诗；韩愈以《明水赋》及第，而其赋乃在外集是也。其自为一集行世，得传于今者，惟棨此编。凡律赋四十五篇。又棨八代孙宋著作郎苹于馆阁得棨《省试诗》，附录于集，凡二十一篇。题曰《麟角》者，盖取《颜氏家训》"学如牛毛，成如麟角"之义，以及第比登仙也。集中佳作，已多载《文苑英华》中。虽科举之文，无关著述，而当时风气，略见于斯。录而存之，亦足备文章之一格也。

　　【余嘉锡辨证】《四库提要辨证》嘉锡案：知不足斋本此集卷首有唐黄璞所撰《王郎中传》，盖宋人自《闽川名士传》中录出，其略曰："王棨字辅之，福唐人也。咸通三年郑侍郎诰下进士及第，成名归觐，廉使杜公宣猷，请署团练巡官。李公骘为江西观察使，辟为团练判官，授大理司直，除太常博士，入省为水部郎中。不幸黄巢窃据京阙，朝士或俘或戮者，不可胜计，公既遇离乱，不知所之，或云归终于乡里焉。"《提要》叙棨之始末，全本于此，然删其末句，则非传疑之义也。且闽之福清县，于唐为福唐县，后唐同光初始改福清，宋以下并因之，今《提要》称棨为福清人，是混唐、宋地名而一之也。又案：此集不见于《新唐志》及宋人诸家书目，唯《宋史·艺文志》有《王棨诗》一卷，岂即其孙苹在馆阁中所见之原本欤？至于取棨所作律赋与诗合为一集，名为《麟角》者，或亦苹所为也。苹为绍兴间人，而此书之出盖甚晚，故不为晁公武、陈振孙等所见耳。《困学纪闻》卷十三曰："学如牛毛，成如麟角，出蒋子《万机论》。"翁元圻注云："唐王棨自名其集曰《麟角集》，亦取蒋子。"翁谓棨自名其集者固非，其谓取之蒋子则是也。《太平御览》卷六百七叙学门引蒋子《万机论》曰："谚曰学如牛毛，成如麟角，言其少也。"此但泛言学者之多而成名之少，故王氏用以名其祖之诗赋，明其学成登第，为难能而可贵。蒋子既未尝以此喻登仙，即王氏亦未必有此意也，《提要》误矣。惟《抱朴子内篇·极言篇》曰："古之仙人者，皆由学以得之，莫不负笈随师，心无怨贰，乃得升堂，以入于室。或有怠厌而中止，或有怨恚而造退；或有诱于荣利而还修流俗之事，或有败于邪说而失其淡泊之志；或朝为而夕欲其成，或坐修而立望其效。若夫睹财色而心不战，闻俗言而志不沮者，万夫之中，有一人为多矣。故为者如牛毛，获者如麟角也。"如用蒋子之言，以证学仙者少成而多败，《颜氏家训·养生篇》因之推衍其意曰："神仙之事，未可全诬，但性命在天，或难种植。人生居世，触途牵絷，幼少之日，既有供养之勤，成立之年，便增妻孥之累，衣食资须，公私驱役，而望遁迹山林，超然尘滓，千万不遇一耳。加以金玉之费，炉器所须，益非贫士所办。学若牛毛，成如麟角，华山之下，白骨如莽，何有可遂之理。"此皆在蒋子《万机论》之后，虽辗转援用其语，而意已大殊。《提要》独举《家训》为出处，是未考之《困学纪闻》矣。

【张佳补记】陈尚君先生《〈新唐书·艺文志〉未著录唐人别集辑存》一文收入王棨《麟角集》一卷，陈尚君案："今有传本，《遂初堂书目》作《王棨集》，《宋史·艺文志》七作《王棨集》一卷。"详见《陈尚君自选集》，广西师范大学出版社 2000 年版，第 90 页。此文原题《〈新唐书·艺文志〉补——集部别集类》，刊载于《唐研究》第 1 辑，北京大学出版社 1995 年版，深具参考价值。

皮子文薮　十卷

　　唐皮日休撰。日休，字袭美，襄阳人。居于鹿门山，自号醉吟先生。登咸通八年进士，官太常博士。《唐书》称其降于黄巢，后为所害。尹洙《河南集》有《大理寺丞皮子良墓志》则称日休避广明之难，奔钱氏。子光业，为吴越丞相；生璨，为元帅判官；子良，即璨之子。陆游《老学庵随笔》亦据皮光业《碑》以为日休终于吴越，并无陷贼之事。皆与史全异，未知果谁是也？是编乃其文集，《自序》称"咸通丙戌不上第，退归州墅，编次其文，发箧丛萃，繁如薮泽，因名《文薮》，凡二百篇。"宋晁公武谓其尤善箴铭，今观集中书序、论辩诸作，亦多能原本经术。其《请孟子立学科》《请韩愈配飨太学》二书，在唐人尤为卓识，不得仅以词章目之。集中诗仅一卷，盖已见《松陵唱和集》者不复重编，亦如《笠泽丛书》之例耳。王士禛《池北偶谈》尝摘其中《鹿门隐书》一条、《与元徵君书》一条，皆"世民"二字句中连用，以为不避太宗之讳。今考之信然。然后人传写古书，往往改易其讳字，安知日休原本非"世"，本作"代"，"民"本作"人"，而今本易之耶？是固未足为日休病也。

　　【胡玉缙补正】《四库全书总目提要补正》：案孙光宪《北梦琐言》"皮日休献书"条云："黄寇中遇害，其子为钱尚父吴越相"，王谠《唐语林》文字门亦云："黄巢时遇害，其子仕钱镠。"张氏《藏书志》有明正德刊本，并载柳开序，畅发"薮"字之义，谓"观其首，又无所序说，遂尽而读之，见其'薮'之为意也"云云，若未见其自序者，岂柳所据本适缺耶？又丁氏《藏书志》有明万历间许自昌刊《唐皮从事唱酬诗》八卷，盖专录《松陵集》中日休之作，本总集而为别集也。谏议大夫崔璞出为苏州刺史，辟日休为从事，故题其官。附识于此，以明日休当时并未有此别集也。

　　【张佳补记】今有萧涤非、郑庆笃标点整理《皮子文薮》，上海古籍出版社 1981 年版，以《四部丛刊》影印本为校勘底本作互校，尤其是参校山东大学图书馆藏之罕见日本享和二年刊本，弥足珍贵。萧涤非整理此书附录一《皮日休诗文目录》与附录二之各种版本序跋，凡七种，最为完备。至于皮氏生平，可参考马丕环《皮日休年谱会笺》，载《宝鸡文理学院学报》1996 年第 1、2 期，足可知人论世。

笠泽丛书　四卷

唐陆龟蒙撰。龟蒙，有《耒耜经》，已著录。此集为龟蒙自编，以其丛脞细碎，故名《丛书》。以甲、乙、丙、丁为次，后又有补遗一卷。宋元符间蜀人樊开始《序》而梓之。政和初，毗陵朱衮复行校刊，只分上、下二卷，及补遗为三。此本为元季龟蒙裔孙德原重镌，既依蜀本厘为四卷，而《序》仍毗陵本作三卷者，字偶误也。王士禛《渔洋文略》有此书《跋》，谓"得都穆重刊蜀本，内纪《锦裙》在丙集，《迎潮词》在丁集。"而此本《锦裙》在乙集，《迎潮词》在丙集，叙次又不尽依蜀本之旧，疑德原又有所窜乱矣。龟蒙与皮日休相唱和，见于《松陵集》者，工力悉敌，未易定其甲乙。惟杂文则龟蒙小品为多，不及日休《文薮》时标伟论。然闲情别致，亦复自成一家，固不妨各擅所长也。

【胡玉缙补正】《四库全书总目提要补正》：钱泰吉《曝书杂记》云："海昌许珊林楗，用十余年之力，校勘《笠泽丛书》七卷、补遗一卷、附考一卷，手写付梓，字体仿欧阳率更，谓'近日士大夫过信宋本，明知字句之误，不肯更易，故此刻虽据宋樊开本，而宋本之误亦据他刻更正'，然尚有可商者。"据此，则仿元刻胜于蜀本，所称元刻，似非德原本也。吴骞于此书凡七校，未知视许本何如？《拜经楼藏书题跋记》云："右中吴顾氏刻本，先君子《书纪锦裙篇后》云'《吴融集》有《古锦裙》六韵，此是锦裙而非锦裙明矣。'案鲍鉁《道腴堂集》云'《甫里集》亦作《记锦裙》。'"翁方纲《复初斋集》跋是书云："读是编者挹其高致，大抵在烟波渔具、笔床茶灶间，君子尚论，则必相与观其深处。甫里先生，盖以治经自命也，其最深切者《春秋》之学，有唐一代，盛文藻而疏经术，其盛文藻也，则宜博综乎三传，顾乃薄视乎三传者何哉？甫里之说，最推《文中子》，文中子固不信三传矣，又推韩晋公，晋公《通例》有石本而不传，甫里亦未有自著之书，今见其笃守仲淹以薄三传，又在昌黎'三传束阁'语后数十年矣。为《春秋》学而不守三传，盖自啖、陆始也，然啖氏之书成于大历时，已在昌黎、玉川之前，虽其自出己见，尚不敢尽薄三传也，况于懿、僖间耶？后之刘氏《意林》、叶氏《考谳》，日出而不穷，实则抱遗经，究终始，舍传何由以证经哉？即其隐逸者流，亦必以经术衷之，而况不仅以隐逸目之者乎？"玉缙案：此论甚精，于是编发之尤别具双眼。

【张佳补记】检读《黄永年古籍序跋述论集》，著名版本学家黄永年先生认为"《笠泽丛书》以碧筠草堂覆元刊四卷本为最精"、"《丛书》善本当以此为第一"，姑备一说，详见黄永年著、辛德勇编《黄永年古籍序跋述论集》，中华书局 2007 年版，第 53 页。黄永年先生版本识鉴之精，当为顾廷龙先生以后第一人。

甫里集　二十卷

　　唐陆龟蒙撰。龟蒙著作颇富，其载于《笠泽丛书》者卷帙无多。即《松陵集》亦仅唱和之作，不为赅备。宋宝祐间，叶茵始搜采诸书，得遗篇一百七十一首，合二书所载四百八十一首，共六百五十二首，编为十九卷，并附录，总为二十卷，林希逸为《序》，刊版置于义庄。岁久阙失，明成化丁未，昆山严景和重刊之，于附录之中增胡宿所撰《甫里先生碑铭》一篇，陆杙《序》之。万历乙卯，松江许自昌又取严本重刻，于附录中续增范成大《吴郡志》一条、王鏊《姑苏志》一条，其余诗十三卷、赋二卷、杂文四卷，则悉依旧帙，即此本也。叶本所附颜萱《过张祐丹阳故居诗序》，龟蒙特属和而已，其事不应附之于集。胡宿《碑铭》，《姑苏志》云其碑亡，严氏所录，乃有全文。意成化中宿集尚未佚也。希逸《序》中辨诏拜拾遗一事极精核，足证《新唐书》之误。茵于杨亿《谈苑》所载弹鸭一事，反覆辨其必无，殊为蛇足。文人游戏，亦复何关于贤否？乃以为瑕玷而讳之，亦迂拘之甚矣。

　　【张佳补记】陆龟蒙文集，《新唐书·艺文志四》著录《笠泽丛书》三卷、《诗编》十卷、《赋》六卷，《崇文总目》卷五著录《笠泽丛书》三卷、《陆龟蒙诗》十卷、《陆龟蒙赋》六卷，《郡斋读书志·类书类》著录《小名录》三卷，《郡斋读书志·别集类》著录《陆龟蒙笠泽丛书》四卷，《遂初堂书目》著录《陆龟蒙集》不记卷数，《直斋书录解题》卷十六著录《笠泽丛书》四卷、《补遗》一卷，注云："《笠泽丛书》蜀本十七卷。"《宋史·艺文志七》著录《陆龟蒙诗篇》十卷、又《赋》六卷、《陆龟蒙集》四卷，《述古堂藏书目录》卷二著录《笠泽丛书》四卷、《补遗》一卷，《读书敏求记》卷四著录《笠泽丛书》二卷、《补遗》一卷，《孙氏祠堂书目内编》卷四著录《甫里先生集》二十卷，《稽瑞楼书目》著录《甫里集》二十卷。今传《唐甫里先生文集》二十卷，系南宋宝祐间叶茵综合搜裒而成，《四库全书》据万历许自昌刻本收录。

张佳又记：宋景昌、王立群校点本《甫里集》，河南大学出版社 1996年版。

咏史诗　二卷

　　唐胡曾撰。曾，邵阳人，《文苑英华》载其二启，皆干谒方镇之作。陈振孙《书录解题》称其咸通末为汉南从事。何光远《鉴戒录》判木夹一条载"高骈镇蜀，曾为记室，有草檄谕西山八国"事，盖终于幕府也。是编杂咏史事，各以地名为题。自其工之不周山、迄于隋之汴水，凡一百五十首。《文献通考》载三卷。此本不分卷数，盖后人合而编之。其诗兴寄颇浅，格调亦卑。何光远称其中《陈后主》《吴夫差》《隋炀帝》三首，然在唐人之中，未为杰出。唯其追述兴亡，意存劝戒，为大旨不悖于风人也。每首之下，钞撮史书，各为之注。前后无序跋，亦不载注者名氏。观所引证，似出南宋人手。如《钜桥诗》中"遂作商郊一聚灰"句，注曰："武王发鹿台之财，散钜桥之粟，大赍于四海，而万姓悦服。"诗谓其作商郊聚灰，非也。又《渭滨诗》"当时未入非熊梦"句，注曰："旧作非罴，俗本误，后世莫知是正。"亦间有驳正。然弇陋特甚。如《洞庭诗》咏轩辕自指张乐一事，而注乃置《庄子》本文，引《史记》"鼎湖"之说，未免失之于眉睫。徒以旧本存之耳。

　　【胡玉缙补正】《四库全书总目提要补正》：瞿氏《目录》有影宋钞本三卷，云："题'前进士胡曾著述并序，邵阳叟陈益注诗，京兆郡米崇吉评注，并续序。'以地名为题，首乌江迄荥阳，诗共一百五十首，卷数与《文献通考》合。《四库》著录者乃别是一本，首共工之不周山迄隋之汴水，其注不同，亦不详何人所注也。"

　　【李裕民订误】《四库提要订误》（增订本）：按《四部丛刊》三编收影宋钞本为三卷，与《通考》合，首页称："前进士胡曾著述并序，邵阳叟陈益注诗，京兆郡米崇吉评注并续序。"下有胡曾序及米公续序。两《序》均称此书分为三卷，则此本较《四库》本更近原貌。书中所引有《帝王略论》、《文选》、《晋书》等。其中时代最晚者为苏辙所撰之《古史》，则注者时代当在北宋末年之后。胡曾为唐末人，作此诗的目的"虽则讥讽古人，实欲裨补当代"（胡序）。米氏评注的目的，也在于"用显前贤之旨，粗裨当代之闻"。米氏当为南、北宋间人，处于时代动荡之际，故有此举。

【张佳补记】陈新宪等点校胡曾《咏史诗》，岳麓书社 1988 年版；又有赵望秦《胡曾咏史诗校证》，载赵望秦、潘晓铃《胡曾咏史诗研究》，中国社会科学出版社 2008 年版，校证颇见功力。

云台编　三卷

　　唐郑谷撰。谷，字守愚，宜春人，光启三年进士，乾宁中仕至都官郎中。谷父尝为永州刺史，与司空图同院。图见谷，即奇之，谓当为一代风骚主。诗名盛于唐末，人多传讽，称为"郑都官"。史不立传，其事迹颇见计有功《唐诗纪事》中。《新唐书·艺文志》载谷所著有《云台编》三卷、《宜阳集》三卷。今《宜阳集》已佚。惟此编存，所录诗约三百首。其《云台编》者，据《自序》称"乾宁初上幸山峰，朝谒多暇，寓止云台道舍，因以所记编而成之。"盖昭宗幸华州时也。谷以《鹧鸪诗》得名，至有"郑鹧鸪"之称。而其诗格调卑下，第七句"相呼相唤"字，尤重复。寇宗奭《本草衍义》引作"相呼相应"，差无语病，然亦非上乘。方回《瀛奎律髓》又称"谷诗多用'僧'字，凡四十余处。谷自有句云：'诗无僧字格还卑'。"此与张端义《贵耳集》谓"诗句中有梅花二字，便觉有清意者"，同一雅中之俗，未可遽举为美谈。至其他作，则往往于风调之中独饶思致。汰其肤浅，撷其精华，固亦晚唐之巨擘矣。

　　【胡玉缙补正】《四库全书总目提要补正》：张氏《藏书志》有旧钞本，云："后附《补遗》十三首，及祖无择撰墓表，又附录四则，曹邺等投赠诗八首，则毛氏子晋所辑也。"玉缙案：《附录》为毛辑，《补遗》及墓表为王鏊从秘阁钞出原有。

　　【余嘉锡辨证】《四库提要辨证》嘉锡案：周亮工《因树屋书影》卷八云："吴兴郑侯升《秕言》：郑谷《鹧鸪诗》既曰'相呼'，又曰'相唤'，则复矣；既曰'青草湖边'、'黄陵庙里'，又曰'湘江曲'，亦欠变矣。及观《本草衍义》卷十六载此诗云'相呼相应湘天阔'，语既无病，更清旷。按《本草衍义》，乃宋政和中寇宗奭所撰。据此，则宋代尚有唐诗善本，后乃传讹耳。侯升发前人所未发，妙解也。"《提要》此条，盖本于此。郑明选，字侯升，归安人，万历己丑进士，官南京刑科给事中。所著《秕言》十卷，见《总目》杂家存目三。考席启㝢刻《唐诗百名家集》本《云台编》卷中，《鹧鸪诗》作"相呼相应湘江阔"，"江"字虽误，"应"字、"阔"字固不误也。盖席氏《百名家集》多用宋本或旧刻本重雕，郑明选、周亮工及四库馆臣所见，皆明代俗本尔。

【张佳补记】乾宁三年（896），郑谷自编其诗三百首为《云台集》并自序之。《新唐书·艺文志四》著录《云台编》三卷，又《宜阳集》三卷，《崇文总目》卷五著录《云台编》三卷、《宜阳外集》一卷，《郡斋读书志》著录《云台编》三卷、《宜阳外编》一卷，《直斋书录解题》卷十九著录《云台编》三卷，《宋史·艺文志七》著录《宜阳集》一卷，又《郑谷诗》三卷、《外集》一卷，《国史经籍志》卷五著录《云台编》三卷，又《宜阳集》一卷。《百川书志》卷一四著录《云台编》三卷，《红雨楼书目》著录《云台编》一卷，《季苍苇藏书目》著录《郑谷诗》三卷，《孙氏祠堂书目内编》卷四著录《云台编》三卷。今传《郑守愚文集》三卷，有宋蜀刻本，《四部丛刊续编》据以影印。

张佳又记：郑谷集今注本，有严寿澂、黄明、赵昌平《郑谷诗集笺注》，上海古籍出版社1991年版，辑校与集评，两相为备；傅义《郑谷诗集编年校注》，华东师范大学出版社1993年版，首开是集编年之体；赵昌平《郑谷年谱》，载《唐代文学论丛》第9辑，1987年，较王达津《郑谷生平系诗》一文更加深入。

又记：版本研究，有王云玲《郑谷诗集版本研究》，河南大学硕士论文，2006年，导师吴河清；傅义《郑谷〈云台集〉叙录》，载《文史》第29辑。

司空表圣文集　十卷

　　唐司空图撰。图，河内人。表圣，图字也。僖宗时知制诰，为中书舍人。旋解职去，晚自号耐辱居士。朱全忠召之，力拒不出。至全忠僭位，遂不食而死。《新唐书》列之《卓行传》。所著诗集别行于世。此十卷乃其文集，即《唐志》所谓《一鸣集》也。其文尚有唐代旧格，无五季猥杂之习。集内《韩建德政碑》，《五代史》谓乾宁三年昭宗幸华州所立，还朝乃封建颍川郡王。而《碑》称为乾宁元年立，已书建为颍川郡王，盖《史》之误。其时建方强横，昭宗不得已而誉之。图奉敕为文，词多诚饬，足见其刚正之气矣。又集内《解县新城碑》为王重荣作，《河中生祠碑》为其弟重盈作。宋祁遂谓重荣父子雅重图，尝为作碑。今考其文，亦皆奉敕所为，事非得已，不足以为图病也。陈继儒《太平清话》载耐辱居士《墨竹笔铭》，此集无之。其《铭序》云："咸通二年，余登进士，叨职史馆。"按唐制，进士无即入史馆者。图成进士在咸通末，出依王凝为幕职。《本传》甚明，安有职史馆之事？又云："自后召拜礼部员外郎，迁知制诰，寻以中书舍人拜礼、户二侍，无日不与竹对。"按《序》称"墨竹种于长安"，图为知制诰、中书舍人乃僖宗次凤翔时；其为兵部侍郎，又当昭宗在华州时，何由得以竹对？况图身为唐死，年七十二，而《序》乃云"今为梁庚寅，余年八十有二。"其为伪撰，益明矣。是编前后八卷，皆题为杂著，五卷、六卷独题曰碑，实则他卷亦有碑文，例殊丛脞。旧本如是，今姑仍之焉。

　　【张佳补记】光启三年（887），司空图自编其集《一鸣集》并序之，《新唐书·艺文志四》《崇文总目》卷五并著录《一鸣集》三十卷，《郡斋读书志》著录《司空图一鸣集》三十卷，《直斋书录解题·别集类》卷十六著录《一鸣集》一卷（陈振孙案：《文献通考》作三十卷），又《诗集类》卷十九著录《司空表圣集》十卷，记云："别有全集，此集皆诗

也。其子永州刺史荷为后记。"《宋史·艺文志七》《国史经籍志》卷五亦
并著录《一鸣集》三十卷。《唐才子传》卷八亦云:"先撰自为文于濯缨
亭一鸣窗,今有《一鸣集》三十卷,行于世。"惜其均多散佚。《孙氏祠
堂书目内编》卷四著录《司空表圣文集》十卷,又《诗品》一卷,《稽瑞
堂书目》著录《司空表圣集》十卷,记云:"旧钞,毛子晋校本,一册。"
《四库全书》或据毛晋汲古阁刻本采录。又《司空表圣诗集》五卷,有明
胡震亨《唐音统签》本,《四部丛刊初编》据以影印,刘承幹《嘉业堂丛
书》又有重辑本。

张佳又记:版本研究,有祖保泉《司空表圣诗集由来考》,载《安徽
师范大学学报》1999 年第 3 期。又有祖保泉、陶礼天《司空表圣文集笺
校》,安徽大学出版社 2002 年版,笺诗五卷,笺文十卷,用力颇多,值得
参考。至于司空图之生平履历,可参见罗联添《唐诗文六家年谱·司空图
年谱》,台湾学海出版社 1986 年版;陶礼天《司空图年谱汇考》,华文出
版社 2002 年版。至于《二十四诗品》著作权归属之争议,笔者不拟涉
及,详见陈尚君《〈二十四诗品〉真伪之争与唐代文献考据方法》,载其
《汉唐文学与文献论考》一书中,上海古籍出版社 2008 年版,第 180—
197 页。

韩内翰别集　一卷

　　唐韩偓撰。《唐书》本传谓偓字致光；计有功《唐诗纪事》作字致尧；胡仔《渔隐丛话》谓字致元。毛晋作是集《跋》，以为未知孰是。案：刘向《列仙传》称"偓佺尧时仙人，尧从而问道。"则偓字致尧，于意为合。致光、致元皆以字形相近误也。世为京兆万年人。父瞻，与李商隐同登开成四年进士第，又同为王茂元婿。商隐集中所谓《留赠畏之同年》者，即瞻之字。偓十岁即能诗，商隐集中所谓《韩冬郎即席得句》"有老成之风"者，即偓也。偓亦登龙纪元年进士第，昭宗时官至兵部侍郎、翰林学士承旨。忤朱全忠，贬濮州司马，再贬荣懿尉，徙邓州司马。天祐二年复故官，偓恶全忠逆节，不肯入朝。避地入闽，依王审知以卒。偓为学士时，内预秘谋，外争国是，屡触逆臣之锋。死生患难，百折不渝。晚节亦管宁之流亚，实为唐末完人。其诗虽局于风气，浑厚不及前人，而忠愤之气，时时溢于语外。性情既挚，风骨自遒；慷慨激昂，迥异当时靡靡之响。其在晚唐，亦可谓文笔之鸣凤矣。变风变雅，圣人不废，又何必定以一格绳之乎？《唐书·艺文志》载偓集一卷、《香奁集》一卷；晁氏《读书志》云："韩偓诗二卷，香奁不载卷数。"陈振孙《书录解题》云："《香奁集》二卷、《八内廷后诗集》一卷、别集三卷。"各家著录，互有不同。今钞本既曰别集，又注曰："入内廷后诗。"而集中所载又不尽在内廷所作，疑为后人裒集成书，按年编次，实非偓之全集也。

　　【胡玉缙补正】《四库全书总目提要补正》：吴氏《绣谷亭薰习录》有《韩翰林诗别集》一卷，云："以《全唐诗》校之，此缺四篇：一《寄禅师》、一《访明公大德》、一《大酺乐》、一《思归乐》，后三篇，《戊签》已据《闽南唐雅》补，而《全唐诗》因之。此本却多《嫋娜》、《多情》、《闺怨》、《夜闺》、《咏灯》、《春恨》六篇。《戊签》云：'汇《翰林集》编年为四卷，《香奁》合别集中一二艳词为二卷'，则此六诗，当时原载

《别集》中，自后人掺入《香奁》者也。《戊签》又云：'入韩翰林集不满二十篇，别集自出官迄寓闽诗俱在，而及第前后诸作亦附，今此本首行标题云入内廷后诗，下注云：天复元年辛酉五月后偓以是时入翰林，诗题下系年递至癸酉，其后又重系乙卯、甲子者，即所谓及第前后诸作亦附者此也。石林叶氏称'吾藏偓集仅百余篇，世传别本'，今起天复元年至癸酉止，仅百余首，正叶氏世传别本，与《唐·艺文志》合。其及第前后诸作并入者，乃嘉靖间从裔孙奕，以取奏之本而附益者也。"又有《香奁集》三卷，云："《戊签》题二卷者误也。别集中艳体六篇，此本未收，宋世本如是，至和凝伪词假托，沈存中《笔谈》已辨之矣。"玉缙案：《笔谈》以《香奁集》为和凝嫁其名于偓，叶梦得《石林集》、葛立方《韵语阳秋》、方回《瀛奎律髓》均辨之，吴氏不谓沈误而为沈辨，盖误记耳。张之洞《书目答问》云；"别有《香奁集》三卷，《四库》著录本删去。"瞿氏《目录》有《翰林集》一卷，《香奁集》一卷，云："《香奁集》后有《无题诗》四首，《浣纱溪词》二首，《黄蜀葵赋》、《红芭蕉赋》二首，此从宋刻本影写，不名《内翰别集》，亦不注'入内廷后诗'五字。"丁氏《藏书志》有旧钞本同。

【张佳补记】韩偓集今注本，有两种：齐涛《韩偓诗集笺注》，山东教育出版社 2000 年版；陈继龙《韩偓诗注》，学林出版社 2001 年版。陈继龙又有《韩偓事迹考略》，上海古籍出版社 2004 年版，考其生平履历甚详。新出整理本又有吴在庆《韩偓集系年校注》（全 3 册），中华书局 2015 年版，列入"中国古典文学基本丛书"，后来居上，在系年注释、校勘、笺评与附考几项上都胜出前人许多，集注本之大成。

张佳又记：周祖譔《韩偓诗集的编集、流传与版本》，载《文学遗产》2000 年第 1 期；周祖譔《关于韩偓集的几个问题》，载《唐代文学研究》第 8 辑，广西师范大学出版社 2000 年版。

又记：岑仲勉《唐集质疑》有《韩偓南依记》，排比若干史料，还原历史真相，考证精审，知韩翰林本事与仕履，必参岑氏此文。详见岑仲勉《唐人行第录·外三种》，中华书局 2004 年版，第 475 页。

唐英歌诗　三卷

　　唐吴融撰。融，字子华，越州山阴人，龙纪元年登进士第。昭宗时官翰林学士承旨、户部侍郎、知制诰。事迹具《新唐书·文艺传》。融与韩偓同为翰林学士，故偓有《与融玉堂同值诗》。然二人唱酬仅一两篇，未详其故。以立身本末论之，偓心在朝廷，力图匡辅，以孱弱文士毅然折逆党之凶锋。其诗所谓"报国危会搣虎须"者，实非虚语。纯忠亮节，万万非融所能及。以文章工拙论之，则融诗音节谐雅，犹有中唐之遗风，较偓为稍胜焉。在天祐诸诗人中，闲远不及司空图，沉挚不及罗隐，繁富不及皮日休，奇僻不及周朴。然其余作者，实罕与雁行。《唐书》本传称昭宗反正，融于御前跪作《十许诏》，少选即成，意详语当。《唐诗纪事》又称李巨川为韩建草谢表以示融，融吟罢立成一篇，巨川赏叹不已。盖在当时，亦铁中铮铮者矣。

　　【张佳补记】吴融诗文集，《新唐书·艺文志四》著录《吴融诗集》四卷，又《制诰》一卷，《崇文总目》卷五著录《吴融制诰》一卷，《通志·艺文略八》著录《吴融诗集》四卷，《直斋书录解题》卷十九著录《唐英集》三卷，《宋史·艺文志七》著录《吴融集》五卷，又《吴融赋集》五卷。《唐才子传》卷九亦云："集四卷及制诰一卷，并行。"《百川书志》卷一四著录《唐英歌诗》三卷，《天禄琳琅书目续编》卷六著录《唐英歌诗》宋椠本，《国史经籍志》卷五著录《吴融诗》四卷，《读书敏求记》卷四著录《唐英歌诗》三卷，钱曾记云："余生平所见子华诗，宋椠本惟此本"，《述古堂藏书目》卷二著录《唐英诗》三卷。明清抄本散见各家著录，皆三卷本，俱从宋椠出，然宋椠今不复见。今传《唐英歌诗》三卷，有明抄《唐四十七家诗》、明抄《唐四十四家诗》、明末毛氏汲古阁刻《唐人四集》、清康熙四十一年席氏琴川书屋刻《唐诗百名家全集》诸本，与宋椠同，凡收诗二百九十六首。《四库全书》亦加采录。

玄英集　　八卷

唐方干撰。干，字雄飞，新定人，章八元之外孙也。以诗名于江南。咸通中，一举不第，遂遁迹会稽。殁后，宰相张文蔚请追赐名儒沦落者及第凡十五人，干与焉。是集前有乾宁丙辰中书舍人祁县王赞《序》，又有安乐孙郃所作《小传》。名曰《玄英》者，干私谥"玄英先生"也。何光远《鉴戒录》称"干为诗炼句，字字无失。咏系风雅，体绝物理。"郃傳亦称其"高坚峻拔"，盖其气格清迥，意度闲远，于晚唐纤靡俚俗之中，独能自振，故盛为一时所推。然其七言浅弱，较逊五言，《郝氏林亭》而外，佳句无多，则又风会之有以限之也。赞《序》称干甥杨弇泊门僧居远收缀遗诗三百七十余篇，析为十卷。《唐书·艺文志》亦同。此本为明嘉靖丁酉干裔孙廷玺重刊，只分八卷，诗三百〇七篇，卷目俱非其旧。近时洞庭席氏《百家唐诗》本从宋刻录出者，虽仍作十卷，而诗亦只三百十六篇。《全唐诗》搜罗放失，增为三百四十七篇，然与赞《序》原数终不相合。盖流传既久，其佚阙者多矣。

　　【胡玉缙补正】《四库全书总目提要补正》：张氏《藏书志》有《丛书堂》钞本十卷，云："前有《玄英先生传》，后有集外诗两首，《文献通考》等书十三则，并载毛晋跋二则，其又跋云：'《唐志》，《玄英先生诗》十卷'，与孙传、王序相符，马氏谓《方干诗》一卷，想未见全豹耳。余向藏南宋版，虽亦十卷，传、序并首，诗不及三百，考之伊甥杨弇所编三百七十余之数，散佚已多矣，故张为《主客图》所采《贻天台中峰客》一联云：'枯井夜闻邻果落，废巢寒见别禽来'，集中未见。又从别本得若干首，并赠篇纪事数则，附录于后。晋陵徐氏刻本更多逸诗，不知何人赝作。集中'才吟五字句，又白几茎须'、'吟成五字句，用破一生心'之类，自用自句颇多，比之王摩诘'水田飞白鹭，夏木啭黄鹂'，又径庭矣。"

唐风集　三卷

　　唐杜荀鹤撰。荀鹤，池州人。案：计有功《唐诗纪事》称荀鹤有诗名，大顺初擢进士第二。牧之微子也。牧之自齐安移守秋浦，时有"妾怀妊，出嫁长林乡杜筠而生荀鹤。"又称"荀鹤擢第，时危势晏，复还旧山。田頵在宣州，甚重之。頵起兵，阴令以笺间至梁太祖许。及頵遇祸，梁主表授翰林学士、主客员外郎中、知制诰。恃势侮易缙绅，众怒欲杀之，未及。天祐初卒。"又称"荀鹤初谒梁王朱全忠，雨作而天无云。荀鹤赋诗有'若教阴翳都相似，争表梁王造化功'句。"是荀鹤为人至不足道，其称杜牧之子，殆亦梁师成之依托苏轼乎？其诗最有名者，为"风暖鸟声碎，日高花影重"一联，而欧阳修《六一诗话》以为周朴诗。吴聿《观林诗话》亦称见唐人小说作朴诗，荀鹤特窃以压卷。然则此一联者，又如宝月之于柴廓矣。此集乃其初登第时所自编。诗多俗调，不称其名。以唐人旧集，流传已久，姑存以备一家。毛晋刻本前有顾云《序》，序末谓之《唐风集》。以下文不相属，盖旧本《唐诗纪事》载云此《序》，误连下条"荀鹤初谒梁王云云"六十四字为一条，晋不察而误并钞之，殊为疏舛。今刊除此段，以还其旧焉。

　　【胡玉缙补正】《四库全书总目提要补正》：案周必大《二老堂诗话》云："《池阳集》载杜牧之守郡时，有妾怀妊而出之，以嫁州人杜筠，生子及荀鹤也，此事人罕知之，余过池尝有诗云：'千古风流杜牧之，诗材犹及杜筠儿。向来稍喜《唐风集》，今悟樊川是父师。'"与计有功《纪事》合。薛雪《一瓢诗话》云："必欲证实其事，是诚何心，污蔑樊川，已属不堪，于彦之尤不可忍，杨森嘉树曾引太平《杜氏宗谱》辨之。"瞿氏《目录》有宋刊本《杜荀鹤文集》三卷，云："首行题'杜荀鹤文集'，下题'唐风集'目录前题'九华山人杜荀鹤'，汲古毛氏所刊，用南宋分体本，此则北宋不分体者，以毛本相校，字句多不同，顾云《序》

中'为之序录'下有'乃分为上中下三卷，目曰《唐风集》'十三字，又'得如周颂'下有'《鲁颂》者别为之次序，景福元年夏太常博士修国史顾云撰序'廿四字，毛刻'周颂'下别载数行皆无之，知南宋本之舛讹也。又增多诗三首，卷一《和吴太守罢郡山村偶题》二首、卷二《送人遇乱湘中》，卷后有陆氏敕先手跋。"云云。胡仔《渔隐丛话》云："《六一居士诗话》云云，余读《隐居诗话》云'此一联非朴诗也，乃杜荀鹤之句'，然犹未敢以《六一居士诗话》为误，后又看《幕府燕闻录》云'杜荀鹤诗，鄙俚近俗，惟《宫词》为唐第一，如早被婵娟误云云，故谚云：杜诗三百首，惟在一联中。风暖鸟声碎，日高花影重，是也。'"

【余嘉锡辨证】《四库提要辨证》嘉锡案：《纪事》并不言荀鹤擢第名在第几，《南部新书》辛卷云："荀鹤，太顺二年正月十日裴贽下第八人。"则非第二也。周必大《二老堂诗话》曰："《池阳集》载杜牧之守郡时，有妾怀娠而出之，以嫁州人杜筠，后生子即荀鹤也。此事人罕知。余过池尝有诗云：千古风流杜牧之，诗材犹及杜筠儿。向来稍喜《唐风集》，今悟樊川是父师。"是其事始见于《池阳集》。闺房之事，涉于暧昧，其信否固不可知，然《唐诗纪事》卷六十五所记，于其母之再嫁，时地姓名，言之凿凿，非如梁师成之自称苏轼出子，凭空杜撰，事等捕风也。故必大于荀鹤之事，亦深信之。方必大作诗话时，知其事者尚罕，及计有功采入《唐诗纪事》，于是无人不知矣。《池阳集》不见著录，未知何人所作。《舆地纪胜》卷二十二池州人物门云："杜荀鹤，唐人，有诗名，自号九华山人，顾云序其集为《唐风集》，见《池阳记》。"其文与《唐诗纪事》同，但有删节耳。疑荀鹤为杜牧微子，事亦见于《池阳记》。《纪胜》载池州碑记，有《池阳前集》《续集》《池阳前记》《后记》，凡四种。其《前记》为政和八年范致明所编。致明即撰《岳阳风土记》者，其记岳阳事，绝去地志附会之习气，考证颇为不苟。若杜牧出妾生子事，果见于致明书中，则其事则必不尽妄，非里巷传闻者比也。荀鹤为人虽不足道，然不肖子孙，古今何限，况荀鹤生于筚门圭窦之中，幼失过庭之训者乎。

嘉锡又案：《六一诗话》云："唐之晚年，诗人如周朴者，构思尤艰，时人称朴诗月锻季炼，未及成篇，已播人口。其名重当时如此，而今不复传矣。余少时犹见其集，其句有云：'风暖鸟声碎，日高花影重'，又云：'晓来山雨闹，雨过杏花稀。'诚佳句也。"据此，则修所称周朴诗，特举其所记忆者耳，而"山雨""杏花"句乃姚合《山中述怀》之颈联，《少监诗集》卷六可覆案也。然则"风暖鸟声"一联，安知非误记乎？《唐诗纪事》卷七十一云："或曰：'晓来山雨闹，雨过杏花稀'，亦朴诗也。"其于"山雨"联，犹作疑词，而于"风暖"联绝不道及。此诗之入选，莫早于《才调集》，必自有所见，非漫然以意删削之矣。《宋史·艺文志》有周朴诗一卷，《遂初堂书目》亦有《周朴集》。陈善《扪虱新话》卷七云："处士周朴，有能诗名于唐末。欧阳公尝称朴诗'风暖鸟声碎，日高花影重'之句，然此乃杜荀鹤诗，非朴句也，见《唐风集》。公言少时见其集，今不复传。余家有朴诗百余篇，尝为之序。"然则朴集南渡后犹存，尤袤、陈善家皆有之，未尝如欧阳修所称北宋时即已不传，陈善且考之杜荀鹤、周朴二家之集。知"风暖"一联实荀鹤之诗，《六一诗话》所言，久矣夫其不足信也。《通考》卷二百四十三引《幕府燕谈》云："杜荀鹤诗，鄙俚近俗，惟宫词为唐第一，云'早被婵娟误，欲妆临镜慵。承恩不在貌，教妾若为容。风暖鸟声碎，日高花影重。年年越溪女，相忆采芙蓉。'故谚曰：杜诗三百首，惟在一联中，正谓'风暖'、'日高'之句也。"《苕溪渔隐丛话》后集卷十五引宋严有翼《艺苑雌黄》云："《唐风集》中诗极低下，前辈方之《太公家教》，惟《春宫怨》一联云'风暖鸟声碎，日高花影重'，为一篇警策。而欧阳永叔《归田录》乃云周朴之句，不知何以云然。"可见毕仲询与严有翼于欧阳修之说，皆未敢深信，特以周朴诗集传本颇稀，二人皆未之见，故不能质言之耳。吴聿《观林诗话》乃云："杜荀鹤诗句鄙恶，世所传《唐风集》首篇'风暖鸟声碎，日高花影重'者，余甚疑不类荀鹤语。他日观唐人小说，见此诗乃周朴所作，而欧阳文忠公亦云耳。盖借此引编（即压卷），已行于世矣。"此所谓唐人小说，未审为何书。吴聿之言，与陈善、严有翼辈大异，恐未可据也。余谓《春宫怨》一篇，以美人比君子，寓意深远，首四句怨而不怒，甚得风人之旨。五、六两句，写春宫之景而怨字自在其中；结句从对面着笔，言尽而意不尽。通观全首，始见其妙，不可以摘句求之。若去其首尾，独存"风暖"一联，则山寺茅斋，无不可用，面目犹是，而神韵全非矣。故荀鹤如果窃自周朴，亦当是窃其全篇，必不仅此一联也。置其全篇而但赏此一联，流俗人之见耳，何足道哉！

【张佳补记】胡嗣坤（问涛）、罗琴《杜荀鹤及其〈唐风集〉研究》，巴蜀书社 2005 年版，此书即开杜荀鹤诗集笺注之先。杜荀鹤生平，详见汤华泉《杜荀鹤生平事迹考证》，载《阜阳师院学报》1986 年第 1 期；温公翊《杜荀鹤行实考略》，载《阴山学刊》1988 年第 1 期。周本淳《唐才子传校正》，江苏古籍出版社 1987 年版，第 294 页，所出校记甚详；傅璇琮主编《唐才子传校笺》第四册，中华书局 1990 年版，第 262 页，周祖譔、吴在庆又逐条考之，第五册《校笺补正》又有陈尚君撰写"杜荀鹤"条一则，第 469 页。至此而备焉。

张佳又记：陈尚君《〈新唐书·艺文志〉未著录唐人别集辑存》有："杜荀鹤《唐风集》三卷，见《直斋书录解题》卷一九，《郡斋读书志》卷一八作十卷。《文苑英华》卷七一四有顾云序。宋时著录别有作一卷、二卷者。"详见《陈尚君自选集》，广西师范大学出版社 2000 年版，第 93 页。

徐正字诗赋　二卷

　　唐徐寅撰。寅，字昭梦，莆田人，乾宁元年进士及第，授秘书省正字。后依王审知幕府，归老延寿溪。所著有《探龙》《钓玑》二集，共五卷。自《唐书·艺文志》已不著录，诸家书目亦不载其名。意当时即散佚不传。此本仅存赋一卷，计八首；各体诗一卷，计三百六十八首。盖其后裔从《唐音统签》《文苑英华》诸书裒辑成编，附刻家乘之后者，已非五卷之旧矣。其赋句雕字琢，不出当时程试之格。而刻意锻炼，时多秀句。集中《赠渤海宾贡高元固诗序》称其国传写寅《斩蛇剑》《御沟水》《人生几何》三赋，至以金书列为屏幛，则当时亦价重鸡林矣。诗亦不出五代之格，体物之咏尤多。五言如"白发随梳少，青山入梦多""岁计悬僧债，科名负国恩"；七言如"丰年甲子春无雨，良夜庚申夜足眠""月明南浦梦初断，花落洞庭人未归""鹧鸪声中双阙雨，牡丹花畔六街尘"诸联，已为集中佳句。然当时文体，不过如斯，不能独责备于寅也。寅尝献赋于朱全忠，后忤全忠，乃遁归闽。非真有惓惓故主之思。乃与司空图、罗隐二人遥相唱和，有如臭味。又作《大夫松》诗曰："争如涧底凌霜节，不受秦王号此官"，《马嵬》诗曰："张均兄弟皆何在，却是杨妃死报君"，更似一饭不忘唐者。盖文士之言不足尽据，论世者所以贵考其实也。

　　【胡玉缙补正】《四库全书总目提要补正》：张氏及陆氏《藏书志》并有旧钞本《唐秘书省正字先辈徐公钓矶文集》十卷，并载建炎三月寅族孙师仁序云："本朝张丞相齐贤纪正字未第时，道汴州，进谒梁祖，面赋《无云雨篇》，立就，其断句云：'争表梁王造化功'，大蒙赏遇。"又云："《崇文总目》，正字赋五卷，《探龙集》一卷，题曰：'伪唐徐某撰'，正字实未尝仕伪唐也。师仁家故有赋五卷，《探龙集》五卷，正字自序其后，又于蔡君谟家得《雅道机要》一卷，又访于族人及好事者，得五言诗并绝句合二百五十余首，以类相从为八卷，并藏焉。"又云："其来闽中，且有前陂后郾之叹，安有为朱温所屈哉？殆逊言避祸，不得不尔也。"玉缙案：师仁所次八卷本，据延祐间寅族孙玩《序》，皆已亡失，此十卷本，为玩重编。惟据师仁序，《崇文总目》明载赋及探龙集，则《提要》谓诸家不载者非也。其《无云雨诗》，今《洛阳缙绅旧闻记》属诸杜荀鹤，与计有功《唐诗纪事》同，师仁乃以为寅事，因其非美事，特表之曰逊言避祸，所述当不误，岂今本《旧闻》，后人据《纪事》窜改耶？当再考。张氏云："此本盖玩所重编，缺卷四赋一篇，卷五一卷赋十篇，内《江令归金陵》等八篇，《全唐文》俱有，可据以补入，并多《均田赋》、《衡赋》二篇，为此本所未载者。此本《荐蔺相如使秦》等赋，共二十一篇，《全唐文》未载，殆未见此本。"瞿氏《目录》亦有旧钞本，云："卷中诸赋，为近刻《全唐文》不载者二十余首。"玉缙案：此本阮元《揅经室外集》已著录。

【余嘉锡辨证】《四库提要辨证》嘉锡案：《唐才子传》卷十以寅为大顺三年进士及第，《十国春秋》卷九十五以为登乾宁进士第，而不载其年，未知《提要》何据。考刘克庄《徐先辈集序》云："按公元年乾宁登第"，《提要》或即据此耶。寅集不见于《唐志》，而《通志·艺文略》、《遂初堂书目》、《郡斋读书志》、《读书附志》、《直斋书录解题》、《通考·经籍考》，亦不著于录。然《崇文总目》卷六十三有《探龙集》一卷，《徐寅赋》一卷。《宋史·艺文志》有《徐寅别集》五卷，又有徐演《探龙集》五卷，"演"即"寅"字之误。《宋志》用宋历代国史艺文志合编，而国史志又本之官修书目，则不得谓诸家书目皆不载其名，小木尝散佚不传也，《提要》自不肯详考耳。寅集在宋、元时凡有三本，一本十九卷，寅族孙师仁作《唐秘书省正字先辈徐公钓矶文集序》云："按《崇文总目》，《正字赋》五卷，《探龙集》一卷题曰伪唐徐某撰。正字实未尝仕伪唐也。师仁家故有赋五卷，《探龙集》五卷，正字自序其后；又于蔡君谟家得《雅道机要》一卷；又访于族人及好事者，得五言诗并绝句，合二百五十余首，以类相从为八卷，并藏焉。其余碑碣之属甚众，类皆亡失，岂其赋名特高，故他文遂不俱传欤？今观笺疏颇类玉溪，而律诗精炼，亦不减同时韩致光、吴子华诸人也。"序末题建炎三年三月，其本今不传。又一本盖即师仁所编而亡其《雅道机要》一卷，仅存十八卷。刘克庄《后村大全集》卷九十六《徐先辈集序》云："友人徐君端衡出其十一世祖唐正字先辈文集，又纂辑公遗事及年谱以示余。按刘山甫志墓，诗赋外有著书二十卷。南渡初，公族孙著作佐郎师仁作集序，有《雅道机要》一卷，得于蔡君谟家者，今皆不传，所传者律赋及《探龙集》各五卷，诗八卷而已。夫士不幸而不遇于当时，所赖以自见于后世者书尔，而公所著他书皆羽化，惟诗赋与俪语仅存，岂不重可叹欤！然其仅存者已足与子华、致光并驱矣。"此本今亦不传。其传者为元延祐时寅裔孙玩所编，又亡其《探龙集》，仅存诗赋十卷，而第五卷有录无书，盖撷拾残剩所得，又非师仁编次之旧矣。集名则仍师仁所题。玩自为之序曰："文集者，入莆第五代祖先辈公所撰文也。先辈，时人推尊之称也，钓矶乃归隐适意处号也。予尝观旧谱，载十二代著作佐郎赐绯鱼袋师仁公所著文集序，既有其序，时必有集，今皆亡失。郁郁不乐，凡对族人，惟以不得其文为忧。至延祐丁酉岁，叔父司训公于洛如金桥林必载家，得诗二百六十余首，复于己亥岁，族叔祖道真公遗赋四十篇，不胜欣慰，合而宝之，后则屡求未得。今则据其所得诗赋暂编成卷，装潢类诸谱牒，合与族人暨诸君子共之。"此本不知曾否付刻。至近岁始由涵芬楼据旧钞本印入《四部丛刊》，每叶板框外有"虞山钱曾王也是园藏书"十字。然不见于《读书敏求记》及《述古堂》《也是园》两书目。其赋以十篇为一卷，第五卷目存而赋亡，仅存四卷，与徐玩《序》四十篇之数合。诗凡二百六十五首，与玩序亦合，其即为玩所编辑之本无疑。《爱日精庐》《铁琴铜剑楼》《皕宋楼》诸家藏书志皆有旧钞本，考其所言，盖与此本同出一源。唯《持静斋书目》卷四云："《徐正字文集》十卷，旧钞本，爱日精庐张氏所藏比此尚短数篇。"《善本书室藏书志》卷二十五云："《钓矶文集》十卷，旧钞本旧缺第五卷，此独全。"似别有一完善之本者。然延祐时徐玩所编，已只存赋四十篇，两丁氏所藏，既非出于宋本，安得见玩所未见？以意推之，盖《爱日精庐志》中已言今本所缺，《全唐文》有其八篇，传钞者阴用其言，按目补入而讳所自来，丁丙不考，遂诧为独全，其实未尝全也。修《四库》书时，未得徐玩编本，仅以二卷本著录。《提要》以为徐氏后裔从《统签》《英华》内辑出，考《文苑英华》仅录寅赋五首，而库本则存赋八首，疑徐氏自以家藏残本付刻，而非出自《英华》也。《全唐文》卷八百三十录寅赋二十八首，其存佚与徐玩本互有不同，知亦未见玩本，疑其辑自《永乐大典》耳。玩本存诗二百六十五首，《唐音统签》《全唐诗》搜罗宏富，亦只多三首，《提要》谓二卷本有诗三百六十八首，必无此理，"三百"当作"二百"，字之讹耳。张元济跋《四部丛刊》本云："阮文达尝据钱遵王影钞本呈进，《提要》言赋五卷，凡五十首。是本共十卷，阮氏仅得五卷，且有赋五十首，与是本不同，疑所见为钱氏之别一抄本。然《提要》又明言为其裔孙玩所编次，阮氏所进原本，今编入《宛委别藏》，假得对校，亦只存四十六篇，除缺《江令归金陵赋》，馀均与《全唐文》合，文字略有歧异，其所从出，又同而不同。然阮氏提要绝未明言其故，且一似五十首无少欠阙者，此真索解不得已。"嘉锡案：徐玩原序，明言赋只四十首，阮本既是玩所编次，安得忽增多数首？考阮氏书多得之何元锡，元锡以贩卖书籍牟利，好作伪以取高价，此盖偶得传钞残本而亡其诗，因从《全唐文》录入七篇以补第五卷，而忘《江令归金陵赋》一篇未补，伪称完本以欺人耳。其文字虽小有异同，然推寻文义，自可校改，不必定须善本。惟也是园本凡赋皆不注官韵，《文苑英华》《全唐文》有注有不注，而阮本于三十九首之中，注官韵者至三十四首，似乎所据为别一旧本者。及考其所得之韵，往往为本赋所无，且文理亦多不顺，如卷一《首阳山怀古赋》，以"人和德风迹老志乐"为韵，而赋无"和老"二字；《荐蔺相如使秦赋》，以"为节名显璧论秦国"为韵，而赋无"为名显"三字；卷二《外举不避雠赋》，以"先言亲雠闻中民"为韵，而赋无"亲闻民"三字，且实八韵；《避世金马门赋》，以"修道君门俗微仙客"为韵，而赋无"修俗"二字，他篇类此者尚多，是直以意为之耳。张氏疑其所见为钱氏之别一抄本，不免犹为所给矣。

嘉锡又案：徐寅，两《唐书》均无传，《唐诗纪事》亦不载其姓名。《唐才子传》卷十有传而甚略，仅云："寅，莆田人也。人顺二年将咏卜进士及第。工诗。须鬓交白，始得秘书省正字，竟蓬转客途，不知所终云。有《探龙集》五卷。"不言献赋朱全忠。宋陶岳《五代史补》卷二云："徐寅登第归闽中，途径大梁，因献太祖《游大梁赋》。时梁祖与太原武皇为雠敌，武皇眇一目，又出自沙陀部落。寅欲曲媚梁祖，故词及之云：'一眼胡奴，望英威而胆落。'未几，有人得其本示太原者，武皇见而大怒。及庄宗之灭梁也，王审知遣使至，遽召其使问曰：'徐寅在否？'以无恙对。庄宗因惨然曰：'徐寅指斥先帝，何以容之！'使回，具以告审知，即日戒阍者不得引接徐寅，坐是终身止于祕书正字。"宋张齐贤《洛阳缙绅旧闻记》卷一云："福建人徐寅下第，献《过梁郊赋》，梁祖览而器重之，且曰：'古人酬文士，有一字千金之语，军府费用多，且一字奉绢一匹。'徐赋略曰：'客有失意还乡，经于大梁，遇郊圻之耆老，问今古之侯王。父老曰：且说当今，休论往昔，昔时之事迹谁见，今日之功名目睹。'辞多不载，遂留于宾馆，厚礼待之。徐病且甚，梁祖使人谓曰：任是秦皇汉武，盖诮徐赋有'直论萧史王乔，长生孰见；任是秦皇汉武，不死何归'，憾其有此深切之句尔。"两《书》虽言其献赋，而不云有忤全忠之事。至于"秦皇汉武，不死何归"，乃其《人生几何赋》中语，本不为全忠而发。殆寅行卷中有此赋，全忠读之，憾其语意不祥，故因其病以讽之。齐贤记此事，亦不云因此遂忤全忠也。惟吴任臣《十国春秋》卷九十五寅本传云："尝游大梁，以赋谒梁王全忠，误触其讳，梁王变色，寅狼狈出，欲遁去，恐不得脱，乃作《过大梁赋》以献。"《提要》即据之以为说。考刘克庄、徐师仁两序皆引张齐贤记云："寅醉犯温讳，忧不测，作《游大梁赋》以献。"是寅实有忤全忠之事。然寅献赋后，全忠礼遇甚厚，至酬以一字一缣，未尝因此遁去。《提要》之言，不知所本，读书不细，遂至厚诬古人，大不可也。《提要》责寅不当献赋全忠，其言甚正，但《五代史补》谓寅登第归经大梁，师仁引张齐贤记亦云"解褐东还"。考寅登第之岁，或言景福元年，或言乾宁元年，按之唐、五代史及《资治通鉴》，全忠是时虽渐强大，跋扈不臣，然尚未执朝权，篡逆之形，犹未著也。唐之士人，好干谒藩镇以求馈赆，寅踖军门上谒，亦当时风气使然，及其触讳献赋，或出于不得已，似未可与党奸附逆者同科。罗隐乃心唐室，然犹不免身受梁官。寅于唐末依王审知，迄于后唐，竟以秘书正字终其身，未尝受梁一命，其咏《大夫松》诗，所谓"争如涧底凌霜节，不受秦王号此官"者，实即借以自慰。迹其生平，盖无多愧，君子善善从长，不宜以其尝献赋贡谀，并其晚节而议之也。刘克庄序云："当时卿相，多由汴以进，公独舍汴而归，萧然于草堂之下，钓矶之上，以终其身。始不改赋者不乐兔园也，去而献赋者诡辞也，脱虎口也，否则毙温手矣。集中惟一眼胡奴之作，削而不取，其恶梁如此。方唐之亡也，士大夫贵显而全节者，惟司空表圣、韩致光二公，厄穷而自守者，惟公与罗隐。隐依钱氏，公依王氏，犹子美客剑南之意也。公昔交长安贵人甚多，晚惟与二公及隐有唱酬；致光后避地入闽，隐近在浙，表圣远居西华，而公惓惓不忘，其忠唐如此。"克庄之言，与《提要》正相反，虽所以称寅者或过其实，然不失为平情之论。若《提要》之责寅，殆不免少苛矣。虽然，寅不能安于义命，自爱其羽毛，轻以文字干人，歌颂功德于盗贼之前而不之耻，致使人疑其党逆，实自取之，为法受恶，其又奚辞。士生乱世而不能严取与，重名节，未有不身名俱丧者，寅得以诸侯宾客终老，犹其幸焉者耳，《提要》之说，未可废也。徐师仁序云："本朝张丞相齐贤记正字未第时道汴州，进谒梁祖，面赋《无云雨》篇立就，其断句云：'争表梁王造化功'，大蒙赏遇。"按今本《洛阳缙绅旧闻记》，见朱温赋《无云雨》者，乃杜荀鹤而非徐寅，其叙此事，委曲周悉，断非传写之误。且其言曰："梁祖之初兼四镇也，英威刚狠，宾客对之，不寒而栗，进士杜荀鹤以所业投之。"云云。考新、旧《五代史》，温以天复元年正月对梁王，其五月兼领护国军节度使，始兼四镇，故荀鹤诗称为梁王。若寅以登第后过汴，至迟亦在乾宁间，其时温仅兼三镇、封东平王耳，安得有梁王之称乎？《唐诗纪事》卷六十五、《唐才子传》卷九皆以《无云雨诗》为荀鹤所作，其不出于寅亦审矣。师仁偶读误本《旧闻记》，遽从而诬其祖，不亦异乎？今附辨之于此，无使来者惑焉。

黄御史集　十卷

　　唐黄滔撰。滔，字文江，莆田人，乾宁二年进士第。光化中除四门博士，寻迁监察御史裏行，充威武军节度使推官。王审知据有全闽，而终守臣节，滔匡正之力为多。《五代史》称审知好礼下士，王淡、杨沂、徐寅，唐时知名士多依之，独不及滔。《五代史》多漏略，不足据也。又集中有《祭南海南平王》文，称"崔员外昨持礼币，尝诣门墙，爰蒙执手之欢，宏叙亲仁之旨云云"。乃为王审知祭刘隐而作。案：隐初封大彭王，进封南平王，再进封南海王，据《五代会要》，南海之封在隐卒后一月，故此文尚称南平王。说者或以高季兴亦封南平，又不知此文为代审知所作。遂谓滔曾应高氏之聘，亦考之未审矣。《唐书·艺文志》载滔集十五卷，又《泉山秀句》三卷，并已散佚。此本卷首有杨万里及谢谔序。万里《序》谓滔裔孙永丰君自言此集久逸，其父考公始得之，仅四卷而已。其后永丰君又得诗文五卷于吕夏卿家，又得逸诗于翁承赞家，又得铭碣于浮屠老子之宫，编为十卷。是为淳熙初刻，后再刻于明正德，三刻于万历，四刻于崇祯。此本即崇祯刻也。集中文颇瞻蔚，诗亦有贞元、长庆之遗。虽不及罗隐、司空图，而实非徐寅诸人之所及。其《颍川陈先生集序》称"天复元年，某叨闽相之辟"。考乾宁四年，唐以福州为威武军，拜审知节度使，累迁同中书门下平章事，封琅邪王。至梁太祖即位，乃封闽王，仍同中书门下平章事。滔称闽相而不称王，则所谓规正审知使守臣节者，是亦一证也。末有附录一卷，又载滔裔孙补遗文一篇。补字季全，绍兴中进士，历官安溪县令。所著《诗解》《九经解》《人物志》等书，皆失传。惟此篇仅存，故附滔集以行世云。

　　【胡玉缙补正】《四库全书总目提要补正》：李慈铭《荀学斋日记》庚集下四六云："王廉生新刻《黄御史集》，凡分两袠，上袠赋、诗、杂文，下袠书启、祭文、碑铭，以影钞宋庆元刻残本为主，而补以明崇祯刻本，文江律赋颇有佳句，洪景卢《容斋四笔》已言之，馀文亦颇不率尔。"据此，则淳熙刻本外又有庆元本。

【张佳补记】黄滔集，《新唐书·艺文志四》著录《黄滔集》十五卷，又《泉山秀句集》三十卷。南宋绍兴丙子（1156），滔八世孙黄公度编为十卷，名曰《东家编略》；淳熙三年（1176），其子永丰县令黄沃又递编镂版，是为黄滔集首次刊刻，杨万里序之；庆元二年（1196），又刻于邵州，洪迈为之序。《宋史·艺文志七》著录《编略》十卷，又《莆阳黄御史集》二卷，《国史经籍志》卷五著录《黄滔集》十五卷，又《泉山秀句集》三十卷，《绛云楼书目》卷三著录《黄滔集》十五卷。今传《唐黄御史集》八卷，附录一卷，有明崇祯十一年（1638）黄鸣乔、黄鸣俊刻本，《四库全书》即据崇祯本采录。

张佳又记：四库馆臣云："是为淳熙初刻，后再刻于明正德，三刻于万历，四刻于崇祯。"张佳检读万曼《唐集叙录》，河南大学出版社2008年版，第493页，万曼先生说："但从上述看来，黄集乃不止四刻矣。"据他所考，淳熙三年（1176）黄沃衷辑本，杨万里为之序，为黄滔集之第一本；庆元二年（1196）又刻于韶州，洪迈为之序；明正德八年（1513），黄希英三刻于莆中；万历丙午（1606）曹学佺又刻《黄御史集》八卷；天启间又有黄起有刻本，瞿氏《铁琴铜剑楼藏书目录》卷十九有著录；又有崇祯十一年（1638）黄鸣乔、黄鸣俊刻本。条分缕析，证据充分，《四库提要》云"四刻"，其误甚显。

罗昭谏集　八卷

唐罗隐撰。隐有《两同书》，已著录。考《吴越备史·隐本传》云："隐有《江东甲乙集》、《淮海寓言》及《谗书后集》，并行于世。"郑樵《通志·艺文略》载《罗隐集》二十卷、后集三卷，又有《吴越掌记集》三卷。至陈振孙《书录解题》，则《甲乙集》仅十卷，而后集反有五卷，又多《湘南集》三卷。且注："《甲乙集》皆诗，后集有律赋数首，《湘南集》乃长沙幕中应用之文。隐又有《淮海寓言》及《谗书》等，求之未获云云。"据此，则不特《吴越掌记集》不传，即《淮海寓言》《谗书》两种，振孙且不得见矣。此本为康熙初彭城知县张瓒所刻，后有瓒《跋》云："昭谏诸集，今不复见，仅得《江东集》钞本于邑人袁英家。嗣后得《甲乙集》刻本，合而读之，虽全集不获尽睹，窥豹者已得一斑矣。"盖出于后人所掇拾，非旧帙也。所载诗四卷，又有杂文一卷。诗与毛晋所刻《甲乙集》合，杂文则不知原在何集。其《湘南集》仅存《自序》一篇，列于卷中。《序》谓："湘南文失落于马上军前，仅分三卷，而举业祠祭亦与焉。"今杂文既无长沙应用之作，亦无举业祠祭之文。唯诸启多作于湖南，或即《湘南集》中之遗欤？《文苑英华》有隐《秋云似罗赋》一篇，盖即后集之律赋，此本失载。则所采亦尚遗漏矣。第七卷末一篇，为《广陵妖乱志》，前十一篇，疑即《淮海寓言》之文也。第八卷有《两同书》十篇，《唐志》著录。其说以儒道为一致，故曰《两同》。似乎《谗书》之外，又有此书者，其异同则不可考矣。隐，不得志于唐，迨唐之亡也，梁主以谏议大夫召之，拒不应。又力劝钱镠讨梁。事虽不成，君子韪之。其诗如《徐寇南逼感事献江南知己》一首、《即事中元甲子》一首、《中元甲子以辛丑驾幸蜀》四首，皆忠愤之气溢于言表，视同时李山甫、杜荀鹤辈有鸾枭之分。虽残阙之余，犹为艺林所宝重，殆有由矣。

【胡玉缙补正】《四库全书总目提要补正》：钱泰吉《曝书杂记》云：

"《罗昭谏集》八卷，康熙年新城知县武定张瓒容庵所辑，一卷至六卷为诗文，第七卷杂著，则《谗书》仅八条，《广陵妖乱志》四则，第八卷为《两同书》，道光甲申新城知县平江吴塘整理印行。余属潘梧君蔼人丛《全唐文》钞补赋四篇、表一篇、序一篇、书二篇、碑一篇、钱氏大宗列传十九篇、吊文一篇为《补遗》一卷，合诸《谗书》五卷，昭谏之遗著略备矣。"玉缙案：此则彭城当作新城，遗漏亦不止《秋云似罗赋》一篇也。瞿氏《目录》有宋刊本《甲乙集》十卷，云："汲古毛氏刻本，有'一作某'，此本无之，以之相校，各有胜处，而毛本逊于此本者，皆可据以订正也。"杨氏《偶录》亦有此本，并附黄丕烈所记旧人校补字七处，今略之。

【张佳补记】罗隐集整理本，有雍文华校辑《罗隐集》，中华书局1983年版，《甲乙集》《谗书》《两同书》《杂著》等分别用《四部丛刊初编》本、拜经楼正本、瑞榴堂本为底本校勘。今注本，有潘惠慧《罗隐集校注》，浙江古籍出版社1995年版；李之亮《罗隐诗集笺注》，岳麓书社2001年版，李之亮本后来居上。新出注本又有潘惠慧《罗隐集校注》（修订本，上下册），浙江古籍出版社2011年版，以《全唐诗》本为底本并参校《四部丛刊》影宋刊本《甲乙集》；李定广《罗隐集系年校笺》（上下册），人民文学出版社2013年版，列入"国家社科基金后期资助项目"丛书之一，网罗众本，选取最佳底本，釐清了版本谱系，并作了重新辑佚，充分利用傅增湘《文苑英华校记》的相关条目，确定了罗隐集的最可靠文本。尤为难得的是在作品编年考证与辨伪方面下足了功夫，基本上超过了以往诸本所做的工作，很好地处理了底本善本、辑本之间的关系。李定广在这种专集考辨上做出了很好的成绩，而且著有《罗隐年谱》（上海古籍出版社2012年版）勾勒其一生行历甚详，条理有据。

张佳又记：陈尚君《〈新唐书·艺文志〉未著录唐人别集辑存》有"《罗隐集》二十卷、《赋》一卷、《吴越掌记集》三卷、《甲乙集》十卷，见《崇文总目》卷五。宋元书目及史传于隐集颇多歧异，不详录。具集名者尚有《湘南应用集》三卷、《淮海寓言》七卷、《谗言》五卷（均见《宋史·艺文志》七）、《江东后集》三卷（《通志·艺文略》八）等，或即为二十卷集中所含，故不一一列目。"详见《陈尚君自选集》，广西师范大学出版社2000年版，第109页。

白莲集　十卷

　　唐释齐己撰。齐己，益阳人，自号衡岳沙门。宋人注杜甫《己上人茅斋诗》谓"齐己与杜甫同时"，其谬不待辨。旧本题为梁人，亦殊舛讹。考齐己尝依高季兴为龙兴寺僧正，季兴虽尝受梁官，然齐己为僧正时，当隆德元年辛巳，在唐庄宗入洛之后矣。集中己称季兴为南平王，而陶岳《五代史补》载徐东野在湖南幕中赠齐己诗，称"我唐有僧号齐己"，安得谓为梁人耶？是集为其门人西文所编，首有天福三年孙光宪《序》。前九卷为近体，后一卷为古体，古体之后又有绝句四十二首，疑后人采辑附入也。唐代缁流能诗者众，其有集传于今者，惟皎然、贯休及齐己。皎然清而弱，贯休豪而屚，齐己七言律诗不出当时之习，其七言古诗以卢仝、马异之体缩为短章，诘屈聱牙，尤不足取。惟五言律诗居全集十分之六，虽颇沿武功一派，而风格独遒。如《剑客》《听琴》《祝融峰》诸篇，犹有大历以还遗意。其绝句中《庚午年十五夜对月》诗曰："海澄空碧正团圞，吟想玄宗此夜寒。玉兔有情应记得，西边不见旧长安。"惓惓故君，尤非他释子所及。宜其与司空图相契矣。

　　【胡玉缙补正】《四库全书总目提要补正》：张氏《藏书志》、瞿氏《目录》并有旧钞本十卷，《风骚旨格》一卷，瞿云："举以校毛本，正误甚多，《风骚旨格》亦未刻。"

　　【张佳补记】齐己《白莲集》十卷，由门人西文于后晋天福三年（938）裒辑而成，孙光宪序之。《崇文总目》卷五著录《白莲集》十卷、又《白莲外编》十卷，《直斋书录解题·诗集类上》卷十九著录《白莲集》十卷、又《文史类》卷二十二著录《风骚旨格》一卷，《宋史·艺文志七》著录《僧齐己集》十卷、又《白莲华编外集》十卷、又《艺文志八》著录《诗格》一卷，《国史经籍志》卷五著录《白莲集》十卷、又《外编》十卷。惜《白莲外编》已佚。今传《白莲集》十卷，有明毛晋汲古阁刊《唐三高僧诗集》本，《四库全书》亦予采录。

张佳又记：陈尚君《〈新唐书·艺文志〉未著录唐人别集辑存》有"释齐己《白莲集》十卷、《白莲外编》十卷，见《崇文总目》卷五、《通志·艺文略》八。《秘书省续编到四库阙书目》卷一作《白莲集》三十卷，恐误。其余宋元记载，稍有歧互，不具录。"详见《陈尚君自选集》，广西师范大学出版社2000年版，第112页。

禅月集　二十五卷

　　唐释贯休撰。贯休，字德隐，姓姜氏，兰溪人。旧本题曰梁人。案：贯休初以乾宁三年依荆帅成汭，后历游高季兴、钱镠间，晚乃入蜀依王建。至乾德癸未卒，年八十一。终身实未入梁，旧本误也。陶岳《五代史补》称贯休《西岳集》四十卷，吴融序之。然集末载其门人昙域后序、编次歌诗、文赞为三十卷，则岳亦误记矣。此本为宋嘉熙四年兰溪兜率寺僧可灿所刊，毛晋得而重刊之。仅诗二十五卷，岂佚其文赞五卷耶？补遗一卷，亦晋所辑，然所收佚句如“朱门当大道，风雨立多时”一联，乃《赠乞食僧诗》。今在第十七卷之首，但道作路，雨作雪耳。晋不辨而重收之。殊为失检。《文献通考》别载《宝月集》一卷，亦云贯休作，今已不传。然昙域不云有此集，疑马端临或误。毛晋又云《西岳集》或作《南岳集》。考贯休生平，未登太华，疑南岳之名为近之。“西”字或传写误也。又书籍刊版始于唐末，然皆传布古书，未有自刻专集者。昙域《后序》作于王衍乾德五年，称检寻稿草及阇记忆者约一千首，雕刻成部。则自刻专集，自是集始，是亦可资考证也。

　　【余嘉锡辨证】《四库提要辨证》嘉锡案：《蜀梼杌》卷上云：“贯休善诗，与齐己齐名，有《西岳集》十卷。”《唐诗纪事》卷七十五亦云：“休与齐己齐名，有《西岳集》十卷，吴融为之序。”融《序》云：“晚岁止于荆门龙兴寺。余谪官南行，因造其室。丙辰，余蒙恩诏归，与上人别，袖出歌诗草一本，曰《西岳集》，以为贶矣。”丙辰者，唐昭宗之乾宁三年也。可见《西岳集》成于荆门，皆未入蜀以前之作，非其全集，故只十卷。陶岳以为四十卷者误也。今《四部丛刊》影印本《禅月集》，即从僧可灿原刻影写。其昙域后序曰：“葬事既周，哀制斯毕，众请昙域编集前后所制歌诗文赞，遂寻检稿草及暗记忆者，约一千首，乃雕刻版部，题号《禅月集》。"并无编为三十卷之语。毛氏本既系重刻，不识何以不同。考《宋史·艺文志》著录《僧贯休集》，晁氏《读书志》卷十八著录《禅月集》，皆三十卷。今此本只二十五卷，或可灿所得之本已只存其诗而佚其文欤？若《通志·艺文略》称《禅月诗》三十卷，则不知其原集于歌诗之外尚有文赞也。《崇文总目》卷六十一作《禅月诗》三卷，疑夺"十"字。《唐才子传》卷六云："有集三十卷，今传。"恐系因袭旧文，未必真见全集。《书录解题》卷十九作《禅月集》十卷，当即《西岳集》之改名，而非昙域之所编也。案：《郡斋读书志》卷十八云："贯休《禅月集》三十卷，唐僧贯休撰。字德隐，姓姜氏，婺州人。后入蜀，号禅月大师。初，吴融为之序，其弟子昙域削去，别为序引，伪蜀乾德中献之。"《文献通考》卷一百四十三引之，其文并同，独书名作《宝月诗》一卷为异。此虽马端临之误，但其书名卷数之下明有"晁氏曰"三字，只需取《读书志》略一检阅，则《宝月诗》之与《禅月集》，是一是二，自可一目了然。乃《提要》竟不能决，似不知《读书志》之尚存，不亦大可怪欤？案：毛氏之说，盖谓《禅月集》别本有作《南岳》者。然考《蜀梼杌》以下诸书，并作《西岳》，不应其误相同如此，别本不足据也。本集卷首署衔曰"浙江道婺州兰溪县和安寺西岳赐紫蜀国禅月大师贯休述"。考昭宗乾宁三年秋七月，岐军逼京师，帝驻跸华州，贯休盖以此时被成汭表荐，帝赐以紫衣。其集适于是年编成，遂以驻跸之地名之曰"西岳"，所以志君恩，伤国难也。其后昙域编次全集，献之王衍，不敢以大唐赐紫加于蜀国师号之上，遂变其文为"西岳赐紫"，其易《西岳集》之名为《禅月》，亦此意焉耳。此虽于书传无征，近于想当然之说，然舍此则其署衔为不可解，读者幸详之。

【张佳补记】贯休诗集，昭宗乾宁三年以初名《西岳集》赠吴融，有光化二年吴融《序》，后贯休又令门人昙域重序之。蜀乾德五年（923），昙域镂版题曰《禅月集》，惜已不传。《崇文总目》卷五著录《禅月诗》三卷，《郡斋读书志》著录《禅月集》三十卷，《直斋书录解题》卷十九著录《禅月集》十卷，注云："案《唐诗纪事》作《西岳集》十卷，《文献通考》作《宝月诗》一卷。"《宋史·艺文志七》著录《僧贯休集》三十卷，《国史经籍志》卷五著录《禅月诗》三十卷，《唐才子传》卷十亦谓"有集三十卷，今传"，惜文集五卷已佚。《世善堂藏书目录》卷下著录《宝月诗集》一卷，《季苍苇藏书目》著录《禅月集》二十五卷，《孙氏祠堂书目内编》卷三著录《禅月集》二十五卷。今传《禅月集》二十五卷，为南宋嘉熙四年（1240）兜率寺僧可灿重刊本，明毛晋汲古阁再加重刊，辑入《唐三高僧诗》中，附补遗一卷，《四库全书》据以采录。

又记：今注本，有陆永峰《禅月集校注》，巴蜀书社 2006 年版。胡大浚《贯休歌诗系年笺注》（全三册），中华书局 2011 年版，共 110 万字，后附了《禅月大师贯休年谱稿》，列入"中国古典文学基本丛书"。

浣花集　十卷

　　唐韦庄撰。庄，字端己，杜陵人。乾宁九年第进士，授校书郎、转补阙。后仕蜀王建，至吏部侍郎同平章事。《文献通考》载韦庄集五卷，此本十卷，乃毛晋汲古阁所刻。为庄弟蔼所编，前有蔼《序》。疑后人析五为十，故第十卷仅诗六首也。末为补遗一卷，则毛晋所增。然如《癸丑年下第献新先辈》一首，既见于卷八，又入补遗，殊为失检。《全唐诗》所录较此本多《勉儿子即事》等篇共三十余首。盖蔼《序》作于癸亥年六月，为唐昭宗之天复三年。庄方得杜甫草堂，故以名集。自是以后，篇什皆未载焉。故往往散见于诸书，后人递有增入耳。

　　【张佳补记】韦庄诗集《浣花集》，为其弟韦蔼于昭宗天复三年（903）初编并序之。《蜀梼杌》卷上载其"有《浣花集》二十卷"，《崇文总目》卷五著录《浣花集》二十卷、《谏疏集》三卷、《幽居杂编》一卷，《郡斋读书志》著录《浣花集》五卷，记云："伪史称庄有集二十卷，今止存此。"《直斋书录解题》卷十九著录《浣花集》一卷，《宋史·艺文志七》著录《浣花集》十卷、《谏草》一卷、《韦庄谏疏笺表》四卷，《补五代史艺文志》著录《韦庄笺表》一卷、《谏草》二卷，《国史经籍志》卷五著录《浣花集》二十卷。《唐才子传》卷十云："弟蔼，撰庄诗为《浣花集》六卷，"《述古堂书目》著录《浣花集》十卷。韦集至宋已散佚不全矣。今传《浣花集》十卷，收诗二百五十二首，已非原帙，《四库全书》据汲古阁本采录。万曼称韦集"今传各本皆出自南宋书棚十卷本"，详见《唐集叙录》，河南大学出版社2008年版，第485页，是见其版本流传于一斑。陈尚君《〈新唐书·艺文志〉未著录唐人别集辑存》亦补记："韦庄《浣花集》二十卷，见《崇文总目》卷五、《通志·艺文略》八、《蜀梼杌》卷上。"详见《陈尚君自选集》，广西师范大学出版社2000年版，第98页。

　　张佳又记：韦庄集整理本，有向迪琮校订《韦庄集》，人民文学出版社1958年版。韦集今注本，有江聪平《韦端己诗校注》，台湾中华书局1969年版，刘金城《韦庄词校注》，中国社会科学出版社1981年版，二书分笺其诗词。又有李谊《韦庄集校注》，四川省社会科学院出版社1986年版；齐涛《韦庄诗词笺注》，山东教育出版社2002年版；聂安福《韦庄集笺注》，上海古籍出版社2002年版，皆合注韦庄全集，各得其所长。聂安福注本列入上海古籍出版社《中国古典文学丛书》，或稍胜他本一筹。目录之学，治学之基；读书得间，唯在悟入，大雅君子，何取之焉？2010年1月22日凌晨2点，沔州后学张佳记于鹓书庵。

附录　唐人别集编纂的文献统计

王绩诗集　　《王无功文集》五卷　友人吕才辑集并序

　　　　　　《东皋子集略》二卷　中唐人陆淳删节

明代刊本的　《东皋子集》三卷本系统，目前最早者为明万历年间黄汝亨

　　　　　　刻本

卢照邻集　　《卢照邻诗集》二十卷，卢照邻自编，弟弟卢照己再编，至

　　　　　　宋有散佚

《幽忧子集》　七卷　明人张燮崇祯十三年（1640）辑《初唐四子集》本，

　　　　　　张燮《幽忧子集题词》

明人张逊业《卢照邻集序》（《十二家唐诗》本）

　　　　　　《卢升之集》七卷，清人项家达乾隆四十六年（1781）辑

　　　　　　本，《丛书集成初编》据以排印

骆宾王集　　《骆宾王文集》十卷　郗云卿奉敕辑集并序《骆宾王文集序》

　　　　　　《骆丞集》八卷　明人张燮辑

　　　　　　《唐骆先生文集》明人虞更牛辑

　　　　　　《骆丞集》四卷　清人胡凤舟辑

　　　　　　明万历四十三年（1615），颜文选注刻《骆丞集注》四卷

　　　　　　清康熙四十六年（1707）黄之琦刊本《骆临海集》，有汪道

　　　　　　昆《序》

　　　　　　嘉庆二十一年（1816），秦恩据汲古阁本覆刻《骆宾王文

　　　　　　集》十卷，附《考异》一卷

王勃集　　　《王子安集》二十卷　弟王助、王勋辑集其遗文　杨炯《王

　　　　　　子安集序》

　　　　　　《王子安集》十六卷　明人张燮崇祯十三年（1640）辑刻

　　　　　　张燮《王子安集序》

《王子安集注》二十卷，清人蒋清翊

杨炯集　《杨炯集》三十卷　友人宋之问编　亡佚不传

《盈川集》十卷　明万历三年童珮辑集　明人皇甫汸《盈川集序》

《杨盈川集》十三卷　明崇祯间张燮重辑

《杨炯文集》七卷　清同治间邹氏刊本

杜审言集　《杜必简诗集》一卷　南宋乾道六年（1170）赵彦清重辑并刊刻　杨万里《杜必简诗集序》

明嘉靖七年（1528）任庆云刻本《杜审言诗集》三卷，藏于台湾"中央"图书馆

李峤集　《李峤杂咏注》注文今存于敦煌写本中，日本亦有抄本

宋之问集　《宋之问考功集》十卷　友人武平一于开元中期纂辑　已亡佚不传

《宋之问集》今传二卷　明人重辑本

《宋之问集》二卷　明嘉靖年间徐缙铜活字间刻本，今藏国家图书馆

《四部丛刊》续编据以影印

沈佺期集　宋代有十卷本、五卷本两种　均已亡佚

《沈佺期集》今传四卷　前后无序跋，分体编次

《沈佺期诗集》七卷　明正德十三年（1518）王廷相刻本，王廷相《序》

《沈云卿集》三卷　明天启四年（1624）李元桢辑本

陈子昂集　《陈子昂文集》十卷　友人卢藏用编集　卢藏用《陈子昂文集序》

《陈伯玉文集》今传十卷　明弘治四年（1491）杨春重辑，杨澄校刻本张颐序　杨澄后序，是为母本，《四部丛刊》据以影印

《陈伯玉文集》十卷，明人舒其志重编，华崇校刊本，源出杨澄刻本

《子昂集》十卷，明嘉靖四十四年（1565）王廷校刊本，有王廷重刻书后序

《陈伯玉文集》五卷　清道光十七年（1837）蜀州杨国桢尊

往堂刻本

张说集　　　《张说之文集》三十卷　唐时有三十卷家集抄本；宋蜀刻本

明嘉靖十六年（1537）伍德龙池草堂二十五卷校刊本，以宋蜀本为底本增订重刊，现存刊刻最古

明万历重修本，万历十一年（1583）覆刻本，项笃寿《〈张燕公集〉叙》

缪荃孙　　　《张说之文集跋》

张九龄集　　《曲江集》二十卷　宋代有两种刊本流传，一为曲江本，一为蜀本

《曲江集》明成化九年丘濬序本为祖本　苏铧《书文献张公文集后》

《张子寿文集》二十卷，蒋思孝《跋》

明嘉靖二十四年（1545）李而进刊本《张文献公集》十二卷

明万历十二年（1584）杨起元刻本，谢正蒙编《曲江张文献先生文集》十二卷

清雍正十三年（1735）张世玮刻本《曲江集》十二卷，《四部备要》据以校刊

顾千里　　　《张曲江集跋》

李邕集　　　《李北海集》六卷　宋敏求编

《李北海集》五卷，收入《湖北先正遗书》本

孟浩然诗集　《孟浩然集》三卷　弟孟洗然、友人王士源各编其集，前者无传

天宝四载，王士源本编成《孟襄阳诗集》三卷，并撰《孟浩然集序》

天宝九年，韦绦重加　编纂并序

《孟浩然诗集》三卷　蜀刻本　上海古籍出版社 1982 年影印本

明正德年间铜活字本《孟浩然集》，收诗 262 首，分体编排，《湖北先正遗书》本据以收录

《孟浩然集》三卷、《襄阳外编》一卷，明万历年间顾道洪刻本

王维集　《王右丞集》十卷　弟王缙编集，南宋时有两种王维集刊本，一是建昌本《王右丞集》，一是蜀刻本《唐六十家集》本《王摩诘集》

现存王维集，最早的是宋椠麻沙本《王右丞文集》十卷，藏于日本静嘉堂文库。宋蜀刻本《王摩诘文集》十卷，藏于中国国家图书馆

《须溪先生校本唐王右丞集》元刊本六卷，取自宋麻沙本，国家图书馆藏，《四部丛刊》据以影印

《王摩诘文集》十卷　宋蜀刻本　上海古籍出版社1982年影印本

南宋嘉泰元年（1201）五月，陆游作《跋〈王右丞集〉》

《类笺王右丞集》十四卷　明人顾起经分类重编

《唐王右丞诗集注说》六卷　明人顾可久编注

《王摩诘诗集》明末刊本，朱墨二色套印，凌濛初辑刻

清人注本，《王右丞集笺注》二十八卷　清人赵殿成注

顾千里　《王摩诘集题跋》

王昌龄集　《王昌龄诗集》三卷　亡佚不传。今本为明人辑集，有明正德十四年（1519）袁翼刻本《王昌龄集》三卷，后有袁翼题识。台湾"中央"图书馆藏

明嘉靖十九年朱警辑刻《唐百家诗》，录王昌龄诗三卷，收诗149首

明嘉靖三十三年黄贯曾辑《唐诗二十六家》本《王昌龄诗》二卷，分体编次

万历三十六年，毕懋谦刻《十家唐诗》本《盛唐王昌龄诗集》一卷，收诗178首

《王昌龄诗集》，日本和刻本，日本京都朋友书店1970年影印本

孙逖集　《孙逖集》由其子宿、绛、成等人编成　颜真卿《孙逖文公集序》

李颀集　宋元未见传本

《李颀集》今传三卷，明代正德十年（1515）刘成德辑刊本，刘成德《唐新乡尉李颀诗集序》。正德十四年陆涓又刻

之。吴敏道《李颀诗集序》

《李颀诗集》一卷，明万历十四年刊本，凌登瀛纂辑并刊刻

高适集 《高常侍集》二十卷，宋代仅通行十卷本，宋槧有乾道年间
陆游刊本

唐敦煌写本《高适诗集》残卷，存诗 48 首

是集有不分体与分体十卷本，前者祖本即南宋所刻《高常侍
集》，传布极稀；后者现存最早者为明正德刊本，分体编
次，依宋本改编而成

李白集 《李翰林集》二卷 友人魏颢于肃宗上元二年（761）编集，
属"小集"

魏颢《李翰林集序》

《草堂集》十卷 族叔李阳冰于宝应元年（762）遵遗嘱
编集

李阳冰《草堂集序》

《李白文集》二十卷 范传正于元和十二年（817）编集

不传于后北宋咸平元年（998），乐史增订重编李白集成
《李翰林别集》二十卷乐史《李白别集序》，此为李白集的
第一个宋编本

熙宁元年（1068），宋敏求重辑《李太白文集》三十卷并序
之，取代乐史本

曾巩又据宋氏三十卷本编年排次，并为《后序》"考其先后
而次第之"

元丰三年（1080），临川晏知止以曾巩重加编次本镂版刊
行，为是集第一刻本

《分类补注李太白诗》二十五卷 元人萧士赟补注，萧氏
《李白诗序》见《永乐大典》卷九〇五

《李诗通》二十一卷 明人胡震亨注

《李太白诗集注》三十六卷 清人王琦注，乾隆刊本

《李白文集》六卷，朝鲜刻本，李崇之刻，正统丁卯
（1447）李继善跋

吴筠集 《吴尊师集》三十卷 王颜编集 权德舆《唐故中岳宗元先
生吴尊师集序》亡佚不传

陆游作《跋〈宗元先生文集〉》一卷。是集流传至南宋时散佚颇大

现存最早传本为明代《正统道藏·太玄部》收《宗元先生文集》三卷

崔曙集	《崔曙集》今传一卷　明人所辑　无序跋
储光羲集	《储光羲集》七十卷　其子储溶大历年间编成，该集最初由王缙编次并《序》，顾况重序《监察御史储公集序》
	《储光羲集》今传五卷　明正德间徐缙编印《唐五十家诗集》本
颜真卿集	《颜真卿集》十五卷　宋敏求搜编，留元刚重辑，有《颜鲁公文集后序》
	《颜鲁公集》今传十五卷　明人都穆嘉靖二年重编，都穆《序》
杜甫诗集	《杜甫小集》六卷，收诗 290 篇，樊晃于大历年间编集，樊晃《杜工部小集序》
	孙光宪《序》的二十卷本，称荆南本
	郑文宝《序》的《少陵集》二十卷，称南唐本
	《老杜别集》，景祐三年苏舜钦编，苏舜钦《题杜子美别集后》
	《杜工部集》二十卷　王洙于宋仁宗宝元二年（1039）编集
	《杜子美外集》五卷，北宋皇祐二年（1050）左右刘敞编
	《杜工部诗后集》，皇祐四年（1052）王安石编集，并序之嘉祐四年（1059）王琪重作补订，成宋以后杜集之祖本与定本
	吴若本　绍兴三年（1133）刻成，广采古本，逐一出校
	《校定杜工部集》二十二卷，黄伯思编年校订，绍兴六年李纲《序》
	《黄氏补千家集注杜工部诗史》三十六卷，黄希、黄鹤父子注本，此书有元代至元二十四年（1287）武夷詹光祖月崖书堂刻本，北京图书馆有藏
	《杜工部草堂诗笺》五十卷，汇注本，鲁訔编次，蔡梦弼会笺本

《九家集注杜诗》南宋郭知达编注本，有南宋宝庆元年（1225）广东漕司刻本《新刊校定九家集注杜诗》

《王状元集百家注编年杜陵诗史》南宋王十鹏编注本

《集千家注分类杜工部集》二十五卷，元至正八年潘屏山圭山书院刊本

| 李华集 | 《李华诗文集》三十卷　长子李羔编集，分为《前集》和《中集》 |

独孤及《检校尚书吏部员外郎赵郡李公中集序》

| 岑参集 | 《岑参文集》八卷　子岑佐公初编，杜确再编　杜确《岑嘉州诗集序》 |

南宋乾道九年（1173），陆游在知嘉州任上刻印《岑嘉州集》，并作《跋岑嘉州诗集》

明正德十五年熊相刊本，熊相《岑嘉州诗集后序》

明正德十五年（1520）沈恩蜀刻本《岑嘉州诗》四卷，重新分卷编成，有《四部丛刊初编》影印本。沈刻本传世甚少

明正德十五年（1520）谢元良刻本，前有杨慎《新刊岑嘉州诗序》，后有沈恩《跋》

今传是集之最早刻本为南宋刻《岑嘉州诗集》八卷，仅存前四卷，藏国家图书馆

陆心源《岑嘉州集跋》

《岑嘉州诗集》八卷，日本宽保元年（1741，相当于乾隆六年）刊本，分体编次，收诗393首，杨守敬《观海堂书目》卷四有著录。此和刻本，台湾"故宫"博物院藏

| 萧颖士文集 | 《萧颖士文集》十卷　子萧存重编 |

李华《扬州功曹萧颖士文集序》

| 皇甫冉集 | 《皇甫冉诗集》二卷　弟皇甫曾编次 |

独孤及《唐故左补阙安定皇甫公集序》

《二皇甫诗集》八卷，冉诗七卷，明正德十三年（1518）刘成德刻本

| 贾至集 | 自编岳州诗赋为《巴陵诗集》 |

《新唐书·艺文志》注云："苏冕编"

常仲孺《贾舍人集序》

刘长卿集　宋代有两个本子：一是蜀刻本十卷本，一是建昌本十一卷

明铜活字印本《刘随州集》十卷，只收诗，按体类编次，刊入《唐五十家集》

明弘治十一年临洮刻本《刘随州文集》十一卷，外集一卷，韩明《跋》

明正德十二年随州刻本《刘随州文集》，前有汤鳌序，后有陈清跋

阎若璩《题刘随州诗集》、陆心源《刘随州文集题记》、卢文弨《刘随州文集题辞》

元结集　《元次山集》十卷　李商隐《容州经略使元结文集后序》

《元子文编》十卷，元结天宝十二年自编为行卷用，有元次山自序

《唐漫叟文集》十卷　明洪武元年（1368）刊本，今藏国家图书馆

《元次山文集》今传十卷，明正德十二年（1517）湛若水校、郭勋刊本

《四部丛刊初编》据以影印

湛若水《元次山集序》

钱起集　《钱考功集》十卷，《直斋书录解题》云"蜀本作前后集十三卷"

宋敏求旧有五卷，王仲至（钦臣）续编为八卷

明嘉靖年间，有卢龙渊刻本《钱考功集》七卷

皇甫曾集　曾与兄长冉盛名相亚。《二皇甫诗集》明正德刊本收皇甫曾诗一卷

韩翃集　《韩君平诗集》八卷，明正德年间刘成德刊本

明万历三十一年（1603），宛陵梅氏刻本《韩君平集》三卷

明万历四十一年（1613），江元禧刻本，并序之

傅增湘《明本韩君平集跋》

郎士元集　《郎士元集》今传二卷　明人辑刊　分体编次　无序跋

《郎士元诗集》三卷，明正德十年刘成德刊本

《郎士元诗集》一卷，明正德十四年（1519）陆氏据宋版重

	刻《唐五家诗》本，收诗 66 首
严维集	《严维集》今传二卷　明人重辑本　分体编次
司空曙集	《司空文明集》
	《司空曙集》今传二卷　明人重辑本
	清席启㝢刻《唐诗百名家全集》本《司空文明诗集》三卷，收诗 142 首，源出宋书棚本，今藏国家图书馆
皎然集	《皎然集》十卷　于頔贞元九年编集　于頔《释皎然杼山集序》
	《昼上人集》十卷　《四部丛刊》本影宋抄本，明人钱毂手抄本，今藏北京大学图书馆
	《杼山集》十卷，明末毛晋汲古阁《唐三高僧诗》刊本，毛晋跋
刘商文集	《刘商郎中集》子刘夏编集　武元衡《刘商郎中集序》
独孤及集	《毗陵集》二十卷　门人梁肃编次　李舟《唐常州刺史独孤公文集序》
	梁肃《常州刺史独孤及集后序》
	清人赵怀玉乾隆五十六年刊本，是明清两代此集之唯一刊本　赵怀玉《独孤宪公毗陵集序》
刘太真集	《刘太真文集》三十卷　友人顾况编集
	顾况《信州刺史刘府君集序》
窦叔向集	《窦拾遗集》一卷　包何《窦拾遗集序》
顾况集	《华阳集》三十卷　其子顾非熊大和元年（827）编次，亡佚
	皇甫湜《唐故著作佐郎顾况集序》
	《顾华阳集》今传三卷，明万历间顾端所辑刻，分体编次
韦应物集	《韦苏州集》原本不传
	《韦苏州集》十卷，北宋嘉祐元年（1056）王洙之子王钦臣重加校定本，分十五类，合五百七十一篇，为后世韦集祖本。王钦臣《宋嘉祐校定韦苏州集序》
	北宋熙宁九年（1076），韩朴为苏州刺史，得晁补之家藏韦集善本，命人参校，以吴县葛繁总其事，定五百九十五篇镂版刊行，葛繁《韦苏州集后序》

南宋乾道七年（1171）魏杞为平江知府，命府学教授崔敦礼再次参校众本镂版刊行，有胡观国《书乾道重刊韦苏州集后》。今仅传乾道刻本递修本，藏国家图书馆，题《韦苏州集》十卷，补遗一卷，诗552首

南宋书棚本：陈起（1187—1257）刻印《唐韦苏州集》十卷，是为坊本

刘辰翁评点本《须溪先生校点韦苏州集》十卷

《韦苏州集》十卷，明弘治九年（1496）刘岊刻本，杨一清作跋

《韦刺史诗集》十卷，明嘉靖二十七年（1548）华云校勘本，华云《刻韦江州叙》，《四部丛刊初编》据以影印

《韦苏州集》十卷，清康熙年间项絪据北宋本影刻，《四库全书》据以收录

《韦苏州诗集》二卷，清汪立名重新辑订本

灵澈上人集　《澈上人诗集》一卷

《灵澈诗集》十卷　门人秀峰编集　刘禹锡序《澈上人文集纪》

卢纶集　子卢简能辑集《卢户部诗集》十卷并进呈皇上

李益集　李益生前曾集《从军诗》五十首赠友人卢景亮诗集未见著录

《李益集》二卷　明嘉靖三十三年（1554）黄贯曾浮玉山房刻本

《李君虞诗集》二卷，清初钱谦益抄本

《李尚书诗集》一卷，清道光年间张澍编辑　张澍《李尚书诗集序》

康熙七年（1668）洞庭叶氏抄本，叶万《跋》，今藏台湾"中央"图书馆

杨凝集　《杨凝诗集》权德舆《唐故尚书兵部郎中杨君文集序》

孟郊集　唐时名为《咸池集》二卷，收诗300首。后陆续散佚。北宋初有汴吴刻本124篇，真宗时期周安惠刻本331篇，蜀人蹇濬纂辑《咸池集》二卷180篇，已亡佚了原来40%的篇幅。皆非完本。至宋敏求辑佚为511篇，分十卷十四类，乐

府诗置于卷首。晁、陈二志皆据此著录为十卷本

《孟东野集》十卷　宋敏求编集，分类编次，为后世孟集之祖本与定本

《孟东野诗集》十卷　宋人宋国材评注本

南宋景定三年（1262）刊本，是宋敏求编本的复制

明弘治十二年（1499），杨一清、于睿据书棚本刻孟集，《四部丛刊》据以影印

《孟东野诗集》，明嘉靖三十五年（1556）秦禾翻刻本

《高密李氏评选孟诗》一卷　清人李宪乔评选、董文焕增订本

梁肃集　　《梁肃文集》二十卷　崔恭《唐右补阙梁肃文集序》

李翱集　　《李文公集》十八卷　宋景祐三年欧阳修作跋

明成化十一年（1475）冯师虞校刊本，何宜《李文公集序》

明嘉靖二年（1523），黄景夔据朝鲜本刊刻，有《刻唐李翱集序》

洪迈《跋李文公集》、赵汸《书所编李文公集篇目后》

陆贽集　　《陆宣公集》二十二卷　权德舆《陆宣公翰苑集序》

宣德三年（1428），胡概刻本

天顺元年（1457），延祥刻本

弘治十五年（1502），于凤喈刻本

万历九年（1581），叶逢春刻本

雍正元年（1723），年羹尧刻本，清人钱振声注本，今藏上海图书馆

《经进新注唐陆宣公奏议》十五卷　宋人郎晔注

《陆宣公翰苑集注》二十四卷　清人张佩芳注

欧阳詹集　《欧阳詹文集》十卷　子欧阳价辑集

李贻孙《唐故四门助教欧阳詹文集序》

今传宋蜀刻本十卷，藏于台湾"中央"图书馆

明弘治十七年（1504）庄概、吴晟刊本

明万历三十四年（1606）叶向高刊本

权德舆集　《权载之文集》。自撰《制诰集》五十卷，杨凭《序》，今已亡佚

孙子权宪重编文集五十卷，杨嗣复《丞相礼部尚书文公权德舆文集序》

明嘉靖二十年（1541），刘大谟刻本，诗赋十卷，文四十卷，有杨嗣复序，敖英后序

樊宗师集　《樊绍述集》元赵仁举补注　吴师道、许谦续补

《唐樊绍述遗文》一卷　清张庚辑注

《樊绍述文》不分卷　清吴世安注

《樊绍述集》二卷　清孙之騄辑注

李观集　《李元宾文集》唐末陆希声大顺元年（890）编集

后蜀人赵昂又续编《后集》二卷

陆希声《唐太子校书李观文集序》

张籍集　《张司业集》南唐张洎编集《木铎集》十二卷　张洎《张司业诗集序》

《张文昌文集》四卷宋蜀刻本，无序无跋无编者，今藏国家图书馆

《张司业集》八卷，南宋汤中校定本，综合校勘了三个本子，是该集后来诸刻的祖本

《张司业诗集》八卷，明武宗正德十年（1515）刘成德刊本，刘成德重编并序之

王建集　有蜀刻本、南宋书棚本

《王建诗集》十卷，宋临安府陈解元书棚本，今藏国家图书馆

《唐王建诗集》八卷，明正德年间刘成德刊本，后毛晋汲古阁予以重刊

《编注王司马宫词》二卷　明人顾起经注　万历十四年刻本

《王司马集》八卷　清人胡介祉刊本

韩愈集　《昌黎先生集》门人、女婿李汉于穆宗长庆四年（824）编集

李汉《唐礼部侍郎昌黎先生韩愈文集序》

北宋开宝三年（970），柳开校订本韩愈集成书，并作《昌黎集后序》，并影响了穆修的刊刻和欧阳修的韩文校本（韩愈全集四十卷足本）

北宋嘉祐六年（1061），苏溥校刻本韩集，合编为十卷，苏溥《昌黎先生集后序》。《外集》十卷本由此而来

北宋元丰七年（1084）之前，吕大防（1027—1097）校订韩愈集并作《年谱》，中国国内无传，日本崇兰馆藏北宋刊本《昌黎先生文集》四十卷、外集十卷，诗为吕大防本

北宋政和元年（1111）前后，沈晦校订韩集，今已不传

北宋宣和四年（1122）左右，洪兴祖校订韩集，并撰《韩文年谱》《辩证》各一卷。洪氏所校韩集，南宋绍熙年间有刊本

韩醇《新刊诂训唐昌黎先生文集》五十一卷，南宋蜀中刊本，淳熙四年（1177）刊本。魏仲举本多有征引

《韩集举正》十卷　宋人方崧卿（1135—1194）校正本。孝宗淳熙十六年（1189），刻韩集于南安军（今江西大余县），韩集文字得以一统

《昌黎先生集考异》十卷　宋人朱熹撰校勘记，成书于庆元三年（1197）

《昌黎先生集》四十卷、外集十卷，廖莹中集注世彩堂本，刻成于度宗咸淳年间（1265—1274），版式精美，流传颇广。廖本抄撮王伯大本

祝充《音注韩文公文集》正集四十卷、外集十二卷，绍熙年间浙刻本

文谠、王俦《新刊经进详注昌黎先生文集》四十卷、外集十卷、遗文三卷。南宋乾道二年进呈本，蜀中眉山刊本。编次上属南宋监本系统

魏仲举《新刊五百家注音辨昌黎先生文集》，成书于南宋后期，集大成

《昌黎先生集》，明洪武二十一年（1388）王琮玉刻本，是王伯大本的翻刻本。明末徐时泰据世彩堂本翻刻成东雅堂本

《唐韩昌黎集辑注》五十一卷　明人蒋之翘

《昌黎先生诗集注》十一卷　清人顾嗣立

《韩昌黎诗编年笺注》十二卷　清人方世举

《韩集笺正》五卷　清人方成珪

　　　　　　《韩诗编年集注》八卷　沈端蒙

卢仝集　　　《玉川子诗集》三卷　宋庆历八年（1048）韩盈辑集并序
　　　　　　《玉川子集序》
　　　　　　《卢仝诗集》二卷　明人陆渭刻本，日本静嘉堂文库藏写本
　　　　　　《玉川子诗集注》五卷　清人孙之骒注

吕温集　　　《吕衡州集》十卷　刘禹锡编集　刘禹锡《唐故衡州刺史吕
　　　　　　君集纪》
　　　　　　《吕衡州文集》十卷，清人冯舒辑校本，道光七年秦恩复刊
　　　　　　本，并序之
　　　　　　《吕衡州集考证》一卷　顾千里撰

刘禹锡集　　《刘梦得文集》四十卷　大和七年（833），刘禹锡自编其集
　　　　　　为《刘氏集略》。到北宋时流传的刘集只剩下三十卷，至宋
　　　　　　敏求始辑佚成外集
　　　　　　《刘宾客外集》十卷　宋敏求辑补　宋敏求《刘宾客外集后
　　　　　　序》
　　　　　　宋代刘禹锡集刻本主要有三种：一是绍兴八年（1138）董
　　　　　　弅刻本，二是宋刻蜀大字本，三是今存宋刻残本
　　　　　　南宋淳熙十五年（1188）陆游在严州太守任上编刻大字本
　　　　　　《刘宾客集》三十卷、外集十卷，字大如钱，流传不广。后
　　　　　　亡佚。董弅刻本尚存，藏于清宫廷热河避暑山庄，1923年
　　　　　　徐森玉据以影印。又有宋刻本《刘梦得文集》，后于董弅本，
　　　　　　以董本为基础重新编排，1913年董康在日本发现并以珂罗
　　　　　　版影印百部，《四部丛刊》据以收录
　　　　　　《中山集》三十卷，明万历二年（1574）黎民表编集并序之
　　　　　　《刘宾客诗集》九卷，清雍正元年赵骏烈校刊本

白居易集　　《白氏文集》
　　　　　　元和十年（815），白居易在江州司马任上自编诗集十五卷，
　　　　　　分类编次
　　　　　　长庆四年（824），元稹在浙东编次《白氏长庆集》五十卷
　　　　　　并序之，这是白氏作品的第一次结集
　　　　　　大和二年（828），白居易又作续编，即《后集》二十卷，
　　　　　　并自序

大和九年（835），又勒成六十卷《白氏文集》，藏于庐山东林寺

开成元年（836），又编次六十五卷《白氏文集》，置于洛阳圣善寺

开成四年（839），又扩编六十七卷《白氏文集》，置于苏州南禅院

开成五年（840），编成《白氏洛中集》十卷，藏于洛阳香山寺经藏堂

会昌五年（845），勒成七十五卷本《白氏文集》，白居易作《白氏集后记》，这是白氏作品的最后一次结集。次年，白居易卒

南宋绍兴年间，吴刻本《白氏长庆集》七十一卷，国家图书馆藏

南宋蜀刻本，何友谅刻《白氏长庆集》，已佚，不传于后

明正德十四年（1519），郭勋刊本

明嘉靖十七年（1538），钱应龙刻本

明万历三十四年（1606），马元调刻本。钱本、马本均与南宋吴刻本白集相同，均为七十一卷

清康熙四十一年（1702），汪立名将白诗单抽、重编为《白香山诗集》四十卷，是第一个白诗注本。《四部备要》据以排印

日本元和四年（1618，中国万历四十六年）活字刻木，那波道园本《白氏长庆集》，前集五十卷保存了元稹所编五十卷的原貌，后集两编共十八卷，比吴本更接近于白氏自编原本。《四部丛刊》据以影印

鲍溶集	《鲍溶诗集》六卷，有宋敏求、曾巩校勘本，曾巩《鲍溶诗集目录序》
姚合集	《姚少监集》十卷，毛晋汲古阁刊本，并作《跋》
	宋代流传两种版本，浙本题《姚少监集》，蜀本题《姚合诗集》。国家图书馆藏残宋刊本《姚少监集》
	明末汲古阁刊本《姚少监集》十卷，据浙本校刊，《四部丛刊初编》据以影印

李绅诗集　　自编其集为《追昔游编》三卷。有毛晋汲古阁本，席启寓刊本

柳宗元集　　《柳柳州集》，元和十四年（819）刘禹锡遵遗嘱编集

刘禹锡《唐故尚书礼部员外郎柳君集纪》

《唐柳先生集》天圣元年（1023）北宋穆修编校本，是后来柳集祖本

穆修《唐柳先生集后序》

政和四年（1114）沈晦重编本，沈晦《四明新本河东先生集后序》绍兴四年（1134）常同刻本《柳州旧本河东先生集》，李褫作《柳州旧本河东先生集后序》

乾道元年（1165）叶程永州刻本《柳柳州集》，叶程作《重刊柳文后叙》，现藏国家图书馆

后又陆续有孙汝听《柳集全解》、文谠《柳集补注》、童宗说《柳文音注》、张敦颐《柳文音辩》、严有翼《柳文切正》、潘纬《柳文音义》、韩醇《柳文诂训》、葛峤《柳文音释》、方崧卿《柳集训释》等十余种

南宋淳熙十二年（1185）五月，陆游作《跋〈柳柳州集〉》，是为"集外文"一卷，陆游作校记

南宋庆元六年（1200）魏仲举刻《五百家注柳先生集》（闽刻本），与前此成书的宋蜀刻本《新刊增广百家详补注唐柳先生文集》（"百家注本"）基本相同，都属坊刻本。魏仲举有掠美之嫌，是坊贾射利之举

南宋宁宗嘉定年间，郑定在嘉兴刊行《重校添注音辩唐柳先生集》四十五卷，综合百家注的蜀本与五百家注的闽本，现存残本五卷于国家图书馆

南宋晚期咸淳年间，廖莹中所刻世彩堂本《河东先生集》四十五卷，外集二卷，版刻最为精良。国家图书馆藏。廖本直接采用了郑定本，删去注者姓名，掠人之美，还掩人耳目

元刻建本《增广注释音辩唐柳先生集》，国家图书馆藏

《唐柳河东集辑注》四十五卷　明人蒋之翘注本，《四部备要》排印本

皇甫湜集　　《皇甫持正文集》十卷

《皇甫持正文集》今传六卷　有宋蜀刻本

南宋淳熙十五年（1188）陆游在严州太守任上刻印《皇甫持正集》六卷，世称"严州本"；并作《跋皇甫先生文集》《再跋皇甫先生文集后》，分别载《渭南文集》卷二八、卷三十

《三唐人文集》本《皇甫持正集》六卷，毛晋汲古阁刻本，毛晋跋。《皇甫持正文集》六卷，明正德十五年（1520）皇甫录世业堂刊本

元稹集　　　生前三次自编诗集，新唐志著录"《元氏长庆集》一百卷，《小集》十卷"流传至宋时已残缺不全。至南宋末陈振孙著录时只有六十卷了

第一次编：元和七年至十年（812—815），元稹任江陵士曹参军期间辑诗八百余首，凡二十卷，析为十体，寄赠给友人李景俭

第二次编：元和十四年（819），元稹在《上令狐相公诗启》中说写古体歌诗一百首、律诗一百首，合五卷，投献给当权者

第三次编：长庆元年（821），元稹自编杂诗十卷，奉旨献给唐穆宗。后两次辑集的诗皆为选本（或者说"小集"），三次编诗今皆不传

闽本：《元氏长庆集》六十卷　北宋宣和甲辰（1124）刘麟刻本，是为存世元集诸本之祖。刘麟《元氏长庆集原序》

蜀本：《新刊元微之文集》，上海古籍出版社 1994 年影印本。存残帙

浙本：南宋乾道四年（1168）洪适在绍兴据刘麟本覆刻，未作甚改动

此为现存最早刻本，现藏日本静嘉堂文库

宋抄本《元氏长庆集》六十卷，文学古籍刊行社 1956 年影印出版了明弘治元年（1488）杨循吉影宋抄本，中华书局 1982 年冀勤据以点校整理

明嘉靖三十一年（1552）东吴董氏据刘麟本翻刻，《四部丛刊》据以影印

万历三十二年（1604）松江马元调又据董本覆刻，且补遗六卷、附录一卷，《元氏长庆集》与《白氏长庆集》合刊。清修《四库全书》以马元调本为底本著录。周相录《元稹集校注》（2011）以四库本为底本整理

贾岛集　《长江集》十卷　唐有二人编次其集：一是许彬编《小集》，二是无可上人编《天仙集》。蜀人佚名在宋仁宗天圣年间拾掇《天仙集》与《小集》及新辑刊贾岛诗，编为《长江集》十卷，镂刻刊行。这是贾岛诗歌的最早刻本，也是后世诸刻与传抄的祖本

岛集至南宋又有三个刻本：一为遂宁府刻本《贾长江集》十卷，不传于后；二为南宋书棚本《贾浪仙长江集》十卷；三为无名氏翻刻《贾浪仙长江集》十卷，毛抄影宋本今藏国家图书馆

明代有仿宋本《唐贾浪仙长江集》十卷，《四部丛刊》据以影印。岛集善本为毛晋汲古阁影宋元无名氏刻《贾浪仙长江集》十卷抄本

王远《长江集后序》

吕南公《书长江集后》

卢文弨《题贾长江诗集后》

李德裕文集　《会昌一品集》生前自编《会昌一品制集》

郑亚再编本《会昌一品制集》二十卷　《会昌一品制集序》

李商隐《太尉卫公会昌一品集序》陆游《跋〈李卫公集〉》

《李文饶文集》，南宋二十九年（1159）袁州刊本，《四部丛刊》据以收录

《李文饶文集》二十卷，外集四卷，明嘉靖刊本，编次殆出蜀本，有郑亚序及无名氏后序

李贺集　《李长吉文集》杜牧《李长吉歌诗叙》自编其集为四卷授予友人沈子明，大和五年杜牧受托作《李长吉歌诗叙》

《昌谷别集》，北宋政和元年黄伯思辑校本，凡52首，今已佚

《李长吉文集》四卷，蜀刻本，张元济《续古逸丛书》收录

《李长吉集》四卷，外集一卷，北宋鲍钦止手校本，徽宗大

观二年（1108）刻本。陈起据以刊刻为书棚本。明末崇祯年间毛晋汲古阁本最接近鲍本

《李贺歌诗编》四卷，蒙古宪宗六年（1256）赵衍刻本

《李贺歌诗编》，元代至元三年（1337）复古堂翻刻本

《锦囊集》，明弘治十三年（1500）张元祯序的明刻本

《李长吉歌诗》四卷，明万历二十六年（1598）王家瑞刻本，覆刻明弘治刊本

《李长吉诗集》不分卷，高丽本，活字版，现藏日本内阁文库

《笺注李长吉歌诗》四卷，南宋人吴正子注，单行刻本

《笺注评点李长吉歌诗》四卷　南宋吴正子笺注、元刘辰翁评点

《唐李长吉诗集》明人徐渭、董懋策评注

《李长吉诗集注》明人曾益注

《李长吉集》四卷，外集一卷　明人黄淳耀评注

《李协律诗注》明末余光注

《昌谷诗笺》明末姚佺、姚会中注

《昌谷集注》清人姚文燮注

《昌谷集注》清人李汝栋注

《昌谷集辨注》一卷　清人李裕注

《李长吉诗集批注》清人方世举注

《李长吉歌诗汇解》清人工琦注

《评注李长吉诗集》清人吴汝纶

张祜集　《张承吉文集》十卷　蜀刻本，上海古籍出版社1979年影印本

《唐张处士诗》五卷，明正德年间刊本，出于南宋书棚本

许浑集　宣宗大中四年（850）在京口闲居吋白编五百首诗成《乌丝栏诗》三卷

并作《乌丝栏诗自序》，后有散佚。《乌丝栏诗真迹》170篇为南宋岳珂辑得，收入《宝真斋法书赞》卷六，弥足珍贵

宋熙宁元年编《丁卯集》二卷，收诗300首，《四部丛刊初

编》据以收录

蜀刻本《许用晦文集》，与南宋书棚本编次同。上海古籍出版社 1994 年版

《丁卯集》二卷，北宋政和元年（1111）贺铸编集　贺铸《许郢州诗集跋》。蜀本以贺铸校刊本为底本在南宋中期翻刻时加了订补和改动，见吴琚《增广音注唐郢州刺史丁卯诗集跋》

庆元三年（1197）六月，陆游作《跋许用晦〈丁卯集〉》

《注郢州诗》，南宋人李捷（字好古）注，见于《千顷堂书目》

《增广音注唐郢州刺史丁卯诗集》二卷　元人祝德子订正本

《丁卯集》二卷　明人雷起剑评本

《丁卯集笺注》八卷　清人许培荣注本

温庭筠集　《温八叉集注》四卷　明末曾益最早作注　有汲古阁刊本《金筌集》

南宋淳熙三年（1176）陆游得书于蜀中并作跋《跋温庭筠诗集》

《温飞卿集》，明弘治十二年（1499）李熙刻本，今藏国家图书馆

明末毛晋汲古阁刻本《金筌集》七卷、别集一卷

清初钱曾精抄宋本《温飞卿集》七卷、别集一卷，《四部丛刊》据以影印

《温飞卿诗集笺注》九卷　清人顾予咸、顾嗣立父子注 康熙三十六年（1697）刊本

顾嗣立《温飞卿诗集跋》

杜牧集　《樊川文集》二十卷　外甥裴延翰编次　裴延翰《樊川文集序》

北宋熙宁六年（1073），田概辑本，辑成《外集》一卷，并序之

《樊川文集夹注》四卷　注者不详　南宋注本，朝鲜刊本，为现存杜牧诗之最早注本，现传杜牧集之最早刻本

《樊川诗集》四卷，明正德十六年（1521）朱承爵朱氏文房

刻本

《杜樊川集》十七卷，明末崇祯年间吴氏（吴馡）刻本，较为罕见

《樊川诗集注》四卷　清人冯集梧注

李商隐集　北宋人杨亿在宋真宗咸平、景德年间（998—1007）辑佚百余篇，钱若水续拾，得诗400余首，辑为三卷。据王尧臣《崇文总目》著录《李义山诗》三卷，可知此集之编定与刊刻至迟不晚于庆历元年（1041）

由是可以推证李商隐诗集在宋代之编刊在1010年至1040年间

钱谦益手校宋抄本《李商隐诗集》三卷，被誉为"传世李集第一"

《李商隐诗集》三卷本，国家图书馆藏清影抄宋本，刘承干嘉业堂本，为最接近北宋原刻之善本，与钱谦益写校本属同一源流

崇祯十二年（1639）毛氏汲古阁刊《唐人八家诗》本《李义山集》三卷，国家图书馆藏本为北宋真宗朝刻本之翻刻本

明代分体刊刻本，有嘉靖二十九年（1550）蒋孝刻《中唐人集十二家》本《李义山诗集》六卷，《四部丛刊》据以影印

《注李义山诗》宋人刘克　已佚

《义山诗注》明人张文亮注　不传

《玉溪生诗笺》三卷　明人钱龙惕注

《李义山诗集笺注》三卷　清初朱鹤龄注

《李义山诗疏》二卷　清人徐德泓、陆鸣皋注

《李义山诗解》一卷　清人陆昆曾注

《玉溪生诗说》二卷　清人纪昀注

《西昆发微》三卷　清人吴乔注

《玉溪生诗意》八卷　清人屈复注

《笺注玉溪生诗》六卷　清人许霄昂注

《李义山诗集笺注》十六卷　清人姚培谦注

《重订李义山诗集笺注》三卷　清人程梦星注

《玉溪生诗详注》三卷，经三次刊刻增订为六卷　清人冯浩注，最精审

方干集　《玄英先生集》十卷　弟子孙郃、杨弇编集，有汲古阁刊本　昭宗乾宁三年（896）王赞《玄英先生诗集序》

明嘉靖十六年（1537）方氏裔孙方廷玺刊本，《四库全书》著录

《玄英集述注》清人方国钧注本，宣统三年刻本

赵嘏集　《编年诗》36首　敦煌写本

《渭南诗集》二卷。已散佚

陆游《跋〈赵渭南诗集〉》，合编为二卷

今传赵嘏《渭南诗集》为明人辑本，胡震亨《唐音统签》编录赵嘏诗五卷。清康熙年间席启寓补辑刻入《唐诗百名家全集》本，题《渭南诗集》二卷

项斯集　《项斯诗集》南唐张洎重辑本　张洎《项斯诗集序》

孙樵集　《孙樵文集》十卷　僖宗中和四年（884）自编　孙樵《孙可之集自序》

《孙可之文集》今传十卷　南宋蜀刻本　上海古籍出版社1979年影印本

《孙可之集》十卷，明正德十二年（1517）王鏊刊本为祖本，自序谓是内阁秘本

《孙可之文集》十卷，明正德十二年王文恪翻刻宋本

《唐孙樵集》十卷，明天启五年（1625）吴馥石香馆刻本，《四部丛刊》据以影印

《唐孙职方集》十卷，明崇祯年间闵齐伋刻本，现藏浙江大学图书馆

《经纬集》十卷　明人孙耀祖、孙猷笺评本　崇祯刻本，王守溪序，为明正德本之覆刻

毛晋《孙可之集跋》

罗隐集　《罗隐甲乙集》十卷　罗隐《罗隐甲乙集自序》，为单行诗集，今有南宋书棚本，《四部丛刊初编》据以影印

《罗昭谏集》（或者称《罗昭谏江东集》），为诗文合集，明清皆有刊本

	明刊本：屠中孚校刊《罗昭谏集》五卷，明万历年间姚士麟重辑本
	清刻本：康熙九年，张瓒辑《罗昭谏集》八卷，张氏瑞榴堂刻本，《四库全书》著录
皮日休集	《皮子文薮》十卷　咸通七年（866）自编诗文合集，为行卷之作
	皮日休《皮子文薮自序》、柳开《皮氏文薮序》
	明正德十五年（1520）袁表刊本，《四部丛刊》据以影印
	明万历三十七年（1608）许自昌刊本
	清光绪二十一年（1895）李松寿重刊本
	日本享和二年刊本，山东大学图书馆藏
	傅增湘《明刊皮子文薮跋》《弘治本松陵集跋》
陆龟蒙集	乾符六年（879）自编诗文集《笠泽丛书》，樊开《甫里陆先生文集序》
	南宋宝祐五年（1257）叶茵合刻陆龟蒙诗文，叶茵《序》，是刊刻最早的善本陆集
	明成化二十三年（1487），严春重刊叶本，陆钶《重刊甫里先生文集序》
	明万历四十三年（1615），许自昌重刻严本，许自昌《自序》
李群玉集	《李群玉诗集》，于大中八年（854）自编诗300首进呈
	又有南宋刊本，南宋书棚本八卷，前三卷题《李群玉诗集》以体裁分类，后五卷题《李群玉诗后集》不分类，《四部丛刊初编》据以影印
	有毛晋汲古阁刻本，品质最佳
周朴集	《周朴诗集》友人僧栖浩拾遗诗篇100首　中和二年（882）林嵩编辑成集
	林嵩《周朴诗集序》亡佚不传
	《周太仆诗》一卷　明万历三十五年（1607）徐火勃辑佚，严鸿谟闽中刊本　赵世显《周太仆诗序》
司空图集	光启三年自编《一鸣集》三十卷　司空图《一鸣集自序》，已散佚

今所传司空图集，为其子司空荷所辑，并作《司空表圣集后记》

《司空表圣文集》今传十卷　宋蜀刻本

《司空表圣诗文集》文物出版社 1982 年版

宋祁《题司空表圣诗卷末》

顾千里《一鸣集跋后》

胡曾集　　　《咏史诗》三卷　咸通人陈盖注

胡曾集最早由两种，诗文合集《安定集》十卷，《咏史诗》三卷

《注胡曾咏史诗》南宋人胡元质注　日本静嘉堂文库藏写本

唐彦谦集　　《鹿门集》三卷　郑贻辑校本　郑贻《鹿门诗集序》

宋人杨亿有续拾本，清人钱谦益崇祯七年抄本

罗虬集　　　《比红儿诗》一卷　编者不详

《罗虬比红儿诗》一卷　宋人方性夫注本

《解注比红儿诗集》一卷　宋方悫注本　明抄本

《比红儿诗注》一卷　清人沈可培注本　道光刻本

韩偓集　　　《韩翰林集》编者不详　毛晋《韩翰林诗别集跋语》

北宋庆历中期，韩奕编辑其手稿百余篇诗以进呈，有韩偓自序

《韩致尧翰林集》不分卷　清人吴兆宜注本

杜荀鹤集　　《唐风集》三卷　昭宗景福元年（892）自编　顾云再编并《序》，收诗 300 首

《杜荀鹤文集》三卷　宋蜀刻本　上海古籍出版社 1980 年影印本。蜀本接近顾云所编原貌，今藏上海图书馆。蜀本为今存最早刻本

《唐风集》三卷，南宋陈解元书棚本，分体编排，明末毛晋汲古阁刊本，《四库全书》据以收录

《贵池先哲遗书》本《唐风集》，光绪三十二年（1906）刘世珩据汲古阁本翻刻，有补遗一卷

郑谷集　　　乾宁三年自编 300 首为《云台编》郑谷《云台编自序》

《郑守愚文集》今传三卷　宋蜀刻本《四部丛刊续编》据以影印

绍兴三十年（1160），袁州教授童宗说辑佚本，作《云台编后序》

《郑守愚文集》三卷，明嘉靖十四年（1535）严嵩刻本，收诗 290 首，多出蜀本 14 首。《四库全书》据严嵩刻本著录

李咸用集　《披沙集》编者不详，有明正德刊本

宋书棚本《李推官披沙集》六卷，傅增湘《影宋本披沙集跋》

南宋杨万里《唐李推官披沙集序》

周昙集　　自编《咏史诗》

《经进周昙咏史诗》今传三卷　宋刻本　天津古籍出版社 1980 年据宋本影印

齐己集　　《白莲集》十卷　门人西文后晋天福三年辑本

孙光宪重新编辑并序《白莲集序》

贯休集　　初名《西岳集》十卷　昭宗光化三年自编本　吴融《西岳集序》

《禅月集》门人昙域乾德五年（923）重辑并序　昙域《禅月集后序》

南宋嘉熙四年（1240），释可灿重刊本，周伯奋跋

《禅月集》二十五卷，毛晋据可灿本补辑，为汲古阁刊本，《四库全书》收录

韦庄集　　《浣花集》二十卷　弟韦蔼于昭宗天复三年编次

韦蔼《浣花集序》后有散佚

今传十卷，为南宋书商陈起所刻，是宋人重编本，收诗 249 首，后入日本静嘉堂文库

明正德年间朱承爵朱氏文房刻本据宋本翻刻，为最早刻本，《四部丛刊》据以影印

黄滔集　　《黄御史集》十五卷　初编者不详

绍兴二十六年（1156），八世孙黄公度辑成十卷，题曰《东家编略》

淳熙三年（1176），公度之子黄沃又加裒辑，有杨万里《黄御史集序》

庆元二年（1196），黄沃又刻黄滔集于邵州，洪迈《唐黄御

史集序》

明正德八年（1513），黄滔二十世孙黄希英又三刻滔集于莆中

明万历三十四年（1606），曹学佺刻本《黄御史集》八卷，源出庆元本

明天启年间，黄滔二十三世孙黄起有刻成《黄御史集》十卷

明崇祯十一年（1638），黄鸣乔、黄鸣俊又刻黄滔集为八卷本

清光绪十年（1884），王祖源据庆元本覆刻《莆阳黄御史集》上下帙

参考书目

晁公武：《郡斋读书志》，孙猛校正本，上海古籍出版社 1990 年版。

陈晓华：《"四库总目学"史研究》，商务印书馆 2008 年版。

陈振孙：《直斋书录解题》，上海古籍出版社 1987 年版。

崔富章：《四库全书总目版本考辨》，载《文史》第 35 辑。

崔富章：《四库提要补正》，杭州大学出版社 1990 年版。

傅璇琮、许逸民、张忱石：《唐五代人物传记资料综合索引》，中华书局 1982 年版。

葛兆光、金开诚：《古诗文要籍叙录》，中华书局 2005 年版。

胡玉缙：《四库全书总目提要补正》，上海书店 1998 年版。

黄永年：《旧唐书与新唐书》，人民出版社 1985 年版。

纪昀总纂：《四库全书总目》，中华书局 1965 年版。

李裕民：《四库提要订误》，中华书局 2005 年版。

柳燕：《四库全书总目集部研究》，华中师范大学博士论文，2008 年。

司马朝军：《四库全书总目编纂考》，武汉大学出版社 2005 年版。

司马朝军：《四库全书总目研究》，社会科学文献山版社 2004 年版。

陶敏、李一飞：《隋唐五代文学史料学》，中华书局 2001 年版。

万曼：《唐集叙录》，河南大学出版社 2008 年版。

武秀成、严杰、姚松：《唐人轶事汇编》，上海古籍出版社 1995 年版。

徐大军：《四库全书总目集部存目提要辨证》，南京师范大学硕士论文，2006 年。

余嘉锡：《四库提要辨证》，中华书局 2007 年版。

张传锋：《四库全书总目学术思想研究》，学林出版社 2007 年版。

张固也：《新唐书艺文志补》，吉林大学出版社 1996 年版。

赵涛：《四库全书总目提要学术思想与方法论研究》，西北大学博士论文，2008 年。

附　记

作为此书稿跋尾的《论四库唐集提要的写法、创获、问题与其他》还正在酝酿中，分别讨论四库馆臣及其四库提要的写法、学术成就（包括考据学、辨伪学、辑佚学、金石学、校雠学、版本目录学、传播学诸方面）、存在的问题与不足，我从写作本书一开始就思考着这一系列的问题，至今不敢轻易动笔，只是做了一些读书札记。在此《跋》中，我还想谈到其他的两点，都是从我的四库研究中顺便涉及的问题：一是《宋敏求编校唐集考》，从传播学研究的角度切入宋敏求在整理若干唐人文集方面的诸多贡献，因为他而使得诸多唐人别集不至于在晚唐五代的兵燹中、在辗转流徙的传播中遭到湮灭，就像程章灿先生研究石刻刻工一样，历史不应该忽略像宋敏求这样的文献整理传播者；二是《唐集唐注考》，即研究唐人注唐诗，在这方面张三夕先生的《宋集宋注管窥》已在方法上提供了范例，巩本栋先生的《宋集传播考论》一书亦有所涉及，我的《唐集唐注考》拟爬梳文献来研究以唐人张庭芳注李峤诗、李绅注元稹诗以及其他的一些线索，在中国古典文献传播学史上，唐集唐注研究应该是有相当价值的。敏感的问题意识，执着的学术追求，使我对四库总目研究充满了敬意和热忱。

师友承教记：

感谢南京大学武秀成师，拙稿《四库总目唐集提要会证平议》18 万字杀青后即电子邮件给武老师，先生认真审阅，提出修改意见，并指导我把"平议"做得更精致一些，精读精用万曼的已有研究，还要补上郁贤皓先生做的一本新书。武老师是两唐书与四库总目研究的大家，得到先生的教诲是我莫大的荣幸。

感谢武汉大学王兆鹏师、尚永亮师。王老师一如既往的鼓励、支持、信任与教诲在我读研之前就一直伴随着我，是我前进道路上的一种动力。拙稿成书之时王老师还在台湾做访问交流，也在百忙之中为拙稿出谋划策，并给予很高评价。先生谬赏与错爱，佳诚惶惶恐恐，唯百倍努力才不负先生奖掖。

感谢胡可先师、李寅生师的诸多教育和一贯的支持，使我无论在多么困难的处境中也没有服输，没有低下头来。良师难得，佳幸何如之。

感谢我大学时代的同学华中师范大学刘和平君，与我切磋直至对床夜语，这种体验至今让人难忘。和平兄在华中师范大学出版社做校对工作，他的专业态度使拙稿的语言表达少了一些误差。感谢我的研究生同学曾文峰君，在我电脑打字遇到生僻字的时候提供不厌其烦的帮助，并鼓励我坚持到最后，做出精益求精的学术成果。"虽不能至，而心向往之。"我会一直努力下去，不负于诸师友。

写在后面的话：

我为什么要研究《四库全书总目提要》？

复旦大学文史研究院院长葛兆光先生《古诗文要籍叙录》的再版序言中有这样一段话："大凡做古代中国学问的人，只要一出手，内行就能看出他的底子，是来自经学的训练，还是来自二十四史，是打了《说文》的基础，还是读透了《四库全书总目》，这就像学写字的人，是打小临的颜真卿，还是自幼学的柳公权，瞒是瞒不住的。"每念及此，便坐立不安，于经学于史学于小学，我皆无所心得，就只好来搞一搞四库学，以给我这点微薄的"底子"加一点分量，据说余嘉锡先生也走的是这条路子。好在我还算是一个认真而勤奋的人，半年来悉心研读四库提要，排比众多相关史料，综合前人与愚我之读书笔记，拟对其作出初步的集成性研究，于是拙稿或许就有了古籍整理与学术史研究的双重意义。

张　佳

2009 年 12 月 20 日初稿

2016 年 3 月 16 日校后又记

2016 年 10 月 10 日定稿又记于青岛大学海滨寓所

后　记

　　终于到了写后记的时候，满腔的话语却像被什么堵住了似的，只剩下这一点点释然。在电脑上打字的辛苦，掺和着校读古籍的辛苦，一并留在我那《四库全书总目》影印原稿的红色笔迹上了，以见证我这半年来的辛勤耕耘。

　　只有切身体会四库馆臣的四库学研究，切身感受那建立在传统学术基础上的考据学、辨伪学、辑佚学、金石学、校雠学、版本目录学、传播学等，我才勉强算是登堂入室了。此时此刻对《四库全书总目提要》的这种特殊的体会、特殊的感情，我应该比同龄人感受得更深刻一些，不仅仅在于我对唐人别集提要所进行的窄而深的研究。在古籍影印本上细细点读一过，明其所指；在电脑上录入电子文档，转换格式，又精心安排、精心校读；对电子文本一一勘检，差可谓百密一疏。经此番劳作，可以负责任地说，我对《四库提要》唐集部分从头至尾，点读了一遍、打字了一遍、审校了一遍，可谓三过矣。葛兆光师箴言在耳，私淑弟子、沔州后学张佳倘不读透这《四库全书总目提要》，则无地埋忧矣。

　　“一年将尽夜，来日自趋驰。为学无止步，必觅金陵诗。”藏拙为之，以系予衷怀。2009 年，也便这样悄悄溜走，无声无息，杳无痕迹。好在我这半年来，一直坚持着我的学术理想，走我自己想要走的路，无论这路有多么泥泞、多么坎坷、多么漫长、多么遥不可及。呈现在这里的《四库总目唐集提要会证平议》，是我读研三个学期以来继《本事诗条理与考证》《杜诗仇注籀读记微》之后我的第三部书稿，是我辛苦读书一步一个脚印的“雪泥鸿爪”，也是我对父母、对老师、对自己、对无悔青春的一种交代、一种证明。如果时间允许的话，我还想研究一下王应麟的《玉海·艺文》或者朱鹤龄的《杜工部诗集辑注》，研究生生活的一半光阴过去了，等着我去做的，还有我的硕士毕业论文《〈杜诗详注〉注释学研究》，还要全心全意为考博而奋斗，我怎么能够不努力？

毕竟是书生，何妨是书生。是为后记。

张　佳

2009 年 12 月 30 日鸱书庵谨识

2010 年 1 月 11 日晚 11 点再校

2010 年 1 月 25 日凌晨 4 点三校后又记

寒暑六易，春秋代序，从读硕士时动笔写《四库总目唐集提要会证平议》到读博时受尚永亮师指导完成博士论文《唐人别集成书与流传研究》22 万字，改变的只是我的心境和处境，不变的是我对学术研究的那一番赤诚与恒久的坚持。正如有人说："每一个优秀的人，都有一段沉默的时光。那段时光，是付出了很多努力，忍受孤独和寂寞，不抱怨不诉苦，日后说起时连自己都被感动的日子。耐心点，坚强点，总有一天你承受过的疼痛会有助于你。那些杀不死你的东西，只会让你变得更强大。"每读一次都会感慨万千，我参加工作以后所遭遇的一切，对任何人都不愿提起……

"抬头看不见路，那就低头读书吧。"这么多年来，看书学习是我活着的唯一方式。感谢我生命中遇到的老师们，一个又一个，我都深深铭记在心里，尤其是硕士导师李寅生教授、博士导师尚永亮教授。他们和我的父母一样，都是我人生路上的贵人，我没法用什么东西去报答，只有拼命读书努力工作来感念他们的恩情。同时也感谢中国社会科学出版社的任明主任与编辑校对人员，这部书稿不仅仅只是我的汗水与泪水，更凝聚着他们的责任与付出。

2016 年 12 月 15 日作者又记于青岛大学